O VAZIO DA MÁQUINA

O VAZIO DA MÁQUINA

NIILISMO E OUTROS ABISMOS

5ª EDIÇÃO

ANDRÉ CANCIAN

Edição do autor

2007

A lucidez nasce da dor

SUMÁRIO

PREFÁCIO

Quando imaginamos uma máquina, o resultado é sempre algo próximo de um sistema mecânico que funciona por si próprio. Não nos incomoda pensar que ela não seja nada além disso. Mas como nos sentimos quando nos imaginamos uma máquina? Vazios. Temos a sensação de que falta algo. E o que falta? De que um ser humano está repleto que falta numa máquina? Ilusão. O vazio da máquina é a consciência de que nosso mundo subjetivo é uma ficção; a consciência de que nossa humanidade é um delírio, de que não há nada por detrás do que estamos vivendo. Nós somos máquinas, e nossa consciência é um sonho dessa máquina. Mais nada. Absolutamente nada.

André Cancian
2009

* * *

CONSIDERAÇÕES INTRODUTÓRIAS

Em meu primeiro trabalho — *Ateísmo & Liberdade* — abordei o ateísmo, procurando elucidar não apenas o tema em si, mas também os vários assuntos relacionados. Neste segundo, tenho a mesma proposta em relação ao *niilismo*, porém com um estilo de escrita um pouco distinto. Esta obra pode, em certo sentido, ser encarada como uma continuação de minha primeira, explorando melhor suas implicações, caminhando questão adentro com um olhar mais incisivo sobre determinados assuntos que nela só de passagem se abordaram, mas que merecem ser esclarecidos e aprofundados. Mesmo assim, neste livro a questão da religiosidade será apenas um assunto marginal, pois penso que, ao redigir uma obra inteira sobre o assunto, já dediquei espaço bastante à mentira.

Sempre tive a seguinte curiosidade: a que conclusão chegaríamos se fôssemos honestos — realmente honestos — em relação a todos os assuntos sobre os quais mentimos constantemente? Este livro é uma tentativa de responder essa questão, atravessando no processo os assuntos mais controversos, subterrâneos e incômodos possíveis, eviscerando os tabus que mais nos aterrorizam. Minha proposta é entender e levar adiante as implicações do niilismo — todas, e sem nunca fazer concessões. Nenhuma. A intenção não é escandalizar os leitores gratuitamente, mas entender o que seria a realidade se a própria vida não existisse, para então tentarmos ver a nós próprios como um fato, da forma mais imparcial possível — e sem deixar de voltar esse olhar também ao nosso interior.

O primeiro capítulo do livro, sobre niilismo, é também o mais extenso, e constitui a porção essencial da discussão, sendo os demais basicamente comentários sobre assuntos particulares, à luz do exposto nesse primeiro capítulo. Ainda assim, a presente obra não é tanto uma tentativa de justificar o niilismo em termos intelectuais, mas principalmente um comentário sobre seu impacto em nossas vidas. Nesse sentido, *O Vazio da Máquina* representa uma imersão experimental em nossa própria subjetividade nessa fase crítica da descrença niilista, investigando como lidamos com a morte de nossas próprias crenças.

ENSAIOS

I

SOBRE O VAZIO DA EXISTÊNCIA

FILHOS LEGÍTIMOS DO ABSURDO

NIILISMO

O niilismo pode ser definido como a implosão da subjetividade. Alternativamente, e sendo um pouco mais claros, podemos defini-lo como uma descrença em qualquer fundamentação metafísica para a existência humana. Não se trata, entretanto, de algo difícil de ser definido, mas de ser apreendido. Por ser uma noção bastante ampla e abstrata, existe muita confusão em torno dela. Vejamos alguns dos principais motivos disso. Primeiro, o niilismo é vago em si mesmo, pois vem do latim *nihil*, que significa *nada*. A palavra *niilismo*, que poderia ser traduzida como "nadismo", de imediato, não nos dá qualquer ideia do que se trata. Segundo, o niilismo não possui qualquer conteúdo positivo. Por se tratar de uma postura negativa, só conseguiremos entendê-la depois que tivermos consciência do que ela nega, e por isso a compreensão do niilismo envolve muitos outros conceitos; ele só se tornará visível depois que

13

esboçarmos seu contexto. Por fim, o niilismo também não recebeu, historica-
mente, um emprego consistente, sendo que cada pensador ou movimento o
interpretou de modo bastante particular, quase sempre com um pano de fundo
ideológico, na tentativa míope de justificar um niilismo ativo e militante.

Em geral, vemos o niilismo associado a outras ideias, denotando seu vazio
inerente. Por exemplo, niilismo político seria mais ou menos equivalente ao
anarquismo, repudiando a crença de que este ou aquele sistema político nos
conduziria ao progresso, o qual não passaria de um sonho mentiroso. O
niilismo moral equivaleria à negação da existência de referenciais morais
objetivos, ou seja, de valores bons ou maus em si mesmos. O niilismo episte-
mológico, por sua vez, seria a afirmação de que nada pode ser conhecido ou
comunicado. Portanto, vemos que associar qualquer noção ao niilismo não é
exatamente um elogio, mas algo como colocar ao seu lado uma placa dizendo:
aqui não há nada — principalmente nada do que se acredita haver.

O niilismo, todavia, não é só um termo que justapomos a qualquer ideia
que nos desagrade, a fim de desmerecê-la. Seu poder de apontar o vazio das
coisas não pode ser usado como uma arma, pois, quando se dispara o tiro de
nada, automaticamente deixa de existir a arma, e a coisa toda perde o sentido.
O niilismo, sendo um processo radical de crítica, não pode ser usado parcialmente. Não podemos, por exemplo, usar o niilismo moral para refutar valores
específicos, com os quais não simpatizamos, imaginando que os nossos
próprios sobreviveriam. Quando afirmamos que a moral não existe, isso
implica que não existem quaisquer valores — sejam os nossos, sejam os de
nossos oponentes. Com o niilismo moral, toda a moral é reduzida a nada,
inclusive a nossa. A redução da moral a nada, como vemos, está respaldada não
na gramática, mas na suposição de que a moral é vazia em si mesma, de que ela
não tem fundamentos reais e objetivos. Não se trata de simpatizarmos ou não
com a moral, mas da constatação segundo a qual ela é um sonho, uma fantasmagoria inventada por nós próprios, não sendo leis morais, portanto, mais
relevantes que leis de trânsito.

Nós, entretanto, nos ocuparemos principalmente do *niilismo existencial*, ou
seja, a postura segundo a qual a existência, em si mesma, não tem qualquer
fundamento, valor, sentido ou finalidade. Segundo o niilismo existencial, tudo

o que existe carece de propósito, inclusive a vida. Todas as ações, todos os sentimentos, todos os fatos são vazios em si mesmos, desprovidos de qualquer significado. Nessa ótica, viver é algo tão sem sentido quanto morrer, e estamos aqui pelo mesmo motivo que as pedras: nenhum. Essa parece ser a categoria mais fundamental de niilismo, em relação à qual os demais tipos tomam o aspecto de casos particulares. Os niilismos moral e político, por exemplo, podem claramente ser deduzidos do niilismo existencial — pois, se a própria existência não tem valor, isso implica que nada tem valor, inclusive valores morais, inclusive o progresso.

* * *

O único modo de compreender o niilismo existencial é através da reflexão. O vazio da existência nunca poderia ser demonstrado através da prática, ou apreendido por meio da experiência imediata. Se, por exemplo, reduzíssemos nosso planeta a nada com uma bomba nuclear, isso não demonstraria coisa alguma. A visão desse planeta despedaçado também não provaria nada. Tal postura destrutiva prática faz pouco sentido, pois equivale a tentar refutar um livro queimando-o. O niilismo existencial se demonstra quando reduzimos o homem a nada, e para isso basta possuir algum talento intelectual aliado à honestidade, pois o esvaziamento da existência é a mera consequência de a entendermos. Não precisamos degolar a humanidade inteira para provar que a vida carece de sentido.

Para reduzir o homem a nada, e compreender que isso demonstra o niilismo existencial, temos de apreender o vazio objetivo da existência — sendo óbvio que, na condição de sujeitos, só podemos fazê-lo subjetivamente. O problema é que, no processo de demonstrar que a existência é vazia, somos o próprio vazio que estamos tentando apontar — tentamos explicar que nós próprios não temos explicação. Parece paradoxal, mas não é. Bastará que consigamos entender nós próprios como um fato, e o niilismo se tornará praticamente uma obviedade. Só então perceberemos que o niilismo não é, como a princípio pode parecer, uma postura extremada, envolvendo algum tipo de revolta, mas apenas uma visão honesta e sensata da realidade — uma visão tornada possível em grande parte devido às descobertas científicas

15

modernas. Com algumas definições e explicações simples, podemos chegar a uma noção razoável da ótica apresentada pelo niilismo existencial. Como o argumento é um pouco longo, vamos por partes. Façamos algumas observações preliminares sobre por que o niilismo nos parece algo tão incômodo.

Muitos, por preconceito, têm medo do "vazio da existência", mas esse medo, em si mesmo, é algo completamente sem sentido, pois equivale a temer aquilo que não existe; o vazio não é uma ameaça positiva. Senão, vejamos: *Não existe vida em Vênus*. Alguém se sente aterrorizado diante dessa afirmação? Dificilmente. *Não existem bancos em Marte*. Alguém empalidece diante disso? Também não. Suponhamos, entretanto, que durante todas as nossas vidas houvéssemos trabalhado arduamente, acreditando que todo o nosso esforço seria convertido em dinheiro num banco em Marte. Agora sim nós nos sentiríamos ameaçados pela afirmação de que nesse planeta não há, nunca houve banco algum, pois vivíamos em função disso, acreditávamos nesse suposto dinheiro marciano como aquilo que dava sentido às nossas vidas. Portanto, o que nos aterroriza não é o vazio da existência, ou o vazio de bancos interplanetários — o que nos enche de medo é a possibilidade de descobrir que estávamos completamente equivocados em nossas crenças a respeito da realidade. Seria esmagadora a consciência de havermos dado grande importância, de havermos dedicado nossas vidas inteiras a algo que simplesmente não existe. É por isso que estremecemos diante da afirmação de que a existência não tem sentido, embora essa afirmação seja tão segura quanto a de que não há dinheiro noutros planetas do sistema solar.

Resistimos ao niilismo, não porque ele seja falso, mas porque reorganizar nossa visão da realidade seria muito trabalhoso. Então, se colocarmos nossos interesses pessoais de lado, veremos que o que nos inquieta no niilismo é o fato de que ele nos confronta duramente com nossa própria ingenuidade, com o fato de termos nos deixado enganar tão grandiosamente que nossas vidas passaram a depender de mentiras, de suposições imaginárias. Portanto, percebamos que, quando o niilismo aponta essas mentiras, ele não está destruindo a realidade, e sim nossas ilusões. Nessa ótica, o niilismo nada mais é que um exercício de honestidade e imparcialidade, e apenas esvazia a realidade das ficções que nunca existiram de fato. Essa honestidade pode ser dolorosa, mas é um sinal de maturidade. Se a existência, despida de ilusões, nos parece vazia, saibamos ao menos admitir que a culpa é nossa por termos nos enchido delas. Se gostamos de nos enganar, tudo bem. Porém, se nosso interesse for nos tornarmos capazes de lidar com a realidade como adultos, sempre será preferível aceitar a existência tal qual é em si mesma, ainda que isso signifique abrir mão de muitas de nossas crenças mais arraigadas. É preferível viver num mundo sem sentido a acreditar num sentido falso para o mundo, que aponta para lugar nenhum.

Como vemos, a preocupação essencial do niilismo não é descobrir a verdade, mas apontar as mentiras e reconhecer as limitações. Descrever os fatos é o papel da ciência. O niilismo apenas consiste na disciplina de sermos honestos diante desses fatos que observamos, entender e aceitar suas implicações. Nesse sentido, uma das áreas mais afetadas pelo niilismo são as "grandes questões" da existência. Isso porque as respostas para tais questões são, em geral, muito mais óbvias do que pensamos — e muitas vezes inclusive sabemos quais são, mas preferimos continuar acusando a ciência de ser "cega e limitada" para justificar nossos preconceitos.

Afirmamos que tais assuntos são demasiado "profundos" apenas como pretexto para tratá-los superficialmente; dizemos que são "mistérios", "impossíveis de responder", apenas porque temos medo das respostas. Outras vezes deixamos essas questões de lado, não para proteger nossas ilusões, mas porque pensamos que investigá-las nos conduziria à loucura. Muito pelo contrário, isso nos conduziria apenas à lucidez, nos permitiria viver com os pés no chão. Mas o que é o chão? Ora, aquilo que está sob nossos pés. O que é o mundo? Ora, é aquilo que temos diante de nossos olhos. O que é o ser? Ora, é aquilo que existe. Em grande parte, o niilismo consiste na rara capacidade de ver o óbvio.

Perguntemo-nos, por exemplo, *que é o homem*? Ora, somos aquilo que parecemos ser: máquinas. Basta consultar qualquer livro de anatomia básica. Não há nada "por detrás". Esse "por detrás" não passa de uma fantasia. Foi inventado por nós numa tentativa infantil de humanizar a existência. Não obstante, apesar de sabermos perfeitamente bem o que é o homem, ainda assim acreditamos que há na equação um misterioso "algo mais". Continuamos nos enganando com a noção de "profundidade" do saber, que nos faz querer buscar o "por detrás" do mundo. Ainda mais, que nos faz acreditar que a verdadeira realidade está nesse "por detrás", que, exatamente por ser uma ilusão, equivale a nada.

Quando estudamos o homem como se ele não fosse uma máquina, é claro que não poderíamos chegar a conclusão alguma, pois isso é um absurdo. Seria o mesmo que um rato investigando-se como se não fosse um roedor, julgando que a "razão de ser" de seu dente não pode ser apenas roer queijo. O suposto "sentido íntimo da realidade" que o homem busca a partir de sua subjetividade é o mesmo que esse rato buscaria se tivesse uma inteligência semelhante à nossa, supondo toda uma ordem metafísica "por detrás" do mundo que atribui ao seu dente um "sentido roedor transcendental" que remete ao Queijo Absoluto. Pouco surpreende que a ciência até hoje nunca tenha encontrado aquilo que não existe. A ciência só pode investigar o mundo natural pelo simples fato de que o resto são delírios metafísicos. Abandonar problemas sem sentido não é limitação intrínseca, é sensatez.

✳ ✳ ✳

Aquilo que se preocupa em buscar o que está "além" da realidade não é a ciência, mas a metafísica, que significa literalmente *depois da física*. Mas o que está além da física? Ora, a resposta é óbvia: nada. Muito menos razões. Num mundo onde tudo é físico, só aquilo que inventamos pode ser metafísico, ao menos se entendermos por metafísica a clássica investigação de "razões últimas". Para além do âmbito do realismo científico, a metafísica não tem função; é absurdo que tenha função. Na busca pelo conhecimento objetivo, o bastão foi passado para a ciência. Está morta a metafísica que investiga o mundo "profundamente", por meio da razão pura. Isso nunca levou a nada, pois tentamos descobrir a realidade, não olhando para o mundo, mas para um espelho. As respostas metafísicas para a existência parecem-nos interessantes porque, obviamente, partem do conveniente pressuposto de que a razão humana é capaz de substituir a experimentação e acessar uma suposta "essência do ser" por meio de uma intuição mágica, como que descobrindo o mundo por controle remoto. Parece tentador que possamos explicar a realidade desse modo, mas a metafísica é um tiro no escuro, algo tão inútil quanto usar a imaginação para prever o futuro.

Vejamos a questão do seguinte modo: a metafísica nasceu numa época de ignorância, em que os homens sequer sabiam da existência de bactérias. Sequer lhes passava pela cabeça que nossos cérebros eram feitos de neurônios. Mesmo assim, queriam explicar racionalmente a decomposição e o pensamento. Como não tinham microscópios para ver a realidade com precisão, constatando assim a existência de micro-organismos decompositores, limitavam-se a devanear teorias metafísicas, especulando sobre "realidades ocultas" que nos apodreciam em segredo, e é claro que não tinham a menor ideia do que estavam falando. Ao ver um corpo em decomposição, por exemplo, imaginavam que isso talvez se devesse a alguma ordem natural das coisas que nos impunha a decomposição como um "sentido existencial". Assim, por ignorar que o que nos apodrece são as bactérias, supuseram que isso seria devido à misteriosa "essência decompositora do ser". Esse tipo de raciocínio delirante, constituído por uma rigorosa lógica tapa-buracos, é o cerne da metafísica. Ela aborda todas as questões da existência com esse mesmo grau de autismo.

Nessa abordagem, em vez de investigado, o mundo deve ser *pensado*. Em vez de observar fatos, devemos buscar explicações de razão pura, devaneando sobre alguma essência sobrenatural que determina fatos naturais. Claro que, se o ser fosse racional em si mesmo, algo como uma equação matemática, a verdade seria algo abstrato que transcende os próprios fatos, isto é, a "essência do ser" seria constituída de princípios lógicos. Mas de onde tiramos a ideia de que o ser é racional? E o que é isso de "essência"? Não se sabe. O fato é que essa metafísica delirante nunca teria nascido se houvéssemos dado aos gregos um microscópio e uma tabela periódica.

Vistas desse modo, as mais profundas investigações metafísicas são pura e simples perda de tempo, pois estão em busca de algo que simplesmente não está lá — e a grande maioria das questões da existência, das questões que consideramos mais importantes, são levantadas não pela física, mas pela metafísica, pelo mais vergonhoso blablablá inquisitivo. Se tais observações parecem fortes, isso ocorre porque, mesmo hoje, nossa visão moderna da realidade ainda esconde muitos preconceitos metafísicos.

Pensemos, por exemplo, na razão de ser da vida. De onde tiramos essa ideia maluca? Certamente não da experiência, certamente não do mundo que temos diante de nossos olhos. Essa é uma questão metafísica despropositada, pois se trata de algo que em nenhuma circunstância poderia ser solucionado pela observação do mundo físico, e isso pode ser ilustrado pelo simples fato de que a observação do mundo físico feita pela biologia moderna, apesar de explicar perfeitamente bem como a vida funciona, não é aceita como resposta para essa questão. Senão, vejamos: observamos um espermatozoide e um óvulo fundirem-se; vemos as células multiplicando-se; vemos todas as etapas envolvidas na formação de outro organismo; vemos a vida acontecer bem diante de nós; tudo está perfeitamente claro. Mesmo assim, continuamos insistindo na crença de que há algo "por detrás" dessa realidade, um algo que é mais importante que a própria realidade. Esse algo, obviamente, são nossas crendices metafísicas. A ciência não pode responder a questão da "razão de ser" da vida porque esse modo de conceber a vida não corresponde à realidade. Seria o mesmo que pedir que a ciência respondesse onde ficam os dragões alados que vimos após consumir alucinógenos.

Para ser no mínimo razoáveis, temos de admitir que nunca tivemos motivos legítimos para pensar que a vida tem uma "razão de ser", pois nada em nossa experiência no mundo nos sugere essa pergunta. Que tipo de fenômeno físico poderia nos ter insinuado essa questão? Olhamos para uma flor e pensamos: *ó, que curioso, há nesse vaso uma flor*! Por que não há na flor um vaso? Por que a flor não tem dentes? Que mistério! Isso só pode ser porque ela tem uma "razão de ser" — a flor desabrochou para cumprir um sentido transcendental! Sementes e pólen nada têm a ver com isso: trata-se de algo mais profundo, muito superior ao mundo material! Então propomos a nós mesmos o desafio: *vou descobrir que razão é essa*! Passados alguns anos, voltamos da faculdade de teologia e respondemos que isso só Deus sabe.

Nesse tipo de investigação, saímos desesperadamente em busca da resposta para uma pergunta sem sentido, e ainda nos espantamos por nunca encontrá-la. Claro que essa pergunta só poderia ser respondida se o mundo fosse algo como um *playground* de humanos, feito à nossa imagem e semelhança por alguma divindade entediada. Porém, como o mundo não se comporta segundo nossas expectativas infantis, em vez de admitir o óbvio, de aceitar que real é aquilo que está bem diante de nossos olhos, achamos mais sensato inventar uma segunda existência misteriosa que carrega a "essência oculta" da nossa — um mundo que só podemos imaginar como uma imensa biblioteca cheia de pergaminhos empoeirados nos quais ficam anotadas as "razões de ser" de tudo o que há no mundo em que estamos.

Portanto, para transformar uma crença absurda qualquer numa gloriosa "investigação metafísica", basta colocar no fim dela um ponto de interrogação: teremos diante de nós mais um "mistério insondável", mais uma prova da profunda ignorância do homem em relação ao mundo em que vive. Contudo, sejamos francos: não fomos nós próprios que, sem nenhum motivo respeitável, inventamos que a flor tem uma "razão de ser", que *precisa* ter uma razão? Transformamos esse raciocínio circular em algo tão grandioso que, ao investigá-lo, temos a ilusão de estar andando em linha reta. Perdemo-nos em devaneios, e chamamos isso de "meditações transcendentais", de "busca pelo sentido íntimo do ser", coisa que não passa do homem correndo em torno do próprio rabo em busca de razões que insuflem sua vaidade. Diante desse algo oculto que nos torna tão monstruosamente ingênuos, a questão do mistério do mundo parece um assunto de piolhos.

Recobremos a sensatez. Se prestarmos alguma atençao, veremos que a verdadeira razão de ser da flor não é realmente uma razão, mas um fato: o fato de ela ter germinado e desabrochado; isso é tudo. O resto são questões metafísicas sem sentido, meros disparates interrogativos que levam nossas investigações para um mundo imaginário que nada tem a ver com aquilo que estamos tentando entender.

* * *

Já deve estar bastante claro por que a postura niilista é incômoda, então prossigamos ao próximo tópico. Como o niilismo está ligado a uma mudança em nossa concepção metafísica da existência, convém esboçarmos o que é a metafísica atualmente — e principalmente o que ela era. A metafísica que criticamos aqui é a chamada metafísica tradicional, a qual parte de pressupostos antropocêntricos, lança-se em investigações sem pé nem cabeça, buscando algo que não existe para explicar o que existe. A metafísica moderna, por outro lado, busca apenas delinear uma visão coerente do que é a realidade, deixando à ciência o papel de descobrir o que existe. Em vez de sonhar, ela pensa a partir dos fatos que conhecemos, mas sem fazer extrapolações aberrantes. O contraste entre ambas nos ajudará a entender melhor o contexto do niilismo.

A metafísica é uma área da filosofia que busca investigar os aspectos mais fundamentais da existência por meio da razão. Ela trata daquilo que não nos é imediatamente acessível através dos sentidos, que não pode ser investigado direta e experimentalmente, isto é, através da ciência. Faz perguntas como "que é existir?", "que é a razão?", "que é a realidade?" etc. A metafísica faz perguntas tão básicas que a ciência não pode respondê-las diretamente, e a própria prática da ciência pressupõe muitos assuntos que apenas a metafísica investiga. A ciência somente observa fatos e os registra metodicamente — ela investiga com os olhos; a metafísica, com a razão.

Quando afirmamos que "todos os seres vivos nascem, crescem, reproduzem-se e morrem", fazemos uma afirmação científica, que pode ser observada. Quando afirmamos que "a vida não tem sentido", fazemos uma afirmação metafísica, pois se trata de algo que concluímos a partir de um processo de abstração intelectual, e abstrações, em tese, não podem ser observadas. Portanto, quando conceituamos a realidade a partir de fatos, estamos fazendo filosofia, não ciência. A ciência não pensa, mas precisamos pensar para fazer ciência coerentemente, e esse é o papel da reflexão metafísica no contexto moderno: orientar nossas investigações. Em grande parte, a metafísica moderna tornou-se um meio de evitar os erros ingênuos da metafísica tradicional.

Como vimos acima, a metafísica tradicional é essencialista, ou seja, supõe que tudo o que existe possui uma "essência" que faz com que seja aquilo que é. O papel da reflexão metafísica seria, nessa ótica, investigar racionalmente tal "essência", já que os fatos observados não seriam mais que sua manifestação. Já foi dito que essa essência é fogo, água, números, razões, deuses etc.; hoje diz-se que essa essência é tolice. Tal metafísica não se preocupa em entender o mundo em que estamos: busca entender um mundo transcendental de essências imaginárias do qual o nosso seria o resultado. Suas investigações pressupõem uma ordem das coisas que é extrínseca ao ser, ou seja, sobrenatural. Ela busca descobrir uma essência que também é uma explicação: a razão pela qual o mundo existe. Esse tipo de questionamento, obviamente, só seria compatível com um mundo que tivesse uma "essência transcendente", coisa que remete à ideia de uma "subjetividade por detrás do mundo". Por isso dizemos que a metafísica tradicional possui uma orientação teológica, pois confere atributos divinos à existência. Assim, esse tipo de investigação metafísica parece filosofia, mas na verdade é teologia.

A metafísica moderna, por outro lado, investiga a realidade, não numa ótica transcendente, mas imanente. Em vez de especular sobre o que há "por detrás" do horizonte da existência, ela busca entender o que é a existência que está sob nossos pés, não sobre nossos travesseiros. Ou seja, trata a questão da "essência do ser" não como algo que fica fora do próprio ser, remetendo a "razões últimas", mas como uma ordem das coisas que é intrínseca ao ser, ou seja, natural. A partir dos fatos que conhecemos, buscamos entender o aqui em função do aqui, não de um suposto "além".

A própria noção científica que temos da realidade está baseada em suposições metafísicas — basta pensarmos no objetivismo e no naturalismo. O objetivismo afirma que, fora de nossas cabeças, existe uma realidade comum a todos. O naturalismo afirma que o mundo funciona em seus próprios termos, que não possui qualquer essência sobrenatural que o determina de fora para dentro. Pode parecer estranho que a ciência moderna parta de suposições metafísicas, mas elas são necessárias para que não caiamos no relativismo, para que tenhamos um ponto de referência sensato sobre o que é o mundo. Para investigar o mundo cientificamente, temos de supor o que o mundo é, e isso é uma suposição metafísica. Ainda mais, temos de conceituar o que é conhecimento, diferenciar o conhecimento subjetivo do objetivo, definir o que é uma prova, e por que provas são válidas, assim como por quais critérios essa validade é estabelecida — o que é tarefa de outra área exterior à ciência, a epistemologia.

Sem investigar tais questões com seriedade, não saberíamos como interpretar os resultados de nossas observações ou como estruturar experimentos científicos a fim de conhecer a realidade. A função de metafísica moderna, nessa ótica, seria justamente estabelecer um fundamento teórico para nortear a investigação da realidade sensível feita pelas ciências.

Um ponto de vista que rejeitasse indistintamente a metafísica não nos permitiria fazer quaisquer suposições a respeito da realidade que estivessem além da experiência imediata. Não poderíamos, por exemplo, justificar a suposição de que existe de uma realidade objetiva, e com isso cairíamos no relativismo, talvez até no solipsismo. Não havendo nada objetivo, toda a realidade se resumiria a uma construção social — inclusive a matéria, a gravidade, a eletricidade. A criação de um mapa-múndi seria algo tão arbitrário quanto um romance, pois tudo não passaria de uma ficção subjetiva. O relativismo faz bem ao enfatizar nossas limitações, mas levá-lo a sério seria tão despropositado quanto afirmar que uma publicação científica é tão arbitrária como uma revista de quadrinhos.

Não há, portanto, qualquer sentido pejorativo em dizer que fazemos uma afirmação metafísica ao supor que o mundo é natural e objetivo. Trata-se de algo metafísico apenas porque falamos a respeito da constituição básica do mundo, de algo teórico de que precisamos para alicerçar as ciências. Claro que as descobertas da ciência respaldam perfeitamente tais suposições, mas nem por isso elas deixam de ser metafísicas, pois são algo que nunca poderá ser demonstrado diretamente através da realidade sensível, mas apenas conceituado, pensado.

* * *

As suposições metafísicas a respeito da realidade são importantes para nos nortear, para nos dar uma visão global da realidade, mas, como se trata de um terreno especulativo, devemos ser muito cuidadosos quanto ao que supomos sobre o mundo em si mesmo. A metafísica pensa no escuro, e pode facilmente perder-se em devaneios. Se supusermos, por exemplo, que o mundo é "racional em si", passaremos a pensar que nele tudo tem uma "razão de ser", que há um motivo inteligível que explica, digamos, por que a gravidade atrai os corpos em vez de os repelir. Que tipo de razão seria essa? Não se sabe, mas corpos caindo a 9,8 m/s ao quadrado seriam o resultado dessa "razão". Mas por que essa essência não faz com que os corpos caiam a 15 m/s ao cubo? Qual é o motivo disso? Não sabemos onde procurar tais razões, mas conforta-nos pensar que o mundo é racional, e isso é tudo de que precisamos para nos convencermos. O fato é que não há metafísica alguma na gravidade. Sabemos que a gravidade atrai os corpos porque vimos isso acontecer. Trata-se de uma afirmação científica, empírica, não de uma racionalização abstrata.

Argumentos puramente racionais, no fim das contas, só refletem o modo como usamos as palavras. Se não pudermos verificá-los, eles não dizem nada — assim como não diz nada o argumento da "causa primeira". Quando perguntamos por que "motivo" a gravidade é assim, estamos pressupondo que ela poderia ser de outra forma, e que é como é por um motivo que pode ser entendido. Isso pressupõe que as leis naturais são racionais, implicando que a razão, de algum modo, está na essência da realidade. Mas a gravidade não foi pensada, foi observada. Não é uma teoria, mas um fato — e não precisamos pensar quando podemos ver. Portanto, aqui a metafísica não tem função.

Levantar questionamentos metafísicos sobre fatos naturais equivale a humanizar a existência, supondo que haja uma "intenção racional" por detrás do que existe, como se o mundo houvesse sido projetado por seres humanos ou supra-humanos. Mas de onde tiramos a ideia de que o ser é racional em si mesmo? A explicação mais plausível é esta: de nós mesmos, pois isso nunca foi demonstrado por qualquer observação da realidade. Novamente vemos que essa busca pelo "sentido oculto da realidade" é apenas teologia disfarçada. Para ilustrar, percebamos que perguntar o "porquê" do mundo natural seria o mesmo que perguntar o porquê de o Sol brilhar. Claro que, ao fazer esse tipo de pergunta, colocamo-nos no lugar do Sol, pensando nas razões pelas quais brilharíamos se fôssemos essa estrela. Partindo disso, respondemos, por exemplo, que o Sol brilha "para aquecer a Terra", e é claro que essa suposição não pode ser demonstrada, tampouco condiz minimamente com as descobertas da Astronomia. Essa espécie de resposta é claramente antropocêntrica, pois busca fora do homem, na realidade em si mesma, algo que só existe em nosso universo subjetivo: intencionalidade.

As ciências, ao chegarem aos mesmos resultados a partir de observadores independentes, podem justificar a suposição de que existe uma realidade objetiva, independente de nós. Como nunca constatamos mudanças nas leis que regem os fenômenos, também podemos justificar a suposição de que o mundo é natural. Mas como podemos sustentar que a razão existe fora do homem? Só estaríamos autorizados a pensar na existência como possuidora de uma "razão de ser" se esta houvesse sido criada por uma força sobrenatural inteligente, se houvesse muitos indícios disso nos fatos que observamos, mas não há nenhum.

Esse tipo de raciocínio reverso, que procura intencionalidade nas coisas, só é admissível em questões subjetivas. Por exemplo, assim como prédios possuem alicerces, colunas de concreto, reforços de aço, elevadores, janelas, andares, portas, e assim como cada um desses elementos possui uma estrutura e uma finalidade, se o universo houvesse sido projetado, também nele haveria uma "razão de ser" inteligível que constitui sua essência e que explica por que cada coisa é como é, e não de outro modo. A essência do mundo em si mesmo, no caso, seria equivalente à intenção do engenheiro que o projetou — e só nessa ótica esse tipo de investigação metafísica faria sentido, mas precisaríamos pressupor que ele teve um criador. Isso nos permite entender melhor por que a metafísica tradicional possui uma orientação teológica: ela faz questionamentos que só são admissíveis partindo-se do pressuposto de que o mundo foi criado inteligentemente para cumprir uma finalidade. Por isso, no fim das contas, a metafísica tradicional resume-se à tentativa de fazer engenharia reversa no projeto divino.

* * *

Quando colocamos a razão antes da observação, em vez de investigar o mundo, investigamos nossa própria razão, nosso próprio universo subjetivo. Fechamo-nos para o mundo sensível e passamos a buscar não fatos observáveis, mas "razões últimas", "intenções por detrás do mundo", e essa postura investigativa nunca chegou a lugar algum. Investigar o mundo natural com uma postura metafísica equivaleria, digamos, a tentar descobrir a geografia dos continentes, não navegando ao seu redor e anotando aquilo que se observa, mas trancando-nos num quarto e meditando sobre a razão de ser, sobre a essência e a finalidade das voltinhas caprichosas de cada continente. Com essa abordagem, não apenas ficamos sem saber como o mundo é, mas ainda gastamos todas as nossas energias em investigações inúteis sobre coisa nenhuma.

Percebemos o erro de inquirir o mundo racionalmente, através da razão pura, e passamos a investigá-lo com os olhos, por meio de procedimentos empíricos. Investigamos a realidade através da experimentação científica, e chamamos de leis naturais os padrões que conseguimos descobrir a respeito de como o mundo funciona. Como tais padrões independem da ótica de um sujeito, dizemos que são objetivos. Assim, quando colocamos a observação antes da razão, passamos a investigar aquilo que queremos descobrir. Em vez de devanear, saímos pelo mundo afora, contornamos os continentes e anotamos aquilo que observamos, e só usamos a razão para saber como estruturar nossas investigações, não para dispensar a necessidade de barcos. Essa postura nos proporcionou mapas úteis, que servem para orientar quaisquer navegadores, em vez de apenas grossos livros com especulações metafísicas sobre a essência transcendente da areia fina. Terminada a observação empírica, tudo o que a metafísica pode fazer é afirmar que há um mundo ao qual o mapa corresponde.

Como o objetivo das ciências é conhecer o mundo, e não entender os porquês de seu suposto criador, tivemos de reajustar nossa concepção metafísica do mundo, reduzindo-a àquilo que tínhamos diante de nós e que era passível de investigação. Nosso conhecimento tornou-se então a descrição objetiva dos fatos — em vez de uma tentativa de explicá-los como resultado da subjetividade de um ser superior. A partir de então demos à ciência o papel de investigar os fatos, de explorar o mundo, e à metafísica restou apenas o papel de conceituar o mundo a partir desses fatos que observamos, ajustando um ao outro para permitir um conhecimento cada vez mais preciso e coerente. Passamos a usar a razão não para entender ou explicar o mundo, mas para tornar o conhecimento possível, para justificar a validade das ciências como um saber objetivo.

Como se percebe, hoje o campo da metafísica é muito mais modesto, e busca apenas entender o que é a realidade e como se dá a nossa relação com ela. Busca explicar como é possível entender o mundo objetivamente, não a partir da ótica subjetiva do "ser absoluto", mas da ótica subjetiva do homem, que está contida na própria realidade natural, e não acima dela. Assim sendo, o que hoje denominamos metafísica não é a tentativa de investigar o que existe "além" da física, mas além da *experiência imediata*. Ela busca distinguir aquilo que existe em si mesmo — e que existiria mesmo se não existíssemos — daquilo que existe apenas em nossas mentes. Com essa abordagem, já não tentamos justificar o mundo, mas o conhecimento. Em vez de distinguir entre ser e essência, entre dentro e fora da física, passamos a distinguir entre subjetivo e objetivo, entre dentro e fora do homem. Abandonamos a ideia de que haveria uma "essência transcendental" inefável, pois percebemos que essa essência era apenas nossa subjetividade projetada no mundo exterior.

Esse movimento de naturalização tem profundas implicações a respeito de como pensamos o mundo e o lugar do homem na existência — e, como essa mudança de ótica é relativamente recente, ainda carregamos muitos preconceitos metafísicos herdados da metafísica tradicional essencialista. A relação do niilismo com a metafísica, no caso, seria justamente a tentativa de entender as implicações de reduzir o homem ao natural. O niilismo existencial nega que haja sentido em buscar um sentido subjetivo no mundo objetivo, exterior ao homem. Ou seja, a investigação da realidade natural nunca poderá envolver questões subjetivas, pois não podemos investigá-las por meio da observação de fatos naturais.

Para levar tais questões subjetivas adiante, investigando, por exemplo, a "razão de ser do homem", precisaremos naturalizar essa questão, isto é, abordá-la dentro do contexto de um mundo natural regido por leis físicas impessoais. O problema é que, ao naturalizar a subjetividade, a questão mostra-se algo tão despropositado quanto procurar uma fundamentação física para o Natal ser em dezembro. Entender nossa subjetividade como resultado de um processo natural torna ilegítima a maioria das questões que levantamos sobre o mundo em si mesmo. Assim, quando o âmbito da reflexão metafísica fica amarrado à ciência, à experimentação, aos fatos naturais, o resultado é que deixam de ser admissíveis as investigações metafísicas que não digam respeito àquilo que foi observado no mundo natural. Afirmar que o homem não pode procurar para si mesmo um sentido que não seja baseado em fatos naturais equivale, é claro, a destruir a ideia de sentido pela raiz — ficando as investigações sobre o sentido da vida restritas a fatos naturais, como sobrevivência da espécie e perpetuação genética, por exemplo.

Como se nota, o niilismo faz o incômodo papel de "carrasco das investigações sem sentido". Não se trata realmente de uma ideologia, de uma ótica com qualquer objetivo "positivo", mas de uma postura de reflexão analítica e retificadora. O niilismo não busca explicar ou guiar o homem, mas situá-lo imparcialmente dentro daquilo que se conhece por meio da ciência. Nessa ótica, como o fim da metafísica tradicional equivale a uma ruptura radical com a teologia, podemos dizer que o niilismo faz o papel de coveiro do sentido: busca sepultar todas as questões levantadas com base na suposição de que haveria uma "razão" para tudo o que existe. O além desaparece, restando apenas o aqui.

Nessa abordagem, aquilo que denominamos *vazio da existência* seria precisamente o vácuo criado por essa drástica redução de nossa concepção metafísica do mundo. Pensávamos que o que existia dentro de nós, nossa subjetividade, também existia fora de nós, refletindo os "princípios últimos" da realidade, algo como um "espírito do mundo". Agora, reduzindo o mundo à física, aos fenômenos naturais, essa essência passou a equivaler às leis físicas — algo que julgávamos ser apenas uma pequena parcela da realidade. Quando passamos a ver o mundo como algo natural e objetivo, tornamo-nos também algo natural e objetivo, e isso nos decepcionou grandemente — sendo o papel do niilismo manter o homem decepcionado até que decida abandonar suas criancices existenciais.

Entendendo que as leis físicas são, por assim dizer, a "essência" da realidade, a observação mais interessante a ser feita é a seguinte. A existência do homem é uma lei física? Não. Há algo no mundo natural que torne a existência do homem necessária como a gravidade? Não. Segue-se que não fazemos parte do mundo natural enquanto homens, mas enquanto matéria. Como não há leis naturais subjetivas, nossa subjetividade não tem essência. Em vez de necessária, a existência do homem é contingente: somos um acidente. A naturalização da realidade implodiu a subjetividade, e o homem foi reduzido a nada.

✶ ✶ ✶

Feitas essas observações, vemos que o niilismo nos coloca numa situação bastante estranha, como se fôssemos visitantes no mundo, hóspedes temporários da matéria — e é exatamente esse o caso. Somos um fenômeno natural, e nossa ideia aqui é nos revisarmos por completo enquanto tais, passando a limpo nossa compreensão da realidade.

Até este ponto, ocupamo-nos em explicar que o vazio da existência decorre de reconhecermos o caráter não-humano do mundo em si. Daqui em diante, nos dedicaremos a delinear com maior clareza o que seria esse mundo não-humano, distinguindo-o de nosso universo subjetivo. Nossa primeira observação será a respeito da busca pelo conhecimento. Isso foge um ponto do assunto, mas é importante. Depois começaremos a delinear a distinção entre objetivo e subjetivo em detalhes, e daremos alguns exemplos de "aplicação" do niilismo enquanto procedimento analítico.

Não há dúvida de que compreender o mundo sempre foi nossa maior ambição filosófica. Porém, exceto pela curiosidade, no processo de entendê-lo não há qualquer ponto de partida seguro, e isso sempre nos incomodou. Foram propostas muitas soluções para o problema da incerteza em nosso conhecimento, mas todas elas se mostraram inconclusivas — ainda hoje não temos qualquer certeza. O que dificilmente nos ocorre, entretanto, é questionar o ponto de chegada: as certezas. Se não temos qualquer ponto de partida seguro, por que achamos seguro dizer que a certeza é o ponto de chegada? Ora, certezas são o objetivo de quem busca segurança, não conhecimento. O problema da incerteza nasce simplesmente de nossa angústia — não se trata de algo a ser solucionado por meio da investigação, mas por meio de calmantes.

Perceba-se, então, que não faz sentido procurar certezas no mundo, pois o próprio conceito de certeza foi inventado por nós mesmos — e não com o fim de melhor conhecer o mundo, mas de nos sentirmos mais seguros. Repudiamos certezas porque queremos entender o mundo, não justificar nossos rodeios ansiolíticos. A crença na necessidade de certezas desvirtua nossa compreensão porque, ao aceitarmos a noção de certeza, passamos a investigar a realidade física em busca dessas mesmas certezas, num processo obviamente circular. Esse objetivo de alcançar "verdades absolutas" nunca foi demonstrado como válido, apenas suposto como desejável por filósofos medievais inspirados pela matemática.

Nessas circunstâncias, se não podemos partir do pressuposto de que devemos buscar certezas, já não temos ponto de partida nem de chegada, o que é ótimo. Livres desses preconceitos, podemos começar a construir uma visão imparcial, que não está comprometida com a "paz na alma" como critério da verdade.

Apenas agora, saindo desse círculo, abandonando todas as expectativas, nosso ponto de partida passa a ser observar o que temos diante de nós. Abrimos os olhos, vemos que há um mundo, e que estamos nele — mais nada. Essa é a postura mais básica e neutra que podemos adotar. Partir de posturas complicadas e confusas torna tudo complexo e confuso, então partimos de nossa existência no mundo, que é a coisa mais elementar e imediata à qual temos acesso. Claro, não temos "fé" nisso, não pensamos que se trate de uma verdade incontestável. Talvez estejamos errados ao pensar que existimos. Talvez existir seja uma ilusão. Há infinitos *talvezes* teóricos, mas queremos que também nossos motivos para a dúvida sejam baseados em fatos, não em suposições metafísicas inócuas.

Sendo que não possuímos motivos razoáveis para duvidar de nossa existência, não duvidamos. Pensamos que existimos porque estamos aqui, e só. Essa não é uma questão que possamos resolver por meio de meditações metafísicas — não temos como investigá-la. O que nos leva a aceitar a existência do mundo como um fato é o fato de o termos diante de nós. Isso é tudo o que podemos dizer. Sabemos que existir é um absurdo, mas é um fato absurdo, não apenas uma especulação.

Desse modo, existir não se trata de uma crença metafísica: trata-se simplesmente de abrirmos os olhos e nos vermos acontecer neste algo que chamamos mundo. Nossa postura seria metafísica apenas se abríssemos os olhos acreditando que devemos buscar certezas ou razões últimas. Em vez disso, abrimo-los tão somente, e é isso o que vemos. Se existir é uma ilusão, é diante da ilusão que estamos, e queremos conhecê-la, seja ela o que for. Essa incerteza básica sobre o existir é algo que simplesmente temos de aceitar, do contrário viciaremos nossa investigação logo de início, passando a andar em círculos à moda dos teólogos.

* * *

Esclarecido esse ponto, voltemo-nos agora à distinção entre objetivo e subjetivo. Para nossos fins, definiremos a realidade objetiva como aquilo que existe por si mesmo incondicionalmente. A atividade dessa realidade, no caso, seria aquilo que denominamos fenômenos, ou seja, aquilo que acontece. Se a existência, por exemplo, fosse um relógio, a realidade objetiva seriam suas engrenagens, seus ponteiros, sua estrutura como um todo. O movimento dessas engrenagens seriam os fenômenos. Mas, na ótica niilista, isso tudo careceria de significado, ou seja, as horas não existiriam — esses ponteiros girariam sem razão e apontariam para coisa nenhuma.

Para entendermos com mais clareza, utilizemos outro exemplo mais próximo de nosso dia a dia: uma festa. Passamos por um local e vemos que nele está sendo realizado um evento festivo qualquer. No dia seguinte, passamos pelo mesmo local, mas não encontramos sequer vestígios do evento. O lugar existe. As pessoas existem. A festa não: ela estava apenas acontecendo. A ideia é essa. Agora basta ampliar o tempo envolvido para percebermos que as pessoas também não existem: todas elas têm uma duração, ou seja, também estão acontecendo. Quanto mais avançamos nesse raciocínio, mais as implicações se tornam extremas, até percebermos que eventualmente tudo se perderá nessa eterna reciclagem — e a única coisa que permanece é a forma como isso tudo acontece, ou seja, a física, a matéria da qual isso tudo é feito.

Até aqui, tudo está bastante claro: o mundo existe, e nós acontecemos por meio dele. Porém, agora, para demonstrar por que a humanização da realidade é um erro, e também para explicar como esse erro ocorre, precisamos distinguir entre a realidade objetiva e a subjetiva, entre o mundo em si mesmo e a nossa consciência desse mundo. Temos alguma dificuldade em perceber essa distinção através da intuição, mas podemos explicá-la, ao menos preliminarmente, da seguinte forma: aquilo que existe independentemente de nós, e que continuará existindo mesmo depois que estivermos mortos, é a realidade objetiva, o ser propriamente dito. Por outro lado, aquilo que existe apenas dentro de nossas mentes é a realidade subjetiva. Esse mundo subjetivo é criado por nós próprios, algo que, depois de nossa morte, cessará de existir sem deixar quaisquer vestígios.

Prossigamos questão adentro. Somos máquinas, e nossa consciência faz parte de um sistema de reconhecimento da realidade que tem a função de guiar nossos corpos. A realidade que temos diante de nossos olhos é uma construção mental subjetiva, uma representação parcial da realidade objetiva. Sons, cheiros, cores: isso tudo é construído por nossos cérebros a partir do que captam por meio de um aparato sensorial. Não há um *eu* por detrás disso tudo. Somos nosso cérebro. E em volta desse cérebro há um corpo que o permite andar pelo mundo, e ligados a ele há órgãos sensoriais que o permitem perceber o mundo.

Cada espécie tem um tipo diferente de cérebro, e cada tipo interpreta a realidade de uma maneira particular — havendo, claro, espécies que não têm cérebro algum. Sendo humanos, temos um cérebro com cinco sentidos, e ainda a capacidade de reflexão abstrata. É por meio disso, e apenas disso, que podemos saber o que é a realidade. Note-se também que nossa razão, apesar de magnificamente versátil, não tem acesso à realidade exterior — sendo esse o motivo pelo qual a razão pura é tão inútil para investigar a realidade quanto olhos fechados para vê-la.

Nossa consciência do mundo é, então, uma representação do mundo, um ponto de vista particular de um cérebro de um organismo particular. Nossa percepção do mundo não é o próprio mundo: é apenas o modo como nosso cérebro nos apresenta esse mundo. Essa realidade, portanto, em vez de imediata, é mediata: está para o mundo assim como um mapa rodoviário está para as estradas. Trata-se de uma reprodução aproximada, de uma tradução mais ou menos equivalente, não de uma transposição direta.

Claro que nossos corpos, nossos cérebros, nossos processos mentais existem e acontecem objetivamente. Entretanto, o mundo que se apresenta diante de nós através da consciência, através dos sentidos, é uma realidade apenas *subjetiva*, que depende de nós para existir. Por isso ela varia de sujeito para sujeito. Aquilo que vemos como uma cor azul, outro indivíduo pode ver como uma cor verde. Aquilo que para nós tem cheiro podre, para abutres presumivelmente tem cheiro maravilhoso. Há infinitos modos de interpretar as mesmas informações sensoriais, e isso depende de como nosso cérebro funciona, de como ele está programado para traduzir as informações que recebe por meio dos sentidos. Assim, a realidade em si mesma não nos é acessível: só podemos apreendê-la de modo indireto, na forma de representação.

Isso nos dá uma ideia razoável do que queremos dizer ao afirmar que em nossas cabeças há apenas uma representação da realidade, uma construção limitada feita a partir de informações que não esgotam tudo aquilo que existe. Nossos sentidos estão programados para captar apenas uma amplitude específica de informações. Nossos olhos captam um espectro específico de ondas eletromagnéticas, representando-as como cores. Nossos ouvidos captam um espectro específico de vibrações sonoras, representando-as como sons, e assim por diante. Assim, a princípio, nada impediria que sentíssemos gosto com os olhos ou que cheirássemos com os ouvidos — bastaria que nossos cérebros estivessem arquitetados para traduzir a realidade dessa maneira.

Então, a partir de processos físicos materiais, nosso cérebro cria uma espécie de "realidade virtual" que só existe dentro de nossas mentes, assim como uma televisão cria imagens a partir de componentes eletrônicos. A atividade de nossos circuitos cerebrais cria nossa consciência e, dentro dela, um mundo subjetivo. Esse é o nosso modo de existir. Nosso cérebro, através dos sentidos, recebe continuamente informações do ambiente e, a partir dessas informações, ele elabora uma representação subjetiva da realidade objetiva.

Assim, em vez de acessar a realidade diretamente, nosso cérebro lê os dados brutos que chegam por meio dos sentidos e apresenta à nossa consciência um resumo de seus aspectos mais relevantes. É isso o que cérebros fazem, essa é a sua função. Através dos sentidos, eles se informam sobre a realidade para saber como guiar os corpos nos quais estão instalados. Naturalmente, quanto melhor for nossa capacidade de representar a realidade, melhores serão nossas chances de sobreviver, de evitar inimigos, de encontrar alimento, parceiros sexuais e coisas do gênero, sendo nossa capacidade de raciocinar apenas um refinamento dentro disso tudo, permitindo-nos distinguir sutilezas. Tais coisas, por sua vez, estão arquitetadas em função da perpetuação genética. É por isso que sentimos prazer ao fazer sexo, por isso sentimos dor ao ser agredidos etc., mas esse assunto não nos ocupará no momento.

Assim, nós somos reais, mas não vemos a realidade em si. A vida consciente, entretanto, não é uma ilusão. Enquanto máquinas, somos seres tão materiais e objetivos quanto o mundo que nos circunda. Nós existimos objetivamente, nossa consciência é um fenômeno real. Porém, apesar de sermos reais, nossa consciência não tem acesso imediato à realidade em si mesma. Esse contato é mediado pelos sentidos. Com isso, vemo-nos limitados à representação subjetiva criada por nossos cérebros, sendo nossos sentidos o único ponto de contato com o mundo exterior. Disso resulta a impressão de que existir é estar vivo, embora a vida seja apenas uma espécie rara de acaso.

Como nosso contato com a realidade acontece por meio dessa ótica parcial, criada por nós mesmos, surgem dois problemas. Primeiro, nossa representação da realidade está comprometida não com a ciência, mas com a sobrevivência. Segundo, como ter consciência disso tudo não é biologicamente relevante, não distinguimos entre uma coisa e outra, e o subjetivo nos parece algo objetivo, como se nossa consciência, nossa representação mental do mundo, fosse o próprio mundo, algo que nos leva a humanizar o que observamos, transpondo nossa representação da realidade, que é interior, para o mundo exterior.

Parece-nos, por exemplo, que as cores existem por si mesmas. Cores parecem-nos uma propriedade intrínseca dos objetos que observamos, parecem algo exterior, independente de nós. Ao observar um objeto vermelho, parece-nos indubitável que aquela cor está no objeto, e não em nossas cabeças. Mas todas as cores sao criadas por nosso cérebro a partir da captação de ondas eletromagnéticas. Por isso vemos cores num mundo no qual não há cor alguma. O fato é que não há objetos verdes ou azuis em si mesmos. É nosso cérebro que cria as cores no processo de transformar em imagens mentais a energia luminosa refletida por tais objetos. Ver cores é apenas um modo como representamos a realidade, e elas só existem porque há um cérebro que as cria. Se quisermos uma prova disso, bastará fecharmos os olhos.

As ondas eletromagnéticas, por outro lado, são objetivas, pois sua existência é incondicional. Elas existem por si mesmas, havendo ou não um cérebro para captá-las e traduzi-las em imagens mentais. O mesmo vale para coisas como amor, alegria, prazer, dor, angústia etc.: são algo que só existe no contexto biológico de nossos corpos.

Assim, tudo o que acontece em nossas consciências tem seu começo e seu fim na própria consciência. Fora da consciência, tudo é inconsciência; fora da vida, tudo está morto. Naturalmente, como somos seres vivos, temos a impressão de que a vida tem um "valor intrínseco", mas isso é tão ilusório quanto pensar que átomos têm sentimentos.

✳ ✳ ✳

Como definimos, a realidade objetiva é aquilo que existe por si mesmo incondicionalmente. Porém, como nossa existência subjetiva, o conteúdo de nossas consciências, é puramente condicional, o niilismo, quando aplicado a nós mesmos enquanto seres subjetivos, reduz-nos a nada. Não só as cores, mas todo o nosso universo subjetivo passa ser encarado como uma "ficção", como uma realidade virtual criada pelo sujeito. Nessa ótica, quando afirmamos que "tudo é nada", com isso queremos dizer que nossa ótica subjetiva da existência é condicional. Queremos dizer que nossa consciência acontece dentro de nossos cérebros como resultado de um processo material, de modo que a realidade objetiva não está na própria consciência, mas na atividade neural, no cérebro material que cria essa consciência. Se explodirmos nossos cérebros, apenas nossa consciência do mundo desaparecerá: o mundo continuará existindo.

Pelo fato de o mundo em si mesmo não possuir nenhuma das característcas da subjetividade humana e, ao mesmo tempo, sermos seres que existem encerrados num mundo virtual criado por eles próprios, podemos dizer que nossa subjetividade se assemelha a uma espécie de surto psicótico da matéria.

Feita a distinção entre objetivo e subjetivo, o niilismo começa a se situar com mais clareza em nossas mentes, permitindo-nos relativizar nosso antropocentrismo. Desse modo, ao afirmar que tudo é nada, que a existência é vazia, referimo-nos à ausência de significado que inere a essa existência objetiva — pois significados, intenções e objetivos são algo que só faz sentido no contexto de nossas máquinas biológicas. Não devemos, portanto, entender o niilismo como uma "negação da realidade" ou como um "pessimismo existencial". Devemos entendê-lo como a ótica segundo a qual a realidade objetiva é algo que apenas existe, estando isenta de quaisquer traços subjetivos. O subjetivo, por outro lado, deve ser entendido como algo que existe apenas dentro de nossas cabeças. Assim, objetivamente, o ser existe, e nada mais. Mas e quanto ao que acontece? O que acontece, acontece, e nada mais. Se acontece dentro ou fora de nossas cabeças, é indiferente.

Isso justifica a afirmação de que, fora de nosso universo subjetivo, nada tem sentido, tudo carece de significado, pois tais coisas são criadas pelo próprio sujeito. É por isso que o problema do "sentido da existência" não tem solução, pois não é sequer um problema, apenas um fato.

* * *

De início, não fica muito claro para que serve compreender isso tudo. O niilismo, enquanto postura teórica, não tem sequer vestígio de utilidade prática. Porém, intelectualmente, é uma ferramenta analítica bastante interessante, desde que empregada em quantidades moderadas. Uma *overdose* de relativismo não fará mais que nos deixar ansiosos por não termos certeza de nada e por havermos rejeitado todos os pontos de referência a partir dos quais poderíamos deduzir alguma coisa útil. Ficaríamos paralisados pelo simples fato de que "talvez possamos estar errados", de que "não podemos ter certeza de nada". Mas, obviamente, por tal postura consistir na certeza de que não temos certeza alguma, ela refuta a si própria, sem nos oferecer qualquer perspectiva promissora sobre como chegar a saber algo.

O ceticismo radical é apenas um modo inteligente de afirmar, em termos filosóficos, que somos limitados e estúpidos, no qual quem faz a afirmação se coloca como um exemplo ilustrativo ao atirar no próprio pé. Ao que tudo indica, essa espécie de ceticismo é apenas ansiedade disfarçada de filosofia. Claro, podemos estar errados. Porém, se estivermos, corrigiremos o erro assim que o descobrirmos: não nos interessa devanear terríveis erros hipotéticos, pois isso é apenas paranoia.

* * *

Sendo um agente destrutivo, o niilismo não nos permitirá descobertas grandiosas, apenas limpará o terreno para que consigamos construir uma visão mais coerente da realidade. Assim, ao aplicá-lo num assunto qualquer, não devemos esperar mais que a aniquilação do objeto que analisamos, ou seja, sua redução a nada. O niilismo opera uma espécie de "esterilização do ser", eliminando todos os seus elementos subjetivos: tira do ser toda a vida, todo o movimento, todo o significado, todo o sentido, ou seja, desumaniza-o, descaracteriza-o a tal ponto que se torna indistinguível de qualquer outra coisa. Isso permite que tenhamos uma visão crua daquilo que analisamos, vendo-o despido de antropomorfismos, reduzido à sua crua existência objetiva, o que equivale a dizer *reduzido a nada*, isto é, a nada além dele próprio.

O niilismo, como se percebe, procura nos remover da equação para que consigamos conceber algo próximo do que seria a realidade objetivamente — sendo a finalidade disso evitar que nosso conhecimento se torne uma humanização da existência. Assim, ao adotar uma ótica niilista em relação a um assunto qualquer, é como se estivéssemos desumanizando esse assunto, dissecando-o. Uma vez tenhamos apagado suas qualidades subjetivas, deixará de existir qualquer distinção entre uma coisa e outra coisa, seja qual for o nível em que tivermos estabelecido tais distinções — como valor, sentido, significado, identidade etc. —, e teremos de reconstruir nossa compreensão do assunto sob essa ótica bastante severa. No processo, morrem as ilusões, ficam os fatos.

Como essa ideia é um pouco abstrata, pensemos numa forma mais palpável de colocá-la. Por exemplo, *que é um homem*? Podemos defini-lo, *grosso modo*, como um mamífero com cérebro volumoso que anda em posição ereta. Essa definição distingue o homem de todo o resto, especialmente o resto dos animais. Dá ao ser humano um caráter distintivo frente à existência. Logo, nessa perspectiva subjetiva, temos uma definição a partir da qual podemos afirmar que o homem é alguma coisa, que o homem existe. Todavia, o que aconteceria se agora adotássemos uma postura niilista em relação ao homem? Haveria uma série de questionamentos que acabaria por desconstruir toda essa noção, negando a distinção entre o homem e as demais coisas. Vejamos algo simples que ilustra essa ideia.

O homem é composto por aproximadamente 70% de água. Enquanto essa água estiver, digamos, em seu cérebro como componente das reações químicas que o mantêm vivo, ou em qualquer outra parte de seu corpo, será também um homem. Então a água é homem na medida em que compuser o sistema biológico que desempenha esse papel previamente definido. O mesmo vale para os 30% restantes, que são proteínas, gorduras, açúcares, ácidos nucleicos etc. Sabemos que o homem só permanece vivo na condição em que a matéria que constitui seu corpo seja trocada permanentemente. Então em algum momento a água que estava em seu cérebro, e que o permitiu pensar que precisava cortar as unhas, será expelida de seu corpo. A água deixará de ser um homem para ser precisamente o quê? Exatamente o que era antes de ser ingerida: nada; só um conjunto de moléculas de oxigênio e hidrogênio, como sempre foi, como nunca deixou de ser.

A não ser que pensemos que os átomos adquirem alguma aura mágica após a absorção e a perdem após a excreção, temos de admitir que o conceito subjetivo de *homem*, que nós próprios inventamos, é algo que cria uma distinção subjetiva e qualitativa entre esse *homem*, que é um arranjo específico de matéria, e as demais coisas, que são arranjos de matéria dispostos de modo diverso. Ambas as coisas, no fundo, são exatamente a mesma coisa: matéria. Tudo o que fizemos foi classificar, dar nomes aos bocados de átomos que nos parecem importantes, e as distinções que criamos com isso são apenas convenções. Essa distinção que vemos entre homem e não-homem nunca poderia ser objetiva porque, por exemplo, as moléculas de água no rio, na chuva ou no cérebro têm, objetivamente, a mesma natureza. Sejam quais forem as situações em que se encontrem, não exibem qualquer diferença discernível em seu comportamento físico.

Se isso se aplica não somente à água, mas também a tudo o que compõe o homem, e se o homem é composto pela mesma matéria que constitui todo o resto do universo, onde exatamente poderíamos encontrar uma fundamentação objetiva para a distinção entre o homem e o mundo? Entre a água em seu sangue e a na torneira? Entre o oxigênio em seu sangue e o na atmosfera? Não podemos — ou os rios já estariam humanizados pela nossa urina cheia de essências e realidades maiores. Tudo o que fazemos é criar definições subjetivas de caráter convencional, nas quais o que levamos em consideração é a utilidade prática de se designar esse arranjo específico de matéria pelo termo *homem*.

Portanto, analisar o homem com uma ótica niilista equivale a negar sua existência objetiva — mas apenas enquanto um ser dotado de uma suposta "subjetividade objetiva". Isso não significa que não existimos, que não estamos aqui, mas que não se pode dizer que o homem existe objetivamente, no mesmo sentido em que a água existe. Isso porque, diferentemente das cores, dos sons, dos sentimentos, a água não é criada por nossa representação da realidade.

Claro que a água surge devido a reações químicas. Sabemos que seus elementos podem ser decompostos, mas isso tudo independe da ótica de um sujeito. Se decompuséssemos a água utilizando eletricidade, a eletrólise não ocorreria em nossos cérebros.

Assim, ao aceitarmos que o homem é composto pela mesma matéria que compõe todo o resto do universo, e que esta se comporta da mesma forma, estando ou não em seu corpo, isso implica rejeitar a distinção entre homem e não-homem. Nessa ótica, se houvesse um homem sentado em uma cadeira, seu corpo e a cadeira não poderiam ser encarados como coisas distintas, objetivamente diferentes. Tudo passa a ser visto como uma sopa indistinta de átomos. A distinção entre homem e cadeira só surge após delinearmos critérios subjetivos de classificação, que são completamente arbitrários. Não que tais critérios sejam inúteis, pois não são. O fato de algo ser subjetivo não é uma objeção à sua significância, só uma condição de existência: a condição de existir como um fenômeno subjetivo, como uma ótica de um sujeito, não como uma "essência do ser". Em nenhum sentido isso poderia ser usado como justificativa para remover o valor da cadeira ou do homem, visto que coisas como valor, significado, sentido só existem dentro da esfera subjetiva, nunca no mundo objetivo.

Diante disso, alguém poderia dizer: *como se pode afirmar que, ao olhar este objeto, não exista uma pessoa vendo este objeto!* Naturalmente que, para todos os efeitos, existe uma pessoa vendo esse objeto. Só que a pessoa, enquanto um sistema biológico maquinal, assim como sua notável capacidade de converter energia luminosa em imagens mentais, é um fenômeno, e como tal deixará de existir — ou, melhor dizendo, de acontecer — assim que o encadeamento material que deu origem ao fenômeno cessar, resultando num velório. Com a morte do indivíduo, deixa de existir esse universo subjetivo no qual havia uma pessoa que via objetos — e, quando um universo subjetivo desaparece, não sobram disso quaisquer vestígios, assim como não sobram vestígios de filmes quando uma televisão é desligada.

* * *

Pode-se dizer que, no exemplo acima, nós "niilificamos" o homem, isto é, o desconstruímos, esvaziando-o de quaisquer qualidades subjetivas. Quando suprimimos o aspecto subjetivo do homem, passamos a ver nós próprios como um fato, como algo indistinto, que não se separa do restante da realidade. Vemo-nos, então, reduzidos a um bocado de átomos — e vemos que nosso próprio pensamento não passa da atividade desses átomos. Por meio desse processo intelectual, pudemos vislumbrar o que é um homem em si mesmo, num sentido objetivo. Se fizéssemos a mesma pergunta — que é o homem? —, responderíamos, agora, *o homem não é nada*. Como a redução a nada é um processo intelectual, não algo prático, não foi necessária uma bala para realizar essa ação — embora ela sirva para ilustrar que depois de morte nada restará de nosso subjetivo.

A utilidade fundamental de analisarmos algo sob a ótica niilista, como se vê, consiste em verificar sua consistência, ou seja, sua relação com a realidade, sua vida — e, para testar a vitalidade de uma ideia, nada mais confiável que destruí-la e, depois, verificar se tem forças para renascer de suas próprias cinzas.

Mesmo que tenhamos desconstruído o homem no exemplo acima, essa ideia não deixou de ter vida, pois podemos reconstruí-la por completo a partir da realidade subjetiva, e não nos incomoda em nada que tenhamos de fazê-lo nós próprios, sem qualquer autoridade externa. Como somos homens, esse é um conceito que simplesmente fazemos questão de cultivar, e está completamente contido na esfera humana da realidade.

É importante também lembrar que essa desconstrução não nos causou angústia somente porque, desde o início, não tínhamos quaisquer fantasias metafísicas sobre o homem ser "especial" ou "algo além" de matéria. Assim, mesmo desconstruída em nível conceitual, nossa existência não deixou de ser um fato. E o mesmo poderia ser dito das cores: mesmo sabendo que cores são apenas uma ficção subjetiva, continuamos a cultivar esse conceito, pois ele é útil para a decoração das paredes de nossas casas. Se cores não perdem seu valor por não possuírem uma "essência transcendental", por que o homem perderia?

Julgamos tais observações óbvias porque sabemos que somos apenas um modelo específico de máquina biológica ao qual damos o nome *homem*. Se a

41

espécie humana não existisse, o conceito de homem também não existiria — nossa essência não continuaria existindo num cantinho oculto do cosmos. Assim, os niilistas podem desconstruir o conceito de homem o quanto quiserem. Isso apenas apaga uma definição, mas não muda o fato de que somos máquinas que gostam de dar nomes às coisas. O niilismo apenas nos impede de perder de vista que, em última instância, é apenas gramática o que nos distingue do resto da existência.

✷ ✷ ✷

O homem, como vemos, sobreviveu à crítica. Porém, se reduzirmos a nada um conceito que não tenha realidade por detrás, não haverá como reconstruí-lo. Quando, depois de sofrer tal processo de crítica, o conceito não é capaz de levantar-se novamente, isso indica que já estava se tornando um fantasma, que já havia deixado de corresponder a uma realidade explicitamente humana para refugiar-se no nada na forma de um dogma metafísico impessoal, sustentado somente pela tradição ou pela fé. Então, por exemplo, se reduzirmos a moral a nada, o que restará de realidade nesse conceito? Ou seja, a partir de que poderemos reconstituí-la, devolver-lhe a vida? Apenas de nós próprios, pois não haveria qualquer outro referencial. Então, se não pudermos explicar de onde tiramos nossos valores, eles não poderão continuar a ser sustentados. Não poderemos alegar que existem "por si mesmos" se não pudermos demonstrá-los como um fato natural — e, não havendo um além, só nos restará defendê-los como um valor subjetivo, inventado por nós.

Suponhamos que houvesse existido uma tribo que acreditava em duas leis morais: que é errado comer fezes e que é errado comer alface. Numa escavação arqueológica, encontramos essas duas leis inscritas em algum artefato. Nessa situação, apenas a primeira lei nos seria algo inteligível, um valor moral ainda passível de ser reconstruído como algo relacionado ao mundo. A outra lei seria vista como uma superstição sem sentido, baseada em alguma suposição fantasiosa desse povo a respeito do caráter funesto das folhas de alface. Nenhuma pessoa em sã consciência pensaria que devemos parar de comer alface, tampouco acharia sensato comer fezes para zombar dos valores dessa tribo. Entretanto, se descobríssemos que a alface que essa tribo cultivava era uma variante que, por alguma mutação genética, tornou-se venenosa, então julgaríamos perfeitamente razoável a proibição que defendia.

Noutro exemplo, reduzindo a nada as leis criminais e os dez mandamentos, só as primeiras poderiam ser reconstruídas com nossas próprias mãos. Poderíamos reinventar as leis criminais a partir do zero, pois sabemos de onde vieram e para que servem. São valores morais humanos, e sabemos como justificá-los: interesses comuns e polícia. Isso, obviamente, não se aplicaria aos dez mandamentos, já que ninguém poderia demonstrar a realidade do legislador metafísico que os criou.

Nessa situação, todos os valores morais que tenham deixado de possuir raízes na realidade, que tenham se convertido em abstrações puras e idealismos caducos, morrem ao serem demolidos pelo niilismo, e isso pelo simples fato de que não havia nenhuma realidade ainda viva que os sustentasse. Esses valores, agora sem contexto, já não nos defendem, não nos representam. Não se sustentam porque não há ninguém para sustentá-los, sendo que sua morte só poderá ser adiada por apelos à autoridade.

Com se percebe, o processo de crítica niilista seria equivalente a reunir todo o papel-moeda que possuímos e todo o ouro que lastreia seu valor. Destruir todas as notas de papel-moeda e, então, verificando a quantidade de ouro que possuímos, emitir novamente as notas, sabendo que, agora, há uma realidade sustentando seu valor. Dogmas, ou seja, ideias sem valor nem conteúdo, fazem mal à nossa compreensão da realidade assim como cheques sem fundo fazem mal à economia. Essa analogia deixa claro que o niilismo, longe de representar uma medida drástica, não passa de um procedimento de fiscalização da realidade, enfatizando não a destruição, mas a *transparência* de nosso conhecimento. Assim, quem possui confiança de que suas ideias têm fundamentação sólida, não terá nada a temer. Entretanto, quem emite juízos ocos, fraudulentos, não terá como protegê-los.

* * *

A moral é um assunto bastante controverso, mas é evidente que somos nós próprios que inventamos todas as noções morais. Recheamo-las com ideias, depois as esvaziamos com críticas, e assim caminhamos. Um conjunto de noções morais cumpre o papel de orientar nosso comportamento na vida em sociedade. Como somos seres em constante mudança, as criações que originalmente surgiram como nosso reflexo deveriam nos acompanhar nessas mudanças, mas é bastante comum acabarem cristalizadas em noções aparentemente suficientes em si mesmas. Ou seja, perdem seu sentido, sua origem, sua função, e agora não dizem nada, não passam do eco de uma voz esquecida. Porém, em vez de morrerem, é comum permanecerem vivas anonimamente em função da tradição e da autoridade. É como se um elemento subjetivo houvesse "pegado a tangente" e transposto a própria subjetividade, situando-se agora na esfera objetiva que nós, meros mortais, não podemos alcançar. Tornam-se valores de anjos. Isso, logicamente, é impossível, mas é assim que se estabelece a autoridade absoluta de certos valores, ao menos em nossas cabeças. Um ótimo exemplo disso é o culto aos antepassados — porque, obviamente, se tais valores fossem justificáveis, não seria preciso defendê-los recorrendo ao histórico de defuntos.

O que temos aqui? Valores incompreensíveis, que apontam para lugar nenhum, e cujos fundamentos, em vez de serem alguma coisa, não são nada. No além, são tudo. No aqui, não são nada. São razões cuja razão ninguém entende, mas mesmo assim segui-las é "absolutamente necessário" — por motivos que ninguém sabe explicar. Se admitíssemos que isso tudo não passa de uma inércia cega e irracional, tudo bem. Porém, quando tentamos justificar racionalmente a preservação desses defuntos teóricos, temos novamente a metafísica tentando enxertar razão no que não tem razão alguma. São coisas desse gênero que o niilismo destrói, e não vemos como isso poderia ser algo ruim.

Apesar de estabelecer referenciais aparentemente seguros que nos livram do relativismo e da incerteza, a moral metafísica apenas utiliza um artifício circular para calar o assunto e permitir que sigamos com nossas vidas como se a questão estivesse resolvida. Essa moral metafísica, em grande parte, se ocupa da solução de problemas imaginários, como o sexo dos anjos ou o umbigo de Adão. Porém, quando ela se ocupa da solução de problemas reais, o resultado pode ser — e muitas vezes é — prejudicial, pois ela tranca nossa compreensão da realidade dentro de dogmas e joga a chave fora. Tudo permanece explicado por uma razão intocável e incompreensível, que temos de obedecer sem hesitar.

A mesma sensatez que, noutros assuntos, é normal, passa a ser um crime quando direcionada a essas questões. É assim que um assunto torna-se "profundo", e tão mais profundo quanto mais palpável for sua incoerência.

O que poderia ser mais ridículo que subordinar toda a nossa compreensão da realidade à crença em valores e conceitos absolutos que todos respeitam, mas ninguém sabe explicar, e que habitam uma realidade na qual não estamos? E o que poderia ser mais inconsequente que considerar tal postura submissa como algo razoável? Simplesmente tiramos da cartola, num passe de mágica, uma explicação fantástica para algo que muitas vezes sequer existe. Depois tentamos justificar esse salto de fé chamando-o de "mistério", de "sentido íntimo das coisas", de "ordem moral do mundo", e coisas do gênero. Guiamo-nos em função disso como se fosse uma realidade última, coisa que, no fim, equivale a andar a esmo, desprezando o próprio chão.

Permitir que a metafísica se infiltre na moral pode parecer uma infantilidade inofensiva, deixando-a proclamar seus imperativos morais irrelevantes com uma solenidade palerma, mas é perceptível o quanto ela atrapalha uma compreensão clara dos valores que efetivamente nos guiam enquanto seres humanos. Essa atmosfera metafísica faz com que passemos a ver tudo sob uma ótica constantemente falsa, e como somos proibidos de questionar essa ótica, perdemos cada vez mais o contato com a realidade. Em pouco tempo, perdemos a capacidade de emitir juízos morais em primeira pessoa, pois demos à metafísica o papel de sonhá-los por nós, recebendo em troca uma moralidade que se perdeu dos fatos. É certo que o niilismo é uma presença fria e incômoda, mas nunca chegamos a nada tentando superá-lo com baboseiras metafísicas — se isso não resultar num dogma transcendental delirante, será no melhor dos casos uma tábua de mandamentos que nos obrigam a ser ainda mais incoerentes.

A metafísica não se justifica sequer como uma medida preventiva contra as implicações supostamente "perniciosas" do niilismo, pois o nada não pode ser posto em prática. O niilismo destrói só ilusões, e isso apenas intelectualmente. Não há quaisquer implicações práticas diretas. Para esclarecer esse ponto, pensemos da seguinte forma: alguém já ouviu a respeito de algum holocausto cometido em nome da incerteza? De mártires que deram suas vidas pela descrença? Ora, ninguém mata em nome da dúvida, ninguém se sacrifica pela realidade. Todas as guerras que travamos repousam em alguma certeza, e todas as certezas são crenças metafísicas para justificar nossos absurdos. Apenas convicções são perigosas. Por isso mesmo, o niilismo não representa perigo algum. Aqueles que dizem o contrário são os que estão tentando proteger suas ilusões dos fatos mais elementares. Tais indivíduos nunca receariam o niilismo se suas crenças fossem fatos justificáveis — afinal, ninguém tenta proteger a gravidade do niilismo, receando a desintegração do universo; ninguém invoca imperativos universais para defender que é errado fazer transfusões de sangue entre tipos incompatíveis; ninguém precisa ter fé para afirmar que é errado gritar em bibliotecas. Nenhuma moral saudável precisa ser defendida pela anemia metafísica.

Muitos também alegam que o niilismo busca destruir a "ordem social", mas isso é outro equívoco. O que o niilismo busca destruir são nossas mentiras. Porém, se nossa ordem social repousa em mentiras, é claro que ela será refutada pelo niilismo, mas isso é apenas uma consequência indireta de sermos honestos. Mesmo assim, o objetivo nunca foi explicitamente esse. Tudo o que fizemos foi refutar — e não alvejar — aquilo que não se sustenta. No mais, como o niilismo não tem a pretensão de apontar qualquer caminho, ele também nunca poderá servir como pretexto para a militância social, pois niilistas não têm qualquer certeza, ideal ou verdade a defender. Sendo o niilismo uma postura negativa, ao adotarmos uma postura positiva, abraçando uma causa qualquer, deixamos de ser niilistas e nos tornamos defensores dessa causa.

O caráter inofensivo da postura niilista ficará ainda mais claro se tivermos o cuidado de observar que um niilista prático não seria uma pessoa ensandecida, envolvida na promoção de algum apocalipse social, mas uma pessoa em coma, em estado vegetativo. A ideia de tentarmos "viver" o vazio da existência se assemelha a um distúrbio mental, pois esse vazio só pode ser pensado. O niilismo, no máximo, pode fazer com que nos sintamos angustiados pela morte de nossas ilusões, mas não significa nada, exceto que não gostamos de estar errados.

∗ ∗ ∗

As observações feitas até aqui serviram para termos uma ideia mais clara do que exatamente estamos falando quando afirmamos que algo é "nada", pois, de início, parece contraditória a ideia de que o nada possa efetivamente existir e, conscientemente, negar a sua própria existência. Quando falamos de coisas como "nada", "vazio", na verdade não é no mesmo sentido de "aquilo que não existe", de "não-ser". Tampouco isso tem a ver com pessimismo, ou seja, com distorcer a realidade negativamente somente porque não gostamos dela. Os termos "nada" e "vazio" são usados somente para designar aquilo que desaparece quando o ser é despido daquilo que não lhe é objetivamente próprio. As confusões iniciais desaparecem quando entendemos em que acepção esses termos são empregados.

Logo, dizer que a existência é "vazia em si mesma" não significa que nada nela exista, que seja o mais puro vácuo, mas apenas que, removendo-se desta todas as qualidades que somente dizem respeito ao nosso mundo subjetivo, não sobramos nem nós próprios. Tudo o que sobra é aquela situação na qual tudo é indistinto, e assim perde o sentido alegar que este ou aquele bocado de matéria é "especial" porque constitui um homem cheio de vida, pois, nessa ótica, a matéria constituir um homem vivo, um morto ou a terra que já teve a forma de homem e que agora alimenta flores no jardim é completamente irrelevante para nossos propósitos.

Então, quando falamos de niilismo, isso nos remete a essa realidade uniformemente estéril, ao contraste da existência objetiva em relação à existência subjetiva. Naturalmente, deve estar claro por que motivo o niilismo só pode ser teórico, nunca prático. O mais próximo que podemos chegar da compreensão do niilismo existencial é a apreensão desse vazio enquanto condição de existência; ou seja, compreender que o mesmo ser que constitui tudo o que somos e tudo o que pensamos é o mesmo que constitui as pedras, as estrelas, os cigarros, as paredes etc., e que o fato de estarmos pensando nisso, de isso talvez nos angustiar, não muda coisa alguma, pois essa angústia está acontecendo em nossos cérebros com a mesma necessidade com que elétrons acendem uma lâmpada.

Sempre que ultrapassamos o círculo em que fica circunscrita a subjetivida-de humana, caímos nesse vazio da realidade objetiva, no qual não conseguimos sequer nos reconhecer. Pois conceber o homem objetivamente é, em essência, imaginá-lo como uma porção de matéria delimitada por linhas pontilhadas. Aqui não há cores, não há sons, não há sensações, não há pensamento, não há vida, não há nada: temos só mais um fenômeno indistinto no emaranhado da falta de sentido da existência.

Podemos tentar conceber uma imagem da existência a partir de uma pers-pectiva fora da própria vida, mas em geral não chegamos a algo muito além de uma versão do mundo em que tudo é composto por nuvens semitransparentes de átomos de diferentes densidades. Uma perspectiva mais fidedigna talvez seja aquela que tínhamos quando ainda não havíamos nascido, apesar de ser difícil conceber esse tipo de coisa. Talvez apenas imaginar o universo sem que nele houvesse surgido qualquer forma de vida seja o modo mais fácil de conceber a ótica do niilismo inicialmente. Depois precisaremos apenas acrescentar a vida como algo que apareceu nesse universo e que provavelmente desaparecerá em algum momento futuro sem deixar quaisquer vestígios.

Como o ser não comporta os adjetivos que adoramos dar a ele, a função do niilismo é, digamos, apenas antiaderente: evitar que nossa compreensão da realidade seja poluída por nosso antropocentrismo. Ao reduzir algo a nada, a destruição ocorre apenas na esfera subjetiva da existência, reduzindo-a a uma "realidade virtual" dentro do mundo material. A partir dessa ótica, passamos a entender nossas consciências como se fossem "filmes passando dentro de nossos cérebros", não como a existência em si mesma. Fica claro que tal compreensão não muda nada na prática, apenas nos ajuda a discernir os fatos com maior clareza.

✳ ✳ ✳

Como não podemos mudar o comportamento básico da realidade em que estamos, nossa única opção é compreendê-la — e, sendo esse o caso, refugiar-se do niilismo nada mais é que entrincheirar-se em convicções risíveis. Se nos perguntarmos honestamente por que o niilismo nos incomoda tanto, veremos que os motivos nunca são mais que mesquinharias pessoais e preconceitos aprendidos na infância. Já é grande coisa que possamos entender como o mundo funciona: negá-lo porque seu funcionamento não corresponde às nossas expectativas pessoais é simplesmente condenar-se à ignorância.

Assim, depois de desmantelar nossos numerosos pretextos para a "dúvida", geralmente percebemos que temos uma ideia bastante boa de como as coisas são, e que de fato não há mais nenhum mistério grandioso na existência — já respondemos a grande questão. Sabemos o que é a vida, e como ela funciona. Sabemos o que é nosso planeta, e como ele se formou. Sabemos o que é o sol, e por que ele nasce. Hoje sabemos tudo o que os filósofos sempre quiseram saber, ou quase tudo. O mundo em si mesmo é algo físico e impessoal. Em termos humanos, a realidade é o mais completo vazio, e é ótimo que saibamos disso.

Como é de se supor, o niilismo existencial adota esse "vazio" como ponto de partida e, como não há nada a se fazer quanto a isso, também como ponto de chegada. É o tipo de coisa da qual sabemos que não há como escapar, embora também não consigamos conviver muito bem com a consciência disso. Seja como for, temos ao menos de aprender a lidar com os fatos, agradáveis ou não, pois a outra opção é delirar. O niilismo, obviamente, não tem grande importância prática. Porém, enquanto insistirmos em pensar que há algo muito espetacular a ser encontrado "por detrás" do mundo, o niilismo continuará sendo necessário para nos mostrar que isso é apenas uma fantasia.

Mesmo sendo o niilismo perfeitamente defensável em termos intelectuais, não faz muito sentido tentar "viver" em função disso, pois esse é um tipo de perspectiva que simplesmente nos sufoca. A consciência da nulidade da vida nos chega como uma vertigem paralisante — e a própria constituição biológica do homem não favorece esse tipo de abordagem da realidade. Como ignorância não é impedimento, mexilhões passam pela existência sem compreender filosoficamente sua condição, e seria difícil imaginar razões pelas quais essa compreensão lhes traria algum benefício. E o mesmo se aplica à maioria dos homens: sequer lhes passa pela cabeça que seus umbigos não são o centro do universo. Se querem permanecer ignorantes, tudo bem. Sabemos reconhecer que não nos diz respeito o modo como cada qual governa sua vida. Mas nós escolhemos pautá-la numa ótica esclarecida, que leva em consideração o modo como a realidade funciona.

Então se nos perguntam como niilistas vivem, o que poderíamos responder? Ora, vivem como bem entenderem, porém de olhos abertos. Niilistas enfatizam a objetividade, mas isso não significa que desprezem a subjetividade. Apenas têm a prudência de relativizá-la o suficiente para perceber que ela não é tudo o que existe. De qualquer modo, somos seres subjetivos, e só podemos viver enquanto tais. Só devemos ter em mente que nossos pés pisam numa realidade objetiva, sendo ela o que realmente determina nossas vidas. Nessa ótica, se a vida é um sonho, o niilismo seria apenas a tentativa de torná-lo um sonho lúcido.

✳ ✳ ✳

Pelo que foi dito, apesar de não haver esperança quanto à possibilidade de vislumbrarmos uma esfera prática e construtiva no niilismo — além de sua utilidade teórica como chave de fenda da realidade —, isso não nos conduz à conclusão de que ser um niilista paralise a vida prática, já que ambas as coisas se situam em esferas completamente distintas. É bastante superficial a acusação de hipocrisia comumente lançada contra o niilista, na qual se supõe que a verdadeira honra consistiria em estourar os miolos em nome da coerência — e a própria verdade dessa afirmação pode ser encontrada no fato de que o tiro não produziria honra, mas apenas uma lambança que algum infeliz teria de limpar. Não se pode colocar como objeção teórica o fato prático de que niilistas continuam vivos apesar de considerarem que a vida, como todo o resto, equivale a nada, pois o suicídio não é um argumento, assim como o sangue não é honra. Diante de uma objeção dessa natureza, só podemos supor que indivíduos desse gênero, por algum motivo tortuoso, pensam em si mesmos como uma "empresa", um "investimento" do ser: como se os átomos que compõem seus corpos fossem ações cujo valor oscila na bolsa de valores da existência em função do quanto acreditam valer. Ao que tudo indica, recusar essa ideia é apenas indício de bom senso. Crenças não mudam os fatos.

Em si mesmo, o niilismo não vale nada. Seu único valor possível é relativo, e consiste no fato de que essa ótica nos permite identificar ilusões previsivelmente desastrosas. A utilidade dessa lucidez pode ser ilustrada pela diferença entre um homem bêbado e um homem sóbrio. Nesse sentido, sua natureza é semelhante à do ateísmo, que também possui um caráter negativo frente a uma ilusão claramente prejudicial à nossa compreensão da realidade. A descrença ateísta explícita poderia, nesse sentido, ser entendida como um caso particular do niilismo.

Assim, não há por que nos "orgulharmos" de ser niilistas, senão por isso ser indício de sensatez. Um niilista esclarecido, com a garantia de estar pisando no chão sólido do fundo do poço, tem consciência de que seus valores, objetivos e ele próprio são coisas que não existem efetivamente, mas apenas de modo condicional, e não encontra problema algum em suspender qualquer esforço no sentido de situar-se na "essência" do mundo objetivo. Mesmo porque, ao tentarmos fazer isso, não estaríamos fazendo mais que criar um mundo imaginário no qual os átomos sorriem ao nos ver — ou coisa pior.

APÊNDICE

Há outro modo de entrarmos em contato com o niilismo, apesar de não ser o mais agradável. Trata-se não de tentarmos entender o vazio da existência racionalmente, através da reflexão, mas de sentirmos esse vazio afetivamente. O próprio fato de haver um ponto de contato tão inesperado entre uma visão puramente teórica e uma faceta da subjetividade humana de abrangência universal torna o assunto, se não mais interessante, ao menos mais digno de consideração.

Trata-se da situação em que a visão cotidiana da vida, imersa em fantasias e fechada em si mesma, se esfacela pelo confronto com uma situação desconcertante, fazendo com que o mundo se reduza a algo pobre e vazio. Estamos falando do *luto*, ou seja, a reação natural de todo ser humano ante a perda de algo afetivamente importante, como um ente querido, uma relação amorosa, amigos próximos, inclusive ideais ou qualquer outra coisa com a qual se tinha um vínculo afetivo estreito.

Não nos referimos, obviamente, ao ritual de usar roupas pretas nem a minutos de silêncio, tampouco a gemidos histéricos ou a rios de lágrimas, mas ao que ocorre subjetivamente na visão de mundo do indivíduo, ao estado de espírito acarretado pela perda. Os sintomas comuns do luto são tristeza, depressão, abatimento, falta de interesse pelo mundo exterior e, o que é especialmente interessante em nosso caso, uma lucidez penetrante. Esse estado em geral pode ser descrito como a sensação de que tudo "perde o sentido" ou de que "nada tem valor". Em nenhuma outra situação compreende-se melhor o significado do termo "em vão".

Quando buscamos algo que, em termos práticos, corresponda ao niilismo, vemos que o luto é um forte candidato. Isso porque a impressão que se tem é que o indivíduo enlutado torna-se provisoriamente niilista por uma espécie de "emergência emocional". Em emergências nas quais nossa integridade física está em jogo, a reação automática do corpo é disparar o comando de luta-ou-fuga. Igualmente, quando a integridade de nosso mundo psicológico está em jogo, temos o luto como uma reação de parar-e-pensar, como se o cérebro, ao "reduzir a nada" nossa subjetividade, estivesse nos preparando fisiologicamente para uma revisão fria e calculada da realidade.

Como, nesse caso, o indivíduo não está apenas devaneando sobre o vazio da existência, mas sentindo-o intimamente, a vivência prática é seriamente prejudicada pela angústia e pela depressão, fazendo com que a vida pareça algo completamente sem sentido — e não é, no fim das contas, justamente esse o caso? Não é estranho que a maioria dos indivíduos precise chegar a tal extremo para apreender esse tipo de verdade? Pois todas as vezes em que tentamos encontrar "razões" que justifiquem ou deem sentido à vida, sempre chegamos à conclusão de que não há nenhuma. Como não há saída, ninguém insiste muito nesse ponto. Cedo ou tarde, reconhecemos o caráter nulo desse tipo de empreitada e, sem protestos, limitamo-nos a nos deixar guiar pela vontade, empregando a razão como um acessório que fica a seu serviço.

O problema é que, quando transposto à prática, o niilismo tem o aspecto de uma enfermidade mental, de algo que nos paralisa, sendo que até já foi caracterizado pela psiquiatria como uma forma de delírio em que o sujeito nega a existência da realidade, no todo ou em parte. A ideia de que a realidade cotidiana que nos rodeia não tem valor algum, de que ela sequer existe objetivamente, é perfeitamente lógica e justificável. Contudo, quando o niilismo contamina nosso mundo afetivo, ele nos força a admitir que nós próprios somos nada, faz com que nos sintamos esse nada — e, quando ambas as coisas coincidem, convergem em uma lógica incrivelmente sólida. A única saída parece ser o suicídio prático que resolverá um problema teórico.

Claro que a maioria das pessoas não é tão dominada pela racionalidade a ponto de cometer suicídio motivada por silogismos. Contudo, temos de admitir que sentir-se vazio é algo bastante perturbador, ainda mais quando temos o completo entendimento de que isso não é um delírio, mas um estado mental em que conseguimos apreender com clareza uma das verdades mais elementares às quais temos acesso. Apenas caso não nos contentássemos somente com apreender esse nada intelectualmente, mas também quiséssemos orquestrar toda a nossa vida prática em função dele, vivendo como múmias paralíticas, então teríamos nos tornado seres perfeitamente delirantes. Isso é fisicamente impossível, e com razão constitui um transtorno mental.

Assim, não podendo agir de acordo com tal verdade, a saída escapatória mais razoável seria admitir que compreender a realidade e viver nela são coisas regidas por regras distintas. Apesar de que, em essência, aquilo que se faz em ambos os casos não difere muito: num caso estaremos fantasiando em um mundo particular e, no outro, em um mundo público. As duas soluções surgem em legítima defesa, mas só uma delas não faz com que percamos o contato com a realidade que nos cerca, isto é, com a sociedade.

* * *

Todos fantasiam o mundo para poder suportá-lo, inclusive niilistas. Fugimos do vazio para conseguirmos viver, mas devemos ter em mente que o abismo não deixa de existir apenas porque desviamos o olhar e a vertigem passa. De qualquer modo, intelectualmente, tal fato não nos incomoda, pois há uma grande diferença entre saber que há um abismo e estar nesse abismo, assim como é diferente apenas sabermos que leões são perigosos e estarmos cara a cara com um. Portanto, precisamos apenas procurar meios de desviar o olhar afetivo da perspectiva niilista, pois nosso olhar lógico, enquanto permanecer são, nunca será capaz de fazê-lo — já que isso equivaleria a negar a realidade. Não que isso não seja feito, mas é realmente lamentável dar com a porta na cara da verdade no único lugar no qual podemos recebê-la.

ANDRÉ CANCIAN

Nessa ótica, o luto poderia ser entendido como uma espécie de *niilismo psicológico*, no qual apreendemos o vazio da existência não diretamente, por meio da reflexão, mas indiretamente, por meio da afetividade. O estado depressivo nos proporciona uma intuição seca e direta a respeito da realidade objetiva, reduzindo o subjetivo a nada — e podemos perceber que isso equivale a um procedimento de fiscalização da realidade de nosso mundo psicológico feito involuntariamente, pelo próprio cérebro. Nessas situações convulsivas, somos forçados a encarar a realidade nua e crua, e até os indivíduos mais otimistas veem-se sequestrados pela lucidez. Enquanto o indivíduo estiver enlutado, perde a capacidade de enganar-se. Por isso nada do que dissermos será capaz de consolá-lo; por isso também os religiosos choram em velórios, coisa que a princípio não faz muito sentido. O fato é que, ao ver seu ente querido ser abraçado pelos vermes, todo religioso percebe que sua crença em espíritos e reencarnações é, no fundo, uma piada que tenta negar o óbvio. Suas crenças só voltarão a consolá-lo depois que tiver superado a perda.

* * *

Há apenas duas situações nas quais conseguimos ser imparciais: quando nossos interesses não estão envolvidos, e quando nosso interesse é a própria verdade — ou seja, quando nossa parcialidade, por motivos pessoais, coincide com a imparcialidade. Dentro disso, a depressão, em si mesma, não tem nada de relevante. O interessante é apenas o fato de que, em fases depressivas, nós como que "damos as costas" à vida, passando a ver a realidade com desinteresse. Assim, a perspectiva da depressão, por ser desapaixonada, nos permite ser imparciais, representando uma rara oportunidade de vermos as coisas como realmente são.

Isso explica por que, durante fases depressivas, o niilismo nos parece uma visão visceralmente coerente, com a qual conseguimos nos identificar tanto em termos intelectuais quanto afetivos. Por outro lado, quando estamos numa fase normal, perseguindo nossos sonhos do dia a dia, essa mesma ótica nos parece um tanto distante de nosso modo de sentir a realidade, de nossa vivência — ainda que, intelectualmente, o niilismo continue possuindo a mesma vitalidade. Considerando que afazeres cotidianos nos tornam superficiais e que a depressão, em regra, nos torna realistas, parece bastante lógico que assim seja. Sabemos que a existência sempre foi, sempre será vazia. O fato de isso nos angustiar depende não da filosofia, mas de nossa disposição afetiva, de nossa química cerebral — em última instância, de estarmos ou não aptos a lidar com a realidade.

Tendo tais detalhes em mente, podemos compreender mais claramente por que se costuma pensar que niilistas são suicidas. Isso acontece porque nossa própria visão de mundo é tão carregada de valores afetivos que, se destruída, ainda que parcialmente, isso nos conduziria ao luto, que é dor. E praticamente nenhuma visão de mundo continuaria intacta depois de sofrer uma bela revisão que levasse em conta um critério tão fundamental quanto a distinção entre as esferas subjetiva e objetiva da realidade. Mas, logicamente, todo indivíduo que se denomina niilista já superou essa fase de reorganização mental e, portanto, não se sente mais ameaçado pelo fato de tudo ser vazio. Entretanto, se nos colocarmos na posição daquele que afirma que niilistas são suicidas, não teremos dificuldade em perceber a razão pela qual pensa desse modo. A ideia de perdermos intencionalmente algo pelo qual temos profundo afeto soa tão absurda, tão autodestrutiva, que seria semelhante à ideia de matarmos nossos próprios amigos apenas para aprendermos a lidar com a perda de entes queridos. Ou seja, um grande sacrifício na esfera afetiva que não é de modo algum compensado pelo ganho na esfera intelectual. Mais que natural, é inevitável que qualquer indivíduo se proteja de uma ideia capaz de causar um prejuízo dessa magnitude à sua vida afetiva. Diante de uma ameaça dessa natureza, sua profunda consideração pela verdade reduz-se a esta máxima: *a verdade que se lasque!*

✳ ✳ ✳

Então, para que alguém com uma visão algo florida da realidade veja seu notável jardim murchar, basta um confronto com o niilismo filosófico que, nessa perspectiva, já não pode ser considerado algo tão inofensivo. Pois é possível que, por meio do pensamento, ao compreendermos nossa condição, venhamos a entrar num estado de luto pela "morte da realidade", por assim dizer, já que para nós a realidade é nossa compreensão da realidade, e a destruição dos alicerces de nossa cosmovisão pode ser algo bastante difícil de administrar, sendo comum que haja episódios de ansiedade e angústia nesse processo indigesto.

Em nível emocional, quando passamos a entender o mundo como um sistema físico, como algo impessoal, é como se com isso "matássemos" a realidade. Para exemplificar, imaginemos a seguinte situação: estávamos pesquisando em uma biblioteca e, por acaso, encontramos um documento com nosso nome. Ao lê-lo, descobrimos que todos os nossos familiares na verdade não são seres humanos: são máquinas pré-programadas para conviver conosco. Elas gostam de nós automaticamente, desde o princípio. Até mesmo seus sentimentos são cálculos de seus processadores centrais. Foi isso o que lemos no documento. Pois bem, mesmo que tal compreensão não mudasse nada na prática, sabê-lo não seria emocionalmente devastador? O sentimento de que tudo nunca passou de uma fantasia nos esmaga. Agora basta perceber que não se trata de ficção alguma: eles realmente são máquinas, e nós também. Todos são. A vida é um sonho dentro de uma máquina. Diante disso, ficamos atônitos, perplexos, e "luto" é a melhor palavra que nos ocorre para descrever esse sentimento de que algo morreu, embora não saibamos dizer muito bem o quê.

Seja a razão desse estado afetivo a perda de um ente querido ou a desestruturação de nossa visão de mundo, a dificuldade central consiste em nos adaptarmos a uma perda profundamente dolorosa, em percorrer uma fase de transição carente de referenciais, em que precisamos realizar uma mudança radical em nós próprios. Nesse estado transitório, o modo como pensamos e encaramos o mundo corresponde exatamente ao niilismo, no qual tudo perde o sentido e a vida fica, por assim dizer, "suspensa no nada", perfeitamente consciente de si mesma e de sua condição precária. Repudia-se a realidade subjetiva por diferentes motivos, mas chega-se à mesma perspectiva: o abismo niilista, o óbvio.

Claro que encarar a realidade objetiva exige muita coragem, e a maioria dos indivíduos só se torna capaz disso em situações extremas, em que a lucidez é imprescindível. Nas demais situações, vivemos numa espécie de estado de torpor. Isso não é algo necessariamente ruim. A realidade subjetiva pode nos causar sofrimento, mas fugir dela não nos trará consolo algum. Apenas nos fará perceber a verdade com ainda mais dureza. Como não há nada por detrás de nossas ilusões, a lucidez se torna rapidamente insuportável. A consciência da indiferença da realidade nos chega como algo corrosivo, como um silêncio que escarnece todos os nossos sonhos.

Não há, portanto, para onde fugir: temos de encarar nossa condição de existência em nosso elemento, a subjetividade. Seria tolo pensar que fugir do planeta Terra e lançarmo-nos no vazio do espaço seria um grande alívio aos problemas terrenos que nos afligem. Ficaríamos apenas flutuando no nada. Esse distanciamento talvez nos permita ver as coisas com alguma imparcialidade, mas não conseguimos permanecer nessa situação por muito tempo. Asfixiados pelo tédio, oprimidos pela consciência da nulidade da vida, logo retornamos à nossa bolha subjetiva, certos de que não há nada muito interessante fora dela.

✴ ✴ ✴

Também seria útil entendermos por que há tanto sofrimento envolvido em tais mudanças em nossa visão de mundo. Para nossa infelicidade, nada há de especial nessa adaptação, apesar de ser comum ouvirmos o contrário. O fato de tal processo ser penoso, por vezes esmagador, é uma infelicidade natural à qual todos estamos sujeitos, tanto na esfera mental como na física. Um dano grave causado a um membro, por exemplo, além de ser extremamente doloroso, também requer um grande tempo de recuperação, pois os tecidos lesionados precisarão ser literalmente reconstruídos pelo organismo, célula por célula. Do mesmo modo, uma mudança drástica em nossa visão de mundo ou nas circunstâncias em que estamos acostumados a viver acarreta uma mudança física em nossos cérebros. Muitas ligações importantes entre neurônios terão de ser feitas e outras desfeitas para que nosso sistema nervoso se adapte e seja capaz de lidar com a nova situação, e o sofrimento não é mais que um indício do quanto isso é fisiologicamente inconveniente, isto é, da quantidade de recursos necessária para que seja feita tal "atualização".

Sendo que durante esse processo de adaptação encontramo-nos algo perdidos e desorientados, a depressão e a lucidez decorrentes podem ser vistas como medidas preventivas para que não partamos à ação antes que nosso cérebro esteja familiarizado com a nova situação, evitando assim ações inadequadas e possivelmente perigosas ao nosso bem-estar imediato. Seria como se estivéssemos, desde sempre, acostumados a dirigir apenas carros, mas, numa guinada do destino, fôssemos colocados diante de um veículo que não temos nenhuma preparação para pilotar, como um avião, por exemplo. Nessa situação, nossa reação primária não seria pisar no acelerador e esperar que tudo fosse como antes, pois sabemos que isso seria suicídio. Lúcidos, debruçamo-nos demoradamente sobre o manual de instruções, remoemos sobre todas as questões relevantes e, assim que nos sentimos preparados para tomar o controle do veículo, partimos à ação, voltando a viver normalmente. Sem dúvida, trata-se de algo que requer tempo, e nisso também há grande semelhança com os danos aos tecidos.

* * *

Como, em longo prazo, o niilismo é incompatível com a manutenção da vida, é bastante comum ouvirmos que ele é apenas um "estado provisório", algo a ser "superado". E isso está correto. Porém, não devemos confundir superar o niilismo prático com refutar o niilismo teórico — flertando com aquele relativismo otimista que parece um elogio à demência. A questão é somente o que se pode fazer apesar de a existência ser oca, apesar de todo o nada, sem fugir da questão como covardes. E superar o niilismo nada mais é que pensar em nós próprios como a fonte última de valor e sentido de todas as coisas. Acostumarmo-nos a lidar com tais assuntos sem extrapolar a esfera de nossa própria subjetividade.

Na prática, temos de superar o niilismo porque a realidade não se importa conosco — ela nunca se compadecerá de nossa miséria. Quer estejamos certos ou errados, ainda será preciso mantermos nossas barrigas cheias e nossos corpos aquecidos, e isso significa que superá-lo é uma questão biológica, não um problema filosófico. Se o niilismo a princípio nos paralisa, é apenas porque, em grande parte, são ilusões que nos movem, e é inevitável que fiquemos temporariamente atordoados ao nos darmos conta disso. Contudo, voltar a caminhar não equivale a superar o niilismo, e sim à aquisição da capacidade de separar melhor nosso conhecimento de nossas necessidades práticas, até que ambas as coisas voltem a funcionar normalmente, porém de forma mais independente.

Desse modo, a superação do niilismo diz respeito ao seu efeito paralisante prático que torna a vida mórbida, não à sua incoerência lógica; diz respeito ao fato de que é impossível justificar uma vida subjetiva por meio do nada objetivo. E isso, digamo-lo de uma vez, é realizado através da *loucura*, o único modo por meio do qual podemos viver racionalmente num mundo absurdo. Contudo, não devemos esperar nada muito extraordinário disso, já que a vida, em si mesma, é um sistema completamente maluco. Essa "loucura" não é o mesmo que direito irrestrito à estupidez, não é o mesmo que perder a razão. A loucura à qual nos referimos é algo que atravessa a vida de ponta a ponta: nossa natureza. Ou seja, trata-se de algo que conhecemos muito bem. São nossas pequenas fantasias humanas que, apesar de todo o nada, nos permitem levar a vida adiante, ainda que isso não faça sentido algum.

II

SOBRE A REALIDADE E O CONHECIMENTO

OS HOMENS DIFERENCIAM-SE
PELOS ERROS EM QUE ACREDITAM

RELATIVISMO

Ao sermos conduzidos ao niilismo, somos duramente atingidos na esfera teórica e, indiretamente, na prática. Isso porque nossa visão teórica do mundo também influencia a prática, embora não em aspectos muito fundamentais, que são quase exclusivamente de natureza biológica, fugindo assim de nosso controle. Pode ser doloroso, mas é um modo de clarearmos nossa vista, de nos livrarmos de entulhos intelectuais. Tornamo-nos mais lúcidos, mais conscientes de nossa condição. Todavia, em essência, nossa vida prática não muda muito, apenas nosso modo de encará-la. A perda essencial são os referenciais que pensávamos ser objetivos, exteriores a nós, mas que na verdade eram interiores, subjetivos. Quanto a isso não há esperança — tudo morre, tudo desvanece, e temos duas opções: esquecer o que morreu em nós, adaptarmo-nos à mudança, centrando a responsabilidade em nós mesmos, ou abraçar a vocação de coveiros intelectuais. Supondo-se que tenhamos algum bom senso, ficaremos com a primeira.

Nesse caso, temos de viver numa situação na qual não há qualquer ponto de partida, ou de chegada, exterior a nós próprios. Despojados de referenciais seguros para guiar nossas vidas, não tarda para notarmos uma sombra de relativismo sobre nossas cabeças. Porém, como a questão principal já foi resolvida, ou seja, como sabemos que correr para o nada e nele buscar respostas não é uma solução, mas uma fuga sem sentido, a situação em que nos encontramos não é diferente daquela em que nos vemos quando vamos a um restaurante e temos de escolher algo para comer, tendo como única referência nossa necessidade de alimento e os pratos à disposição. Mesmo não sendo um exemplo muito sofisticado, é relativismo puro, e somente alguém fora de si se revoltaria contra o cardápio, adotando aquela sisuda postura do ceticismo radical enquanto duvida da barriga roncando. Não há por que recear a presença de um relativismo dessa espécie na vida prática, pois não é nada novo nem causa qualquer problema digno de consideração. Contudo, essa espécie de serenidade quase simplista frente à incerteza não é algo que podemos encontrar muito bem distribuído pelo mundo.

Sem dúvida, todos podem exercitar o direito de ter opiniões próprias sem que isso seja uma afronta a tudo o que sabemos sobre a realidade. Temos uma área bastante vasta para que nossa imaginação possa voar livremente. Porém, passado esse ponto, tudo o que resta são indivíduos semeando ideias completamente descabidas sob o pretexto de que "tudo é relativo". Isso no campo subjetivo. Na objetividade — isto é, no nada —, não há sequer como admitir a presença de qualquer ideia humanizada, por mais tolerantes que sejamos quanto à liberdade individual, pois essa é uma área que simplesmente não nos diz respeito. Nesse âmbito da realidade apenas nos limitamos a descrever, sob duras penas, seu comportamento físico, e nada mais. Fique à vontade quem estiver disposto a perder tempo ouvindo teorias de indivíduos que alegam possuir um crachá *VIP* para os "bastidores" da realidade, enquanto os cientistas mais extraordinários continuam limitados às suas superficiais descrições materialistas que não respondem as "importantes" questões umbilicais. Vejamos, por exemplo, como são interessantes as teorias sobre como os cérebros de certos indivíduos, dotados de superpoderes ocultos, violam as leis da física por sua curiosidade paranormal a respeito do que está selado dentro de uma carta — de conteúdo invariavelmente irrelevante. Ora, sendo que a capacidade de influenciarmos mentalmente nossos próprios corpos já foi mais que comprovada, e a capacidade de influenciarmos qualquer coisa além disso já foi mais que refutada, deveríamos ficar no mínimo desconfiados ao ver indivíduos fazendo alegações não apenas extraordinárias do ponto de vista lógico, mas também extraordinariamente elogiosas a si próprios.

Assim como temos a Navalha de Occam, como o princípio lógico segundo o qual, ao explicar um fenômeno, não devemos buscar soluções desnecessariamente complexas, mas, pelo contrário, nos ater às hipóteses mais modestas, desde que sejam capazes de explicá-lo suficientemente bem, é admissível propor, a título de escárnio, a Navalha de Cancian, como o subprincípio segundo o qual as entidades não devem ser elogiadas desnecessariamente. Ou seja, quanto mais uma teoria é elogiosa ao seu dono, mais probabilidade tem de estar errada. Não deve massagear o ego de seu representante além do estritamente necessário. De fato, seria até recomendável partirmos das premissas mais detestáveis e insultuosas que pudermos sustentar, pois invariavelmente correspondem às mais simples e prováveis. Um exemplo de sua aplicação: ao ouvirmos certo indivíduo alegar que possui a capacidade de transgredir as leis físicas, o que deveríamos pensar? O indivíduo diz que, se estiver suficientemente concentrado para canalizar certas energias misteriosas, desconhecidas e indetectáveis, conseguirá o impossível — mesmo que com finalidades irrelevantes, como conversar com defuntos. Ou seja, afirma ser capaz de realizar aquilo que ninguém nunca conseguiu comprovar. Temos duas possibilidades diante de nós: 1) os neurônios desse indivíduo realmente são capazes de causar convulsões espaçotemporais e acessar uma realidade paralela na qual existem defuntos incorpóreos dispostos a bater papo; ou 2) trata-se de um idiota. O que é mais provável?

✳ ✳ ✳

Feitas tais considerações iniciais, voltemo-nos ao assunto que nos interessa. A ciência é, sem dúvida, a área que mais sofre ataques de relativistas. Porém, de início, não é exatamente clara a razão pela qual tantos indivíduos se sentem insatisfeitos com a visão material da realidade oferecida pela ciência moderna, já que ela descreve o mundo de forma incomparavelmente melhor que qualquer outra abordagem. Partindo da hipótese mais provável, isso acontece porque a ciência é uma fria descrição objetiva, não uma confortante explicação subjetiva que nos situa no coração do mundo. Também porque solucionou certas questões para as quais já tínhamos nossas próprias respostas, e não gostamos de ouvir explicações científicas quando estas não correspondem às nossas expectativas, esmigalhando-as.

Birras à parte, o fato é que, agora, resta pouco espaço para cultivarmos nossas próprias respostas pessoalmente. A ciência orquestrou a compreensão da realidade em escala industrial, e o fez tão bem que nossos palpites, opiniões e crenças se tornaram pura e simplesmente dispensáveis. O mais belo monumento que construímos para abrigar o conhecimento é exatamente aquele que nos ignora, e para muitos essa indiferença é inaceitável. Porém, esses mesmos que protestam contra o imperialismo da ciência são aqueles que perderam seus antigos empregos na manufatura de explicações, e ainda tiveram de permanecer calados pelo fato de as explicações oferecidas pela ciência serem muito mais bem-acabadas e eficientes que as suas próprias. Aqui pode haver muitas questões em jogo, mas a verdade não é uma delas. Trata-se somente de indivíduos invejosos que gostariam não de corrigir, mas de tomar o lugar da ciência.

Mesmo que todos façam questão de usufruir as últimas novidades tecnológicas que a ciência proporciona, permanecem, em sua maioria, ingratos quanto ao enorme dispêndio de energia em pesquisas e estudos absurdamente complexos para que se chegue ao resultado final de poderem falar com qualquer canto do mundo em tempo real. Abraçam todas as inovações tecnológicas, mas olham com desdém as teorias que as tornaram possíveis, pois não querem que tal "frieza" contamine suas vidas pessoais.

Tendo em mente que a ciência trouxe benefícios extraordinários não só ao conhecimento, mas também à nossa qualidade de vida, parece paradoxal que, por motivos tão mesquinhos, não sintamos adoração, mas apenas indiferença por um campo tão fecundo. Seu valor é invariavelmente reduzido à tecnologia em favor de nossas fantasias pessoais, e a ciência passa despercebida como uma banalidade, como um desenvolvimento do "reles mundo físico", que não deve ser levado muito a sério, apenas usado para facilitar nossas atividades cotidianas. Nessa situação, como a ciência não diz o que queremos ouvir, também não nos dispomos a ouvi-la — e o resultado é que não vemos o conhecimento científico como algo que diga respeito à vida real.

Por vezes essa cegueira que nos faz dar mais valor às crenças pessoais que aos fatos comprovados insinua-se dentro da própria ciência. Perdoem-nos os relativistas culturais, mas a ideia de que a lua é de queijo não se eleva ao mesmo patamar da descrição científica apenas porque algum povo perdido nos cafundós de alguma floresta acredita nisso e constrói curiosos adereços comemorativos para demonstrá-lo durante danças ritualísticas ao redor de fogueiras. A ciência diz respeito à realidade objetiva, que é a mesma para todos, em todas as culturas. Fatos comprovados não são fenômenos culturais relativos. Assim, não devemos respeitar a afirmação de que a lua é de queijo, apenas o direito dos indivíduos de acreditar nesse absurdo, se isso os agrada.

Dizem-nos, entretanto, que estamos errados ao pensar assim, que deveríamos vê-las como afirmações equivalentes e igualmente válidas. Nossa resposta para isso é a seguinte: pensar assim é maluquice. Cultura e conhecimento são coisas muito diferentes. Respeitar culturas distintas e seus costumes particulares é uma coisa, e não vemos nada de errado nisso. Porém, ao ouvirmos um relativista cultural fazer uma alegação tão insípida quanto a de que um médico instruído, no tocante à medicina, é tão digno de respeito quanto um curandeiro ignorante que diagnostica seus pacientes apalpando vísceras de animais, o que poderíamos pensar? Ora, isso só pode ser uma tentativa desesperada de valorizar a própria profissão. Sabemos que rituais sem sentido curam devido ao efeito placebo, não devido à sua equivalência com a farmacologia moderna — e tal afirmação não é um julgamento. Os rituais podem estar inseridos num contexto cultural distinto, mas estão na mesma realidade — e estamos avaliando fatos, não crenças. Pois então, não obstante seu inegável valor antropológico, não deixam de ser superstições ignorantes.

Comumente se responde que isso é um preconceito ocidental, mas realmente parece mais provável que o caso seja o preconceito de preservacionistas culturais hipócritas tentando encontrar algum culpado pelo desaparecimento de seu amado objeto de estudo que, espantosamente, se deixa seduzir por teorias que funcionam.

O fato é que relativistas culturais, bem como a maioria dos religiosos, não acreditam realmente naquilo defendem, e é fácil demonstrá-lo: quando ficam doentes, recorrem à medicina moderna. Nenhum deles recorre a deuses ou a curandeiros como a primeira opção, e isso deixa perfeitamente claro que não estão sendo completamente sinceros em suas afirmações, do contrário agiriam de acordo com o que dizem.

* * *

Tentemos identificar a raiz desse problema abordando-o sob outra ótica. Em teoria, não deveria haver tanta discórdia, tantas opiniões diferentes sobre os mesmos fatos. Se a realidade é uma só, e se nós a conhecemos razoavelmente bem, então por que todos os homens não concordam entre si? A razão é óbvia: porque interpretamos e deturpamos os fatos em favor de nossos interesses. Aquilo que chamamos de "opinião pessoal" nada mais é que nosso modo particular de distorcê-los.

Assim, os homens discordam entre si porque suas opiniões baseiam-se em interesses subjetivos, não em fatos objetivos. Logicamente, há consenso apenas sobre os assuntos que não conseguimos distorcer em nosso favor, e é claro que tais assuntos não valeriam nada numa discussão. Damos valor apenas àquilo que podemos deturpar e subverter com interpretações subjetivas, sendo o resto inútil para nossos fins particulares, visto que vale igualmente para ambas as partes. A ciência é deixada de lado nessas disputas exatamente por não prostituir-se facilmente. Porém, quando por acaso está próxima de nossas opiniões, nós a louvamos como a uma deusa, e isso deixa clara a nossa descarada tendência à parcialidade.

Na prática, o valor de um ponto de vista nunca é julgado por sua veracidade, mas por quanto nos beneficia pessoalmente. Ao defender nossas opiniões pessoais, não o fazemos como cientistas, mas como advogados. Tentar escudar uma opinião pessoal cientificamente não passa de um modo sofisticado e trabalhoso de ridicularizar-se. Então, como sabemos que nesses assuntos a razão nunca estará do nosso lado, nem do lado de ninguém, somos obrigados a

66

agir como malandros, como advogados do cotidiano. Isso explica por que discutimos tanto sobre assuntos pessoais, mas nunca sobre assuntos impessoais; explica por que discordamos sobre leis morais, mas nunca sobre leis físicas. O problema é que discutir questões subjetivas subjetivamente é sempre um procedimento circular, pois equivale a procurar os fundamentos daquilo que nós próprios inventamos. Nesse processo, o objetivo não é alcançar a verdade, mas rodopiar habilmente para tentar demonstrar aos nossos oponentes que temos o direito de estar errados em seu detrimento.

Como se percebe, o relativismo tem sua verdadeira origem não na incerteza, mas no fato de que somos mamíferos competitivos, egocêntricos e hipócritas. Enquanto postura filosófica, é algo completamente ridículo; enquanto postura social, sempre chama a atenção de policiais. Relativistas sempre "duvidam de tudo", sempre "analisam todos os lados", mas nunca descobrem absolutamente nada, e isso não deveria nos surpreender. Como a intenção não é conhecer, mas convencer e enriquecer, estar certo sempre foi uma questão marginal — revelando que nada disso jamais teve relação alguma com conhecimento. Trata-se apenas de uma manobra por meio da qual os indivíduos tentam legitimar seus interesses sob o pretexto da busca pela verdade. Então, na verdade, não há relatividade alguma: o que há são macacos querendo se dar bem. Sabemos que a verdadeira relatividade está em nossos umbigos, e sabemos que precisamos mentir quanto a isso para ter chances de vencer o caso. O próprio fato de enxergarmos a liberdade de professar opiniões gratuitas como um direito inalienável nada mais é que a admissão de nossa incontornável necessidade de mentir e enganar, da maturidade glacial de nosso cinismo.

Praticamente todas as nossas opiniões pessoais são injustificáveis. Se pudéssemos prová-las, não as chamaríamos de opiniões, mas de fatos. Porém, na posição de advogados de nossos interesses, precisamos fazer o possível para demonstrar que estamos certos, ainda que saibamos estar completamente errados. Em geral, argumentamos educadamente com falácias modestas e pouco risíveis. Tornar-se relativista, porém, equivale a perder o medo do ridículo, virar a mesa e tentar ganhar o caso questionando a autoridade do próprio juiz. Como, em questões subjetivas, não há juízes últimos, o relativista busca transformar também a objetividade numa questão puramente subjetiva, pois então se torna lícito ao indivíduo declarar, com ares de especialista, aquilo que bem entender sobre qualquer coisa.

Feito isso, o relativismo sai de cena: ele só é invocado para justificar essa trapaça velhaca, para que ninguém possa julgar o relativista por um absurdo que, em quaisquer outras circunstâncias, não mereceria senão gargalhadas. O relativismo, nessa ótica, equivale a um passe de mágica intelectual: só é adotado por um breve instante a fim de criar uma ilusão convincente que nos favoreça pessoalmente. Utilizamo-lo como uma finta, justificando uma mudança de ótica injustificável. Ainda assim, tal mudança não se aplicará a tudo, só a um caso particular qualquer que a nós convenha distorcer. Claro que, logo depois, a realidade deixa de ser relativa, pois a autoridade, como queríamos, está agora em nossas mãos, e tudo se torna absoluto na exata medida em que nos favore-ce.

* * *

Como vemos, a questão é que relativistas só relativizam a realidade por um simples e único motivo: para passarem a ocupar seu centro. Nada mais, nada menos. Assim, ao desafiar a autoridade da ciência, sabem muito bem quais são seus inimigos, como e quando lutar contra eles, e até que ponto convém sustentar essa visão relativa. Resumindo, estamos diante de hipócritas que se apropriam de conceitos filosóficos e científicos como meio de caluniar aquilo que os refuta imediata e triunfantemente. Apesar de seu estilo cético, é óbvio que relativistas nunca questionam aquilo que está em seu favor.

Nas mãos de indivíduos particulares, a postura relativista normalmente toma a forma de um ceticismo vesgo que utiliza a dúvida como ferramenta para conferir respeito a noções que violam qualquer bom senso, como quem passou a vida toda esperando uma chance de vingar-se desse vilão. Adota-se uma postura cética condicional, ou seja, são questionadores apenas das teorias que entram em conflito com as suas próprias. Entretanto, agarram-se desespe-radamente àquelas que, de algum modo, sirvam para respaldá-las. Ser cético quanto à própria teoria está absolutamente fora de questão, já que a verdadeira questão é que estão certos, restando apenas encontrarem um meio de prová-lo, ainda que isso envolva mentir descaradamente.

Vejamos como é seu comportamento prático. O começo é bastante modesto: fingindo ser seres pensantes autênticos, esses charlatães conseguem permissão para adentrar no mundo teórico, alegando que não têm grandes pretensões, e estão apenas de passagem para o cantinho esquecido do ridiculamente improvável, lá onde a vida é boa, e o bom senso não pode lhes importunar com seus caprichos, como a coerência. Mas sua modéstia é apenas um pretexto: claro que empacam no meio do caminho e acampam no centro comercial do mundo teórico, e lá montam suas precárias barraquinhas cheias de badulaques místicos, fincando suas ideias como possibilidades justificadas pela incerteza, pensando que isso será suficiente para que, por direito, se tornem donos do terreno ocupado, já que sua hipótese, sendo intangível, também é irrefutável. Com isso fogem dos impostos comprobatórios pagos para que se possa estabelecer uma hipótese no mundo real. Porém, assim como no mundo imobiliário, no mundo científico o valor das ideias também é determinado pelos mesmos três critérios elementares: *location, location, location.*

Qualquer canto do mundo real em que haja alguma verdade a ser extraída é um ponto extremamente disputado pelos cientistas, e a luta é travada com grande violência, sendo que só as melhores teorias ganham o direito de se estabelecer, e isso apenas provisoriamente, pois sempre surge outra para desafiá-la. De qualquer modo, o simples fato de terem um terreno fixo significa que venceram todas ou quase todas as teorias concorrentes, e isso lhes confere respeito. São reconhecidas porque provaram ter mais valor, isto é, maior capacidade explicativa que as demais. Quem tentar desafiá-las sem possuir qualquer estrutura, usando, por exemplo, o besteirol relativista, será esmagado com a mesma facilidade com que a *Coca-Cola* esmaga adolescentes com inclinações socialistas. Ou seja, não será preciso fazer nada, só esperar que amadureçam o suficiente para perceber o papel ridículo que estão fazendo ao desafiar uma fortaleza com um estilingue ideológico.

Os que não desistem do investimento ou os que, por amarem demais suas ideias, não conseguem admitir sua absoluta incompetência, são forçados a mudar-se para outro lugar em que não haja tanta competição baseada em armas tão poderosas como a lógica, o conhecimento, a reflexão, a pesquisa, a

II · RELATIVISMO   ANDRÉ CANCIAN

consistência e a honestidade. Uns pegam suas humildes trouxas de retalhos teóricos e as lançam com força, muita força — tanta que isso leva suas trouxinhas esvoaçantes para o infinito, e além, transcendendo toda a realidade conhecida. Caindo exatamente onde? No nada, que passa a ser o centro de tudo. Claro que seus representantes continuam com os pés bem firmes na reles realidade terrena enquanto tentam vender não aos cientistas, mas aos desavisados as ações de sua teoria que, agora, ocupa o terreno da objetividade na forma de uma empresa metafísica. Foi assim que chegaram a terceirizar os serviços do Todo-poderoso, uma das empresas metafísicas mais bem estabelecidas do mundo do além, com muitas filiais na Terra, apesar de isso não lhe render um grão de respeito por parte das empresas tradicionais.

Sendo o nada uma terra sem leis, não importa quão anêmicas sejam as ideias: serão imunes a toda e qualquer crítica. Como não têm razão nem fatos como seus alicerces, constituem verdadeiros fantasmas incorpóreos, e atacá-los com armas materiais sensatas é tão inútil quanto fuzilar um holograma. Algumas teorias se sentem tão seguras pela imunidade de que desfrutam em seu próprio círculo que, ingenuamente, se aventuram a dar as caras no mundo real, mas não tarda para que sejam enxotadas como trapaceiras, já que, em vez de aceitarem as regras do jogo, trazem apenas uma carta de recomendação assinada por elas próprias, segundo a qual são tão dignas de confiança que nem precisam ser colocadas à prova — isso seria um insulto aos seus sublimes princípios transcendentais. Assim, em vez de provas, apresentam-nos sorrisos, catálogos de virtudes e testemunhos de felicidade espiritual, tentando impressionar-nos com credenciais que só valem no mundo de suas cabeças. Tais patetices, para não dizer inúteis, ao menos renovam nosso estoque de piadas.

Mas há um artifício que empregam para conseguirem se estabelecer teoricamente no mundo efetivo, sendo óbvio que não como uma teoria tradicional, mas como uma teoria virtual entrincheirada numa hipótese irrefutável. O meio mais fácil de chegarmos a ser felizes proprietários de uma teoria dessa espécie consiste na aquisição de um *firewall* relativista que funciona do seguinte modo: ao detectar que a razão suspeitou de sua consistência e vem contra ela como um búfalo ensandecido, assume uma *persona* questionadora e levanta dúvidas que são arremessadas como uma bomba de efeito moral contra a própria razão que, não podendo ignorar as regras, já que isso é prerrogativa dos metafísicos, é obrigada a cumprir a burocracia de esclarecer pormenorizadamente todas as controvérsias para certificar-se de que não haverá nenhuma injustiça.

A razão diz: *Fiscalização de rotina; documentos comprobatórios, por favor.* A teoria esquiva-se: *O que é um documento? O que é uma prova? Como posso ter certeza de que a racionalidade é confiável? Não é válido este outro documento, autenticado pela fé?* Diante disso, a infeliz razão, de mãos atadas, tem de fazer seu dever oficial, indo buscar sua farda, seu distintivo e um mandado de busca, munida de toda a documentação que explica exatamente todos os detalhes envolvidos no processo de legalização teórica. A teoria virtual, contudo, quer-se um caso à parte: exerce seu direito de permanecer em silêncio e continua numa vigorosa defensiva cética. Quando a razão chega, autorizada a fazer a vistoria, a teoria alternativa já adaptou-se à ameaça, queimou todos os indícios incriminatórios. A razão sai de mãos abanando e a teoria fica com o sorriso cínico de quem parece surpreso por haver levantado suspeitas. Isso se prolonga indefinidamente.

É assim que os pilantras metafísicos imigram para o mundo real sem precisarem pagar qualquer imposto comprobatório pelo lugar que ocupam. São, evidentemente, tratados como imigrantes ilegais pela população nativa, isto é, pelos cientistas sensatos, mas esse ardil é suficiente para evitar sua deportação ao cesto de lixo. Não há, nessa situação, qualquer medida legal cabível. Caso decidamos tomar a justiça em nossas próprias mãos, seremos condenados por danos morais, visto que não temos nenhuma prova concreta que justifique nossa acusação. Como tais charlatães, com seus motivos mirabolantes, podem prorrogar indefinidamente o prazo em que serão entregues as provas, temos de permanecer calados enquanto dizem que suas teorias têm todo o direito de existir, assim como quaisquer outras, já que ninguém as refutou dentro dos termos da ciência.

* * *

A dúvida, como se vê, é um excelente pretexto para mantermos vivas esperanças em coma. Assim, depois de uma teoria qualquer — e a esperança de que fosse real — ser empalada pelos fatos, espalmada pela evidência, escarnecida

71

pelo bom senso e abandonada, carente de lógica, na sarjeta dos enganos, não pensemos que esta terá seu triste fim no esquecimento. Até a mais estúpida das ideias terá seus representantes — há, aliás, outra explicação para a existência de teólogos? Continuamente, as favelas teóricas surgem em todos os cantos, e não importa com que direitos. Destituídas de qualquer capacidade explicativa, todas elas sempre se limitam a defender-se, pois não têm estrutura para crescer organizadamente, como um organismo, mas apenas caoticamente, como um câncer. Sua meta consiste somente em subsistir a fim de continuar a suprir as carências afetivas ou os delírios ideológicos de seus inventores e simpatizantes, e para isso não precisam mais que amalgamar à sua estrutura amorfa um punhado de plágios descarados, destilados das descobertas mais recentes da odiada ciência oficial que, orgulhosa, recusa-se a enxergar o valor dessas teorias sanguessugas que se querem revolucionárias por confundirem aquilo se teve tanto trabalho para esclarecer.

Caso haja dúvidas quanto aos relativistas merecerem tantos adjetivos pesados, vejamos essencialmente em que consiste seu discurso. Primeiro, algum espertalhão reúne ideias quaisquer e as alinhava de modo a aparentar alguma plausibilidade. Depois pega tal teoria, emoldura-a e coloca-a longe do alcance de qualquer análise — *e.g.* um cheque de trilhões de dólares emitido por ele próprio que, por acaso, também é o dono do banco que, por sua vez, ninguém sabe onde está. Constrói então um museu no qual todos poderão observá-la à distância e também comprar réplicas miniaturizadas e fantásticos livros de ciência alternativa, nos quais cheques sem fundos são a última novidade. Boas novas: nasceu sobre o mundo mais uma verdade absoluta. Agora seu representante cruzará os setes mares fazendo palestras sobre sua descoberta fabulosa, nas quais suas ideias inócuas serão evacuadas em considerações reflexivas, precedidas por um flatulento *não é impossível que...* Tal representante, claro, sempre quer se fazer respeitar com o discurso pedante de que *não é possível negar a remota possibilidade hipotética de que...*, mas isso é só o início. Daí em diante começa o verdadeiro *show* de horrores: explicar que seu dinheiro realmente existe, embora disso não haja qualquer evidência remotamente tangível.

Podemos ilustrar seu discurso da seguinte forma. Hipótese A: *o dinheiro está debaixo de seu colchão, só que este fica numa dimensão paralela acessível somente através da meditação;* hipótese B: *o dinheiro é o próprio cheque depois de energizado pelo poder interior da caridade exterior.* A lengalenga continua horas a fio e, depois de explicar longamente por inúmeros caminhos tortuosos e obscuros que apenas parece estar errado porque é vítima de uma conspiração universal da comunidade científica contra sua teoria do cheque voador, lançará a ridícula hipótese Z: *o dinheiro não existe! — mas isso segundo o mesmo pessoal que afirma termos vindo de uma explosão que virou um macaco que virou gente.* E a plateia cai no riso, sentindo-se inflada pela sensação de que faz parte de um seleto grupo de iluminados.

Vendo a questão dessa forma, trata-se de um privilégio inestimável: o mundo todo está errado, e eles acabaram de descobri-lo em primeira mão. Não precisaram pensar, nem sequer abrir um livro para se tornarem os donos da verdade, e isso é absolutamente maravilhoso. O único fato realmente triste é que os cientistas, em seu aferro tacanho ao mundo material, mostrem-se relutantes em reconhecer sua sapiência. Os motivos dos cientistas, estes sim, são ridículos: não haver nada, absolutamente nada, nenhum mísero traço de evidência em favor de sua teoria. Porém, para eles, isso não prova nada, senão que cientistas são teimosos e estúpidos.

Diante de algo dessa natureza, resta-nos apenas dar o braço a torcer. Não podemos negar tal "remota possibilidade hipotética". Então, como não podemos com eles, juntemo-nos a eles, também dando asas à nossa imaginação. Sabendo que a verdade só é acessível aos puros, jejuamos e oramos longamente para higienizar nossos espíritos. Retiramo-nos ao ermo, a uma vida simples e solitária, e nela permanecemos longos anos. Depois de muitos esforços obstinados, de incontáveis reflexões abissais, de seguidas meditações flamejantes, finalmente dominamos a arte de inverter nossos movimentos peristálticos, e assim encontramos uma forma de repovoar o mundo calcinado pela dúvida: talvez a existência não seja completamente vazia e sem sentido — *quem sabe possua 10% de recheio de goiabada filosofal e seu sentido aponte para a direita.* Pelos céus da sandice infinita! Se esse tipo de teoria tivesse alguma dignidade, ela daria um tiro na sua própria cabeça — mas seu hospedeiro não o permite, pois a bala poderia ferir seu orgulho.

ANDRÉ CANCIAN

Claro que, à primeira vista, talvez pareça, mas não se trata de um absurdo. Na ótica relativista, a teoria de que o sentido da existência aponta para a direita é tão respeitável quanto a teoria da evolução das espécies. Essa é sua esclarecedora mensagem.

Esse estado de direito ao *nonsense* se deve à anarquia estabelecida pelo discurso relativista, ou seja, à conveniente ausência de autoridade quanto à verdade, quanto à realidade. Não precisamos de muita experiência de vida para adivinhar que um espaço qualquer, mesmo o deserto intelectual do nada, não ficaria muito tempo despovoado, mas seria rapidamente invadido por legiões de pequenas ideias parasitas que se justificam por ninguém possuir meios legais de expulsá-las a pontapés. O povoamento do nada é, infelizmente, tão inevitável quanto a tolice humana, e evidencia que seguramente o niilismo não deve ser rejeitado na esfera intelectual, se não por integridade, ao menos como medida sanitária.

* * *

As observações feitas acima nos permitem identificar o que há de errado com a postura relativista. Diante da dúvida e da incerteza, relativistas nunca adotam, como cientistas, uma postura positiva e construtiva, buscando os melhores meios de conhecer a realidade, mas uma postura negativa e destrutiva, buscando os melhores meios de ridicularizar aquilo de que discordam, aquilo que, em última instância, vai contra suas convicções e as despedaça. Claro que, em qualquer debate, suas convicções sempre são convenientemente omitidas para evitar suspeitas quanto à legitimidade de seus motivos.

Em regra, relativistas são apenas indivíduos ressentidos pelo fato de a ciência não corroborar suas crenças. Sabemos que ter respaldo da ciência é seu maior sonho. Para ilustrá-lo, basta pensar no caso dos religiosos — ao seu modo, eles também são relativistas. Religiosos afirmam repetidamente que a fé não precisa ser comprovada pela ciência; atacam-na quando esta desenvolve teorias que vão contra suas convicções, como o heliocentrismo e o evolucionismo; dizem que a ciência é um saber extremamente parcial, limitado e dúbio. Todos conhecem esse discurso. Suponhamos, entretanto, a seguinte situação: a ciência demonstrou a existência de Deus. Preto no branco, está lá: Deus existe.

É fato. A descoberta está em todos os jornais, e os ateus coram de vergonha. Diante disso, os religiosos continuariam a defender tal postura relativista, alegando que a ciência é "intrinsecamente limitada", e que, mesmo comprovada por fatos irrefutáveis, a existência de Deus continua muito duvidosa? Ora, claro que não — eles se tornariam, embora pelos motivos errados, os mais aferrados defensores da ciência. Alardeariam pelos quatro cantos do mundo que suas crenças são fatos. Em outras palavras, já não precisariam ter fé, pois acreditar em Deus passaria a ser tão normal quanto acreditar na gravidade. O mesmo se aplicaria, por exemplo, aos parapsicólogos, caso fosse comprovado que a mente humana possui poderes paranormais; aos reencarnacionistas, caso fosse demonstrada a existência de espíritos em evolução; aos astrólogos, caso fosse estabelecida a influência dos corpos celestes sobre nosso comportamento. Se houvesse fatos em favor de suas teorias, tais indivíduos abraçariam imediatamente a ciência, abandonando o fardo de incoerência que os tornava relativistas.

Um último exemplo que ilustra muito bem os verdadeiros interesses por detrás do discurso relativista são os criminosos que, por meio de artifícios legais quaisquer, buscam se inocentar de crimes dos quais sabem ser culpados. Claro que, se fossem inocentes, eles não teriam nada a perder com a verdade. Pelo contrário, ajudariam a buscá-la por interesse próprio. Porém, como são culpados, dizer a verdade não convém. Então, se quiserem permanecer livres, sua única chance está em confundir tudo o que se entende por verdade, ao menos no que diz respeito às evidências que os incriminam. Por isso nunca exibem qualquer interesse sincero em averiguar os fatos, sempre se limitando ao mínimo necessário para que saiam impunes. Assim, em vez de adotarem uma postura aberta, enfatizando uma irrestrita busca por evidências, simplesmente olham ao lado na esperança de que ninguém se dê ao trabalho de investigar mais a fundo — pois seria apenas questão de tempo até encontrarem indícios que os incriminam. Essa é a razão pela qual todos os culpados são estranhamente isentos de curiosidade: sabem muito bem o que será encontrado por detrás das aparências. Precisam, por isso, relativizar as evidências que apontam para sua culpa e também desestimular investigações posteriores a fim de evitar que sejam encontrados novos indícios, pois poderiam facilmente

ANDRÉ CANCIAN

fragilizar, ou mesmo tornar indefensável, sua versão alternativa dos fatos, segundo a qual são inocentes.

Suponha-se que nos acusem de um crime qualquer. Por mais hediondo que seja esse crime, se não o cometemos, a realidade estará em nosso favor. Assim, se confrontados a esse respeito, em vez de nos defendermos com discursos delirantes, relativizando toda a realidade, atacando ferozmente nossos acusadores, plantando dúvidas traiçoeiras em cada argumento que nos dirigem, seremos, pelo contrário, os maiores interessados em cooperar com qualquer investigação que se proponha, para que se chegue à verdade o mais rapidamente possível, e assim os indícios demonstrem nossa inocência. Então, se somos inocentes, nosso maior interesse estará em sermos honestos, pois, por mais que se descubra a nosso respeito, isso apenas confirmará nossa versão dos fatos. Por isso o sinal distintivo da honestidade é a consciência tranquila. Esse interesse sincero na busca pela verdade é a exata postura que se espera de qualquer cientista: ele tem consciência de que ser honesto é um interesse pessoal porque seu objetivo é alcançar a verdade — e qualquer outro interesse que se insira nessa equação só poderá prejudicá-lo, razão pela qual todo indivíduo que não tenha nada a esconder com sua interpretação pessoal dos fatos sempre verá o relativismo como um inimigo, nunca como um aliado. Portanto, se a realidade está ao nosso lado, nada temos a esconder. Não importa que surjam novas pistas a serem investigadas, não importa que todos os cientistas do mundo investiguem a questão por décadas e décadas com as mais avançadas ferramentas tecnológicas — quanto mais se investigar, mais ficará comprovada nossa inocência.

Contudo, se formos culpados, proceder desse modo será a exata receita para sermos presos. Evidentemente, o relativista não recorre à razão e à evidência porque sabe que está errado, sabe que os fatos estão contra ele. Então, como não pode provar que está certo, tentará ao menos provar que não está errado. Assim, com o único fim de preservar suas crenças, o indivíduo se empenha arduamente em negar evidências que, em quaisquer outras circunstâncias, aceitaria tranquilamente. Nesse processo, pouco importa se as evidências contrárias são verdadeiras ou falsas: elas devem ser negadas simplesmente porque estão contra ele. Claro que, se forem falsas, melhor: será mais fácil derrubá-las. Nesse caso, como um verdadeiro cientista, o relativista refutará todas as alegações falsas com argumentos válidos, raciocínios claros e evidências concretas. Que evidências serão essas? Pouco importa: elas também serão declaradas falsas quando estiverem contra ele. As mesmas evidências que utiliza para refutar argumentos contrários jamais valeriam para provar a falsidade de seu próprio ponto de vista. Mesmo assim, é inútil apontar esse tipo de incoerência: continuará até o fim com sua versão alternativa dos fatos, pois seu interesse está no resultado prático a ser alcançado, não na verdade.

O relativista, como se vê, tem à sua frente a dura tarefa de argumentar contra a realidade. Sabe que está errado, mas quer desesperadamente preservar suas crenças — e sua única alternativa consiste em negar a verdade até as raias do absurdo. Nesse processo, relativistas agem exatamente como criminosos que alegam inocência na esperança de permanecer livres. O criminoso mente porque tem mais interesse na liberdade que na verdade — o religioso, na fé.

São relativas todas as verdades que não estão ao nosso lado: eis a exata psicologia do relativismo. Com sua postura de dúvida, estão apenas tentando proteger sua fé, não alcançar a verdade. Por isso seu proceder é invariavelmente defensivo e improdutivo. Seja qual for o tema, o discurso relativista nunca é desinteressado. Por detrás de seu falatório sempre se esconde alguma convicção secreta, algum absurdo que, por não poderem provar, querem ao menos desculpar, e o fazem com sua injustificável postura de dúvida desconstrutiva.

O relativismo não se sustenta porque não basta duvidar gratuitamente: é preciso também que haja motivos justificáveis para a dúvida. Fatos físicos não podem ser postos em xeque por interrogações disparatadas. Como o relativismo é uma postura que defende uma dúvida metafísica, como não se sustenta em qualquer fato demonstrável, mas somente em devaneios sobre equívocos hipotéticos, temos aqui nosso motivo para rejeitá-lo, o mesmo pelo qual rejeitamos o ceticismo radical: não passa de fé na dúvida.

IRREFLEXÃO

O pensamento crítico e racional não é para todos, nem deveria, assim como o atletismo não é para todos. É injusto exigir que os demais tenham uma visão lógica e coerente da realidade que supere o mínimo necessário para a satisfação de suas necessidades pessoais imediatas, ainda mais quando tal comprometimento exigisse uma grande quantidade de esforço de indivíduos cujas vidas são essencialmente práticas. Tal empenho resultaria num benefício risível para a maioria e só poderia ser estabelecido artificialmente, por meio da força. Pelo mesmo motivo, ninguém é forçado a manter um condicionamento físico para além do necessário para sobreviver, por mais flácidos que seus corpos se tornem. Não soa razoável a ideia de que devamos, obrigatoriamente, durante nossas vidas inteiras, cultivar um condicionamento mínimo para, digamos, correr dez quilômetros ininterruptamente, e isso pelo simples motivo de que o atletismo é supostamente maravilhoso em si mesmo.

Atividades físicas severas não são para todos, tampouco atividades mentais severas. Pensar é uma ocupação cansativa, extenuante. O cérebro precisa ser treinado, condicionado, exercitado para que possamos praticar a reflexão. Aquele que não está acostumado a correr longas distâncias cansa-se rapidamente; da mesma forma, aquele que não está acostumado a pensar não é capaz de refletir, de engajar-se em debates intelectuais por longos períodos. Sem um preparo prévio, em poucos instantes começam as dores musculares e as dores de cabeça. O paralelo ajuda-nos a compreender que tal observação não é um preconceito contra a irreflexão assim como não o é contra o sedentarismo. Trata-se somente de escolhermos, ou ao menos aceitarmos, o que mais estiver de acordo com nossas possibilidades.

Analogamente, se o objetivo fosse garantir nossa segurança pessoal, teríamos a escolha de passar nossas vidas inteiras praticando alguma arte marcial ou simplesmente comprar um *spray* de pimenta. Se o objetivo fosse alcançar um estado de profunda serenidade, poderíamos passar dez anos meditando em algum retiro budista ou simplesmente ir à farmácia mais próxima e comprar, por alguns trocados, uma cartela de *paz-na-alma*. Desse modo, a não ser que nosso objetivo seja exatamente a reflexão, é mais coerente deixá-la aos cientistas, filósofos e simpatizantes, assim como deixamos a dor de dente aos dentistas e continuamos a nos ocupar daquilo que realmente nos importa, caso não seja nada disso. Temos pleno direito de ser ignorantes e limitados nas áreas que não nos dizem respeito, e isso não é vergonha alguma.

Ainda assim, não é correto concluir que todos os não-pensadores sejam tolos ingênuos apenas porque não procuram na reflexão filosófica e no conhecimento científico respostas para uma questão que, em regra, não admite solução. Em certas situações, refletir demoradamente sobre questões existenciais não é sequer a saída mais digna, pois não oferece, no fim de muito esforço, nada além do que qualquer sistema metafísico popular proporciona com a mesma eficiência de um *drive through*. Assim como temos lanchonetes para quem não quer cozinhar, temos religiões para quem não quer pensar. Nelas encontramos explicações prontas para os mais variados gostos. Basta escolher e acreditar: o assunto nunca precisará ser digerido.

Desinteresse, entretanto, não é o mesmo que incapacidade. Assim como quem almoça em restaurantes não é necessariamente um jumento do tempero, os consumidores de sistemas prontos baseados em dogmas também não se reduzem necessariamente a acéfalos, alheios aos problemas filosóficos levantados pela condição humana. É comum invocarmos a ideia de que todos os adeptos de sistemas populares acreditam cegamente nas respostas enlatadas para as questões que os afligem, mas isso é um engano, e é fácil demonstrá-lo. Por exemplo, selecionemos um grupo de indivíduos com crenças bastante heterogêneas: um acredita num deus pessoal, outro em espíritos em evolução, um terceiro no todo-uno, ainda outro no deus-natureza e assim por diante. Então, do modo mais educado possível, peçamos a estes que descrevam o quanto sua crença é importante e verdadeira e confortante, deixando que discorram pelo tempo que quiserem até se sentirem seguros de que não os vemos como tolos por professarem crenças infundadas. Depois, como uma possibilidade remota, joguemos no ar a hipótese de suas crenças serem pura e simplesmente falsas, dando-lhes um espantalho no qual bater, para que assim não sintam sobre si todo o peso do que dizem. Qual será o resultado? Não é difícil imaginar: um discurso puramente niilista, absurdamente realista, cruelmente honesto de indivíduos que talvez nunca tenham estudado filosofia ou ciência, tendo aprendido isso tudo apenas por meio da experiência de vida. Seu raciocínio será basicamente: "se Deus não existe, estamos aqui para nada"; "se Alá não existe, a vida não tem sentido"; "se não há imortalidade, somos apenas poeira de estrelas" — e estão absolutamente corretos. Diante disso, temos a impressão de que todos, no fundo, sabem que a existência é oca, sendo suas crenças apenas um modo de se protegerem dos fatos.

Supondo-se que a ideia de falta de sentido tenha surgido em todos os que para ela tenham buscado uma solução, mesmo que uma solução singela, a conclusão é que a maioria dos indivíduos tem capacidade de ao menos concebê-la. Isso indica que quase todos reconhecem esse vazio do existir e, intuitivamente, se protegem como podem, o que quer dizer, em regra, uma proteção prática, a mais prática de todas: não pensar no assunto, dá-lo como resolvido pela fé. Naturalmente, tal fato influenciou a sociedade, repercutindo na forma de soluções genéricas oficiais ou tradicionais para proporcionar alguma sensação de segurança àqueles que se sentem afligidos pela falta de sentido e não têm tempo nem recursos para investigá-la pessoalmente. Quem não tem condições de concluir por si mesmo se vê forçado a comprar sistemas prontos, e isso geralmente significa incorporar de modo mais ou menos passivo as ideias populares do ambiente que os circunda, como quem se acostuma a almoçar no restaurante mais próximo por conveniência.

Assim como, antigamente, acreditar em Dionísio e dedicar-lhe grandes bebedeiras e orgias era algo perfeitamente respeitável, já que todos faziam o mesmo, hoje é muito normal acreditar no cristianismo e rezar terços. Desde que a crença tenha representantes vivos em número suficiente, ela se justifica como uma espécie de irracionalidade grupal. Quanto maior for o número de seguidores de determinada doutrina, maior será sua imunidade à crítica e maior a sensação de segurança que proporciona aos seus adeptos. Hoje a liberdade de culto é garantida como um direito individual. Entretanto, a crença só ganha o *status* de realidade se houver um número suficiente de fiéis. Um indivíduo sozinho, nu em meio à rua às três da madrugada, louvando a santa jabuticaba, provavelmente será preso por ato obsceno, mesmo que alegue estar professando sua fé pessoal, cujo direito está garantido constitucionalmente. Contudo, se esse fosse um costume estabelecido firmemente dentro de nossa sociedade, em função do qual milhares de indivíduos despem-se em meio à madrugada em louvor a essa fruta como aquilo que dá sentido às suas vidas, ninguém ousaria desrespeitá-los, assim como não desrespeitamos o Carnaval. A lei, portanto, só pisa em ovos no assunto da liberdade de culto quando há um número considerável de representantes para os quais tal louvor é importante. Em nome do bem-estar social, respeita-se a irreflexão dos que professam crenças sem pé nem cabeça, mesmo que sejam incômodas aos que não as seguem.

Apesar de as respostas que tais sistemas populares oferecem não serem exatamente satisfatórias pessoalmente, quando vemos uma legião de indivíduos demonstrando externamente tanta certeza a seu respeito, nos sentimos satisfeitos em deixar a questão de lado, não porque a resposta seja satisfatória, mas porque o objetivo é exatamente tirar a cabeça dessa miséria existencial e seguir adiante com a vida, e para tal fim os demais são um pretexto excelente, seja com a crença em divindades ou em frutas sagradas. Assim, os líderes se justificam na multidão de seguidores, os seguidores se justificam nos líderes, e todos uns nos outros. Nenhum deles se sente perfeitamente satisfeito com suas crenças, mas fingem o contrário, para não ser excluídos. Quando todos fazem o mesmo, a impressão resultante é que apenas nós somos tolos o suficiente para levantar dúvidas, pois não parece possível que todos estejam fingindo, mas estão. Quase invariavelmente, terminamos por seguir o exemplo dos demais que, como nós, estão encenando suas crenças. A coisa caminha coletivamente num sistema de autoajuda no qual vemos todos se protegerem mutuamente da dúvida com aquele carinho boçal de quem dá aos demais conselhos nos quais nem ele próprio acredita. Como se supõe, esses sistemas sempre encorajam fortemente a socialização, pois a ideia central é que os indivíduos sugestionem uns aos outros. Por isso nunca encontraremos um parapsicólogo solitário que lê mentes para passar o tempo. Todas essas coisas são exibidas, encenadas, e as mentes são lidas exatamente nesse processo de entender mal os fatos.

Mesmo parecendo estranho que um esquema de grandes proporções seja sustentável através da hipocrisia, ele funciona muito bem, ainda que sejamos levemente coagidos a omitir nossas dúvidas mais íntimas. Funciona porque, em grupos, os humanos se tornam altamente influenciáveis, deixam-se guiar pelo que acreditam ser a opinião da maioria, da qual querem fazer parte desesperadamente. Fazer parte de um grupo nos proporciona segurança, faz com que nos sintamos protegidos e justificados em nossas opiniões por haver um grande número de indivíduos que pensa o mesmo. Como o objetivo em vista é o bem-estar, a própria veracidade da crença torna-se um assunto marginal, e mentir quanto a isso torna-se natural. Essa hipocrisia não é muito diferente daquela que vemos diariamente nos ambientes de trabalho, em que somos obrigados a realizar toda uma *performance* teatral a fim de transmitir certa imagem aos clientes. Essas mentiras convencionais funcionam porque ambos sabem a verdade, mas ninguém se atreve a dizê-la. Por tal razão, ambos mentem, mas nenhum dos dois se sente enganado. Trata-se da famosa hipocrisia convencional, comumente designada pelo termo *profissionalismo*.

Podemos dizer que, assim como a maioria dos indivíduos compromete seu coração com sua família e amigos, aqueles que não pensam comprometem sua inteligência com suas crenças. Sabem que, no fundo, isso tudo é um mero acaso, mas é o acaso deles. Caso houvessem nascido em outra família, seus entes queridos e amigos seriam outros, suas crenças muito provavelmente seriam distintas também, mas nada disso importa aos seus donos. O fato é que todo homem, em maior ou menor grau, tem algum apreço por suas ideias, e isso pelo simples fato de que são suas. São algo ao qual se agarram em busca de segurança, não de realidade — são como seus filhos. Isso acontece em assuntos como nacionalidade, religião, cultura, tradição etc. Indivíduos orgulham-se de seu país simplesmente porque nasceram nele; seguem sua religião somente porque ela os batizou; respeitam sua tradição apenas porque ela justifica seus costumes e preconceitos.

É tudo muito inercial na mente daqueles que não pensam. Seguem passivamente, absorvendo influências do ambiente como uma esponja. Defendem seu país, sua tradição, sua fé, pelo mesmo motivo que seu time de futebol predileto. Em grupos, tudo se resume a uma espécie de briga entre torcidas. Ridicularizam os costumes de outros países como quem nunca pensou que poderia haver nascido neles — a culpa deles é não pensar como nós pelo acaso de haverem nascido lá e não aqui. Tais indivíduos nunca escolhem o que defendem, simplesmente abraçam a primeira coisa que lhes aparece à frente e nunca mais a soltam, nunca pensam nisso. Confrontá-los só faz com que se agarrem ainda mais firmemente aos seus credos. Então, mesmo que discordem entre si, não há o que debater — suas ideias estão sempre certas assim como seus filhos são todos bonitos e inteligentes. Naturalmente, não podem explicar o porquê, pois a honestidade exigiria que abandonassem a parcialidade que os permite viver com leviandade. Quando afirmam que não precisam se explicar aos demais, estão apenas tentando evitar o embaraço de tropeçar publicamente nas realidades mais óbvias. Por isso evitam discutir o assunto, por isso frequentemente se irritam ao discuti-lo. No fundo, envergonham-se de sua incoerência, mas precisam dela para viver em paz.

Na ótica da paternidade biológica, é normal que os pais, de início, tenham a ilusão de que filhos sejam sua propriedade, mas se trata de uma crença que se verá, cedo ou tarde, contrariada pela realidade, pois filhos também se tornarão seres independentes. Porém, no campo das ideias, muitos pais escolhem nunca permitir que tal independência ocorra. Nunca lançam seus filhos, suas teorias, ao mundo, orgulhando-se de que suas crias sejam capazes de sobreviver por si próprias. Nunca as permite descobrir se na verdade são crianças feias e estúpidas. Como pais coruja, intervêm constantemente na vida de suas ideias para evitar que sejam contrariadas pela realidade. Resulta que tais teorias nunca superam sua própria infantilidade, nunca se desvencilham da subjetividade de seus autores para passar à vida adulta, ou seja, à objetividade. Dependentes dos cuidados exteriores de seus donos, quando abandonadas a si mesmas, seu destino é a morte certa.

Como vemos, são essencialmente teorias ocupacionais que distraem e protegem os indivíduos da angústia da dúvida. Substituem a reflexão pela fé numa brincadeira de faz-de-conta na qual o norte é o acaso e a verdade é o número de seguidores. Tais perspectivas infantis são forçadas a permanecer eternamente imaturas para satisfazer a necessidade de não pensar de seus donos. Assim, depois de uma longa vida, seus corpos já estão velhos, seus filhos já se tornaram independentes, mas suas crenças ainda não saíram das fraldas. São pais superprotetores para que eles próprios permaneçam perfeitas crianças.

✶ ✶ ✶

Naturalmente, isso tudo acontece como um teatro mais ou menos inofensivo. A irreflexão é algo bastante justificável aos indivíduos que querem somente levar suas vidas inercialmente, sem prestar muita atenção ao que fazem, já que quanto mais observam, mais perplexos ficam. Nesse caso, a mentira não é prejudicial, pois seus donos reconhecem seu caráter pessoal, sua existência apenas subjetiva — não se sentem no direito de impô-la aos demais pela força. Quando precisam tomar decisões sérias, nunca levam em consideração suas crenças lúdicas; deixam-nas em segundo plano porque sabem que tais fatos são só uma realidade ficcional que os agrada e os consola pessoalmente. Fingem para si próprios em busca de paz, e aos demais para manter as aparências. Não passa de uma grande neurose, e está tudo bem.

Contudo, alguns indivíduos realmente acreditam na existência efetiva de seus pimpolhos teóricos, muitos até lhes dão primazia sobre a realidade física. São os que conhecemos como fanáticos. É comum imaginarmos o fanatismo relacionado apenas a grupos religiosos radicais, mas se trata de algo que podemos encontrar sob os mais variados disfarces, desde os clássicos religião, esporte e política, até filosofia, ciência e outras posturas mais sofisticadas e pouco conhecidas, apesar de igualmente importantes para a salvação do mundo. Como fanáticos dão prioridade aos seus mundos particulares também no trato com os demais, são seres efetivamente loucos, com os quais a convivência é insuportável e muitas vezes perigosa. É certo que nunca encontraremos pensadores fanáticos, pois o fanatismo pressupõe a irreflexão, não como mera ausência, mas como incapacidade de pensamento crítico: está muito além de uma mera birra de adultos. São apaixonados demais por suas ideias, como quem, diariamente, as precisa injetar nas veias e vivê-las, por mais absurdas que sejam as implicações. Nessa situação, o indivíduo torna-se completamente parcial e dependente da crença. Por sua fragilidade, esta é sempre um assunto mais urgente que a própria realidade, daí muitos se tornarem violentos em sua proteção. Mesmo que pareça paradoxal, em suas mentes tudo faz sentido, pois estão se guiando por uma realidade pessoal.

O sinal distintivo do fanático é a constante menção da importância de suas crenças pessoais para o bem-estar dos demais. Isso em geral toma a forma de discursos inflamados e profecias apocalípticas, esperando que alguém se dê ao trabalho de prestar atenção. Sendo ouvidos ou não, nunca mudarão de opinião nem de assunto. Claro que normalmente só fanáticos prestam atenção uns aos outros, já que estão disputando o monopólio físico de um mundo imaginário. Como defendem verdades pessoais em busca de um mesmo espaço, todos os fanáticos odeiam-se uns aos outros, e suas lutas basicamente consistem no fato de que uns dizem que 2+2=5, outros que 2+2=3 — mas o inimigo que odeiam em comum são os descrentes, ou seja, os normais, que não enxergam a suposta relevância de suas fantasias, e vivem à margem de seus mundos delirantes. Como se guardassem um segredo importantíssimo, acreditam que todos precisam estar cientes das batalhas épicas sendo travadas, pois o destino do mundo está em jogo. Alguém que se mostre indiferente ante algo tão grandioso só pode ser um indivíduo abominável que deve ser convertido ou destruído. Não é uma opção deixá-lo viver em paz.

Quando, a partir de uma posição pessoal negativa, se tenta tirar implicações universais positivas, temos aí o caso geral do fanatismo. Em outras palavras: *sem mim, ai do mundo!* Por exemplo, ao imaginar um mundo no qual não haja valores morais objetivos, um moralista fanático perde imediatamente a compostura, prevendo toda espécie de calamidade a partir de silogismos capengas. Contudo, sendo que não houve efetivamente a destruição física de uma moral objetiva, tudo o que temos é a morte de uma crença infundada, ou seja, algo pessoal, negativo e subjetivo. Seria tolo tentarmos, a partir disso, inferir implicações universais, positivas e objetivas, como o mundo todo se afundando num caos de crimes e orgias, mas é exatamente isso o que acontece na mente dos fanáticos, pois suas crenças vêm antes da realidade.

Se fôssemos cartógrafos fanáticos, ao desenharmos um mapa-múndi, passaríamos a exigir que aquilo fosse o próprio mundo. Havendo uma ilha que escapou à nossa observação, julgaríamos mais razoável dinamitá-la ou condenar à morte todos os que a visitassem que incluí-la em nosso mapa. Claro que o mundo não passa a funcionar diferentemente apenas porque passamos a compreendê-lo de outro modo, e isso explica por que as crenças e teorias precisam de advogados, mas a realidade não; explica como pudemos "substituir" a física newtoniana pela teoria da relatividade sem que o mundo inteiro se retorcesse em convulsões espaçotemporais; explica como a Terra "passou" a girar em torno do Sol sem que caíssemos todos dela quando adotamos o heliocentrismo. Todavia, a modéstia de termos apenas uma *visão* de mundo não é algo que satisfaz nossa necessidade de grandeza, ainda mais quando esta beira a megalomania. Preferimos a ideia de que, se estivermos errados, não só cairão nossas crenças, mas todo o mundo também. Gostamos de pensar que nossas teorias são aquilo que permite que a realidade exista com um sentido, sem o qual cairia aos pedaços como uma árvore seca.

Naturalmente, esse tipo de arrogância estúpida é o que está na base de tudo. Um fanático nada mais é que um indivíduo que vive em função de suas crenças autistas, tendo cortado em definitivo suas relações com a realidade no que toca tais assuntos. Então, se a teoria da relatividade estivesse na Bíblia e, digamos, alguém visse a luz passear numa velocidade maior que 300 mil km/s, a reação dos indivíduos fanáticos não seria atualizar as escrituras. Como não poderão queimar a luz na fogueira, será provável que encontrem uma solução alternativa, como, por exemplo, queimar as testemunhas ou alegar que os fótons foram convocados à iluminação de uma intervenção divina. Assim, se o mundo não se comporta conforme suas teorias, a culpa é do mundo. Em seu coração, o fanático acredita que o mundo precisa dele e não sobreviveria à morte de suas convicções. Então, pelo bem de todos, declara-se o salvador e parte em sua missão de destruir tudo o que as ameace.

Esse caráter delirante de sua visão pessoal explica por que a moral dos indivíduos fanáticos é tão inflexível. Em suas mentes, a realidade moral, inventada por eles próprios, e a realidade objetiva são uma coisa só, e isso fundamenta suas missões pessoais objetivamente. Violar um preceito moral torna-se tão inadmissível, tão impensável quanto violar a física. Porém, como, nesse caso, a própria realidade material não cuidará para que isso nunca aconteça, tomam a posição de guardiões da moral: eles próprios passam a ser a lei que garante as consequências físicas das transgressões morais. Assim preservam, ao custo da devastação de tudo o que os contrarie, a integridade do mundo alternativo que têm em suas cabeças.

Se quisermos medir o fanatismo de alguém em relação a uma ideia qualquer, só precisamos ouvir suas previsões sobre o que ocorreria se estivesse errado. Quanto mais consequências exteriores houver, mais fanático e megalomaníaco é o indivíduo em sua crença. Por exemplo, "se a vida não tivesse sentido, ninguém acordaria de manhã para ir ao trabalho", "se tudo não acontecesse por um motivo, o mundo seria uma desordem completa". Por outro lado, conclusões cujas consequências são pessoais costumam ser apenas sinais de sensatez. Por exemplo, "se a vida não tivesse sentido, então apenas estaria me enganando". Nesse caso, o indivíduo ainda não perdeu o contato com a realidade, mas também não a suporta muito bem.

A diferença entre as previsões de um fanático e as de uma pessoa sóbria deve-se ao fato de que o primeiro as calcula em função de suas crenças, de um mundo pessoal, e o outro em função dos fatos, da realidade comum a todos. Então, por um lado, se pedirmos a um indivíduo sensato que faça uma previsão sobre o que ocorreria caso cientistas descobrissem vida extraterrestre em um planeta distante semelhante à Terra, diria, por exemplo, que isso confirmaria que provavelmente estamos corretos em nossa compreensão sobre os mecanismos responsáveis pelo surgimento da vida. Ou seja, em essência, não aconteceria nada. O que aconteceria se descobríssemos que nossa compreensão sobre como a vida se iniciou está incorreta? Nada. Apenas teríamos de encontrar outro modo de compreender tal fenômeno. Indivíduos normais sabem diferenciar a própria realidade de sua mera visão da realidade, não consideram seu conhecimento como algo que deve ser imposto ao mundo. Por outro lado, quando pedimos a um indivíduo fanático que faça a previsão do que ocorreria caso estivesse errado, digamos, sobre o homem possuir poderes paranormais, podemos esperar que as consequências disso — por motivos incompreensíveis aos não-iniciados em sua demência — atingirão até a constituição íntima dos saca-rolhas.

Estejamos errados ou não, o fato é que nada acontece quando uma simples visão está errada, e muitos julgam que isso constitui a prova de que estão corretos, pois, se estivessem errados, as consequências seriam *devastadoras*. Então, por exemplo, se tivermos em nossas mãos uma bomba nuclear armada e formos os únicos que sabem desativá-la, haverá razões para nos sentirmos

87

responsáveis pelos demais. Naturalmente, ninguém temerá que estejamos errados, mas que uma explosão nuclear vaporize suas vidas. Entretanto, quem daria atenção a uma bomba invisível que nunca explode, por mais que estejamos errados? Apenas psiquiatras. Enquanto isso, no mundo real, de manhã todos vão trabalhar, e o fato de acreditarmos que isso tenha algo a ver com o sentido da vida não muda nada.

Exigir que um fanático seja tolerante quanto aos demais pontos de vista é algo impensável. Seria como pedir ao super-homem que não salvasse o mundo por discrição. Como o escolhido poderia deixar-se reduzir ao anonimato por questão de boas maneiras? Em sua cabeça, sua guerra é crucial ao futuro da humanidade. Seu delírio deve florescer, mesmo que o mundo todo pereça.

VERDADE

Normalmente se pensa que o conhecimento alcançado com a descrição científica do mundo material é apenas um processo preliminar, um esboço que será aperfeiçoado até atingirmos as verdades ideais. Todavia, no mundo não há verdades ideais, apenas fatos reais. Em termos de conhecimento, a existência não é uma ideia a ser apreendida, e sim uma realidade a ser descrita. Quando lamuriamos que a ciência é limitada porque, até hoje, ainda não encontrou verdades seguras, isso pressupõe que haja esse tipo de verdade; não há. Através de modelos filosóficos abstratos que definem a verdade como algo perfeito e virginal, perdemos o contato com o mundo real — distanciamo-nos dele pensando demais. A realidade passa a representar uma "aparência", uma casca da verdadeira "essência oculta do mundo", que deve ser alcançada através do exercício da razão pura.

Portanto, ao desmerecer as conquistas da ciência baseados em noções de conhecimento dessa espécie, estamos nos situando num mundo imaginário, visto que, em termos ideais, o mundo não é nada. Partimos de uma espécie de dogma filosófico que nos leva a desprezar o conhecimento baseado na observação porque nele não encontramos as certezas que buscamos, ou seja, não se encaixa no modelo de conhecimento ideal que predeterminamos como o único válido.

Estamos diante de uma objeção falsa, nascida da busca pelo ideal dentro do real. Condenamos qualquer projeto de conhecimento da realidade física quando exigimos que possua fundamentos ideais. Pedimos dele algo que não pode oferecer. A ciência não pode alcançar algo que não existe. Sem dúvida, verdades ideais parecem mais seguras, têm certo quê de eternidade. Entretanto, existem apenas em nossas cabeças.

Além das certezas, temos também as incertezas ideais, ou seja, o ceticismo radical, com o qual supostamente se anula todo o conhecimento através da dúvida levada ao extremo da incerteza. Igualmente, só existe em teoria. O fato

ANDRÉ CANCIAN

de podermos duvidar de tudo não significa que não saibamos nada, mas apenas que não há saberes intocáveis. Contudo, para idealistas, a mínima dúvida é uma refutação categórica — temos tudo ou nada. Se não podemos alcançar os fundamentos últimos, nem mesmo as aparências são confiáveis. Um conhecimento parcialmente perfeito é completamente falso. Buscamos a verdade incólume. Não nos contentamos com descrever o funcionamento de uma máquina: queremos o projeto original, com todos os detalhes, o mesmo tipo que haveria se a tivéssemos projetado. Na falta desse tipo de manual de instruções, declaramos tudo falso, incerto, imperfeito, superficial, enganoso etc. Queremos tudo já pronto, mastigado, explicado e definitivo — com dedicatória do projetista, de preferência.

Na busca por uma verdade ideal temos basicamente dois pontos de vista antagônicos. Alguns afirmam que podemos conhecer tudo, outros que não podemos conhecer nada a respeito da essência ideal do mundo. Obviamente, como se busca no mundo algo que nele não existe, nunca se chegou a nada com isso, só a grandiosos bate-bocas entre filósofos que tentam defender suas teorias autistas.

O ponto de partida dessa busca pela verdade consiste em sentar-se numa poltrona, fechar os olhos e desnudar os princípios últimos da existência através do pensamento. Devaneamos longamente sobre hipóteses que façam perfeito sentido dentro de nossas cabeças, convencemo-nos delas, e isso é tudo. Nunca poderíamos buscar uma verdade real porque ela chega a nós corrompida pelos sentidos, então queremos fazê-la nascer diretamente da racionalidade pura. Sentados em poltronas opostas, os céticos limitam-se a buscar empecilhos que tornem tais verdades inacessíveis. Depois de muito debate, não chegam a conclusão alguma, e fica por isso mesmo até que comece outro café filosófico.

Nos extremos afirmativo e negativo temos posturas ideais apenas *declaradas* a respeito do mundo real, nunca descobertas. Naturalmente, não conseguimos alcançar tais posturas na prática, pois elas a ignoram: sua praia é a abstração pura. Pôr a mão na massa e descobrir o mundo real é coisa demasiado vulgar, deixada para técnicos braçais. Assim, a depender do que esperamos do mundo, pendemos para um lado, para outro, ou simplesmente nos angustiamos por ambos serem insustentáveis.

Joguemos algumas pedras nesses fantasmas metafísicos e vejamos o que nos dizem. Do lado afirmativo, temos o velho e monótono conceito de uma realidade absoluta à qual temos pleno acesso através do pensamento. Do lado negativo, temos o ceticismo e a completa negação de qualquer possibilidade de conhecimento. O movimento e o contramovimento: uma picuinha de nossa espécie. Uma parte construindo castelos de vento, outra parte os demolindo, e a maioria só empilhando ou derrubando tijolos sem entender muito bem por que está fazendo isso.

Os pedreiros teóricos são os primeiros, com a certeza de uma realidade concreta e universalmente acessível que a nós se revela sem reservas durante elucubrações filosóficas. Pode ser inferida vagamente fundamentando-se no fato de que conseguimos conceber racionalmente as leis naturais que regem os fenômenos. Nossas mentes, portanto, alcançam a essência da realidade, a verdade eterna por detrás do mundo das aparências sensoriais — um erro, naturalmente, ou no mínimo uma suposição indemonstrável, um salto de fé. Não que o conhecimento das leis naturais seja inútil, mas isso simplesmente não importa nessa questão. O fato de conseguirmos prever e representar o comportamento da realidade através de equações matemáticas não significa que tenhamos apreendido o âmago de coisa alguma, pois podemos descrever vários fenômenos corretamente a partir de modelos teóricos distintos. O fato de que as teorias funcionam é um argumento em favor da técnica, e não as torna absolutamente verdadeiras quanto aos fundamentos ideais do mundo. O valor de tal conhecimento é prático, e tem muito mais relação com nosso bem-estar biológico e necessidade de certezas que com a demonstração da validade desse conceito de verdade ideal. Trata-se de uma filosofia que tenta demons-trar-se idealmente pegando carona em nossas necessidades reais. Seu melhor argumento é a tecnologia.

Indignada, a oposição levanta-se e esbraveja: isso não se sustenta! Ridicula-rizam qualquer possibilidade de conhecimento, parcial ou total, a respeito do mundo e de seus princípios. Não podemos garantir que nossos sentidos não nos estejam enganando. Não sabemos sequer se existimos: apenas acreditamos nisso. Se o próprio fato de existirmos é algo indemonstrável, todo o restante de nosso conhecimento é ainda mais incerto. No processo de conhecer, portanto, partimos de um absurdo, caminhamos sobre ilusões e chegamos a falsidades. Permaneceremos eternamente alheios à realidade pura, sendo nosso conhecimento apenas um sonho desvairado, um modo sofisticado de continuar ignorantes.

Com o ceticismo, rejeita-se nossa capacidade de apreender qualquer realidade; joga-se ao lixo tudo o que se dá por apreendido; ri-se de qualquer possibilidade do contrário. A própria realidade em que estamos é posta em xeque como uma ficção subjetiva. Não podemos afirmar que estamos vivos, pois não temos certezas absolutas sobre coisa alguma. Assim, diante da ilusão da fome, comemos um não-pão com talvez-manteiga: a fome passa, mas continuamos sem saber se há uma relação causal direta entre os fatos.

Os defensores de tal impossibilidade justificam sua postura destrutiva pelo fato de que, ao apontar o erro, estão apenas livrando o homem de suas ilusões. A crítica somente destrói aquilo que não consegue sustentar-se. Não estão ganhando nada com isso; derrubam os edifícios sem a intenção de construir algo sobre as ruínas. Pela simples honestidade, declaram todos os caminhos que conduzem ao conhecimento verdadeiro como vetados ao homem.

Todavia, nesse assunto qualquer negação não é menos quimérica que uma afirmação. A própria incerteza, quando se afirma como certeza, se contradiz: pouco surpreende que a dúvida absoluta seja igualmente insustentável. Negam o mundo, mas permanecem com os pés nele. Têm necessidade de viver, é claro, mas é falsa — tudo é falso! A necessidade só parece existir, mas se tem certeza de que é somente a sombra de um fantasma imaginado durante uma ideação materialista de um fraco degenerado que, em desespero, acreditou nos sentidos.

Tal postura, no fundo, não ultrapassa um sistema moral adaptado para pessimistas ulcerados que vivem vomitando o quanto devemos odiar tudo o que existe apenas porque um dia acreditaram que houvesse algo muito melhor a ser encontrado por detrás da realidade. Sua filosofia é uma espécie de vingança com a qual exprimem seu ressentimento, sua frustração advinda de uma impotência óbvia e incontornável. Resignados, sepultam o mundo e passam a vida toda lamentando pelo defunto que morreu jovem demais. Suas dúvidas choram aquilo que gostariam que a realidade fosse, mas nunca poderá ser.

Nessa posição não encontramos apenas os céticos radicais, mas também aqueles que se alegram em rejeitar a "sabedoria deste mundo" por não ser perfeita como acreditam que deveria. São todos indivíduos amargos que desprezam a vida porque esta não pode lhes dar o que verdadeiramente querem: teologia. Dedicam-se, portanto, exclusivamente a caluniá-la e a difamá-la de todas as formas possíveis e imagináveis, e com isso suas vidas ganham uma finalidade, ou seja, ser uma pedra no sapato dos que de fato estão em busca de conhecimento.

Resta-nos apenas o silêncio, na forma de niilismo. É a posição menos incoerente, pois ao menos não atira no próprio pé ao se comprometer com posturas absurdas e indemonstráveis, segundo as quais o conhecimento é o objetivo e o mundo deve comportar-se como uma premissa, como um pressuposto que o torne possível, interpretando o mundo como algo que existe e surgiu com a finalidade de ser conhecido. Embora a suspensão do juízo tenha um efeito paralisante, ninguém está discutindo os meios de se tornar o funcionário filosófico do mês. Recusar-se a trabalhar em um empreendimento sem futuro justifica a inação, pois, tendo-se como vizinhos dois abismos idênticos, seria estúpida qualquer predileção. Portanto, com bons motivos para repudiar ambas as posturas, o niilismo suspende o juízo sobre a questão. Não afirma nem nega a possibilidade de certezas ideais a respeito do mundo porque também não aceita que o mundo tenha uma essência ideal. Pois, afinal, isso que tanto buscam nunca foi sequer demonstrado, apenas suposto como o objetivo mais desejável para nossos esforços no sentido de explicar o mundo.

O niilismo, obviamente, também é uma incerteza, mas não na forma de uma afirmação positiva de nossa ignorância incontornável a respeito de tudo — uma incerteza madura, serena, livre de traumas infantis. Não significa uma completa indiferença, pois isso só pode ser encontrado em prateleiras de necrotérios com fichas amarradas ao dedão — uma indiferença prudente, esclarecida, justificável por falta de coisa melhor.

Queremos compreender o mundo. Porém, como não há fundamentos razoáveis a serem adotados como ponto de partida, parte-se sem fundamento algum, sem a finalidade de um dia encontrá-los. Com isso finalmente aceitamos a incerteza com maturidade. Deixamos de odiar o mundo por não ser aquilo que sonhamos para nós mesmos. Passamos a caminhar em direção ao conhecimento por conta própria, sem garantias e sem considerar o que conhecemos como a versão provisória de um suposto ideal.

Como pudemos ser ingênuos o bastante para acreditar que o mundo poderia ser reduzido a um punhado de definições e conceitos metafísicos sobre fundamentos últimos? E que, na impossibilidade de alcançá-los, o mais sensato seria negar o mundo em favor de tais conceitos? Idealismos dizem respeito tão somente às nossas mentes. Ideias, abstrações, são processos mentais de mamíferos. Nós temos razão, não o mundo.

Hoje sabemos que não devemos julgar o valor das ideias por quanto parecem profundas, mas por quanto dizem respeito à realidade. Porém, por muito tempo, a filosofia insistiu no erro de tentar tornar-se profunda num mundo em que tudo é superficial. Sua tradição afundou-se em preconceitos teológicos, perdendo o contato com o mundo em que estamos, enchendo livros e mais livros de profundas considerações irrelevantes sobre como seria bom se o mundo fosse o que dele se pensa.

Com a metafísica, investigamos o mundo como quem interroga uma pessoa, um sujeito, a mente de Deus. No fundo, não passa de teologia disfarçada, com a qual tentamos nos aproximar da perfeição divina através de raciocínios ideais, como imaginamos serem os do Criador. A busca por certezas ideais, portanto, parte do louvável pressuposto de que o homem seja filho de Deus. Esse sempre foi o erro fundamental da metafísica, sempre cuidadosamente ocultado.

É por isso que, nessa perspectiva, o niilismo poderia ser entendido como uma espécie de ateísmo existencial: uma descrença em tudo o que é metafísico, em tudo o que nasceu da teologia. Nessa ótica, o ateísmo propriamente dito reduz-se a um pequeno ponto dentro do niilismo, pois não passa de uma ausência de crença que tem nome. Não há palavras que designam aqueles que não acreditam em duendes, mas para aqueles que não acreditam em Deus há: ateus. Essa é a única diferença. A maioria das descrenças é simplesmente anônima.

Ao observar o assunto com alguma atenção, veremos que a lógica que justifica o niilismo é a mesma que justifica o ateísmo. Quando voltamos nossos olhares críticos e inquirimos não apenas divindades, mas todos os assuntos, toda a existência com a mesma honestidade, temos o niilismo. Por isso todo niilista é ateu. Segue-se que, em teoria, todo ateu deveria ser niilista, mas poucos têm coragem para tanto, poucos suportam tamanha lucidez. Os ateus, em sua maioria, continuam abraçados aos destroços daquilo em que não acreditam por temerem o vazio da existência — na qual acreditam.

Nossa covardia perante a vida, entretanto, é um assunto distinto. O fato é que a ótica que resulta do niilismo equivale a remover toda a teologia, toda a superstição que se encontra misturada ao nosso conhecimento. O niilismo arranca pela raiz essa erva daninha, expurga não apenas a crença em divindades, mas também todas as implicações e ramificações disso, todo o lixo metafísico que permanecia escondido no fundo de nosso conhecimento como aquilo que "dava sentido" à realidade, e que nos fazia acreditar na absoluta necessidade desse sentido.

Ao proceder dessa maneira, rejeitando essa postura religiosa em relação ao conhecimento, superamos o dogma de uma realidade ideal. Através da experiência, descobrimos que o mundo existe, mas não em termos ideais — seu âmago não é um conceito. A verdade não é alcançada pela apreensão de uma ideia-essência que fundamenta a realidade. Certezas ideais, bem como incertezas ideais, são delírios filosófico-religiosos.

Portanto, pelos mesmos motivos, rejeitamos também o ceticismo radical, que se baseia nessa visão ideal de mundo para afirmar que o homem nunca poderá tornar-se semelhante a Deus: logo, sejamos humildes, permaneçamos ignorantes. Em vez de investigar o mundo, abramos nossas Bíblias e tenhamos fé. Sua verdadeira objeção ao conhecimento é o pecado: os sentidos do homem são demasiado limitados e imperfeitos para entender os desígnios do Senhor.

A metafísica nunca buscou o conhecimento, sempre ignorou todas as realidades que tinha diante de si. Levou o homem a vagar longamente em desertos conceituais em busca de uma *revelação*. Com sua derrocada, acaba-se a profundidade do conhecimento. O homem cessa de buscar nos céus a essência da terra. Deixamos de acreditar que os fundamentos últimos do mundo sejam ideias perfeitas porque compreendemos que isso foi uma invenção da metafísica, dessa impostora que tenta transformar o homem em um beato ignorante. Com razão, foi expulsa da filosofia a pontapés, e voltou a morar com sua verdadeira mãe, a teologia.

A filosofia finalmente recobrou a lucidez e deu o cargo da busca pelo conhecimento à sua filha mais responsável, a ciência. A metafísica continua sendo mantida viva, mesmo consumida pela insanidade e absorta em si mesma. Durante suas crises, enquanto se arremessa contra as paredes do absoluto, a ouvimos gritar que sua maior vergonha é ter sido substituída por algo tão superficial. Não demos ouvidos ao que diz: enganou-nos enquanto pôde, e merece ser desprezada por isso.

✳ ✳ ✳

O homem sai do quarto escuro de suas crenças e passa a observar o mundo com seus próprios olhos. Está de mãos vazias. Não trouxe debaixo do braço um manual de instruções que o ensine a interpretar tudo o que vê. A primeira coisa que enxerga é que existe um mundo fora de sua cabeça, mas faltam-lhe palavras para defini-lo. Sente seu desamparo, seu abandono. Chora por estar sozinho. Faz o que pode com aquilo que lhe é apresentado, mas ainda reza para estar errado.

Muitos, na esperança de que o niilismo seja uma condição transitória até nos reconciliarmos novamente com Deus, preferem definir a existência como algo intrinsecamente incompleto. Portanto, *o mundo é* — apenas. Isso para que sejamos levados a acreditar que devemos concluir a sentença para que a ciência tenha significado completo. Sentimo-nos tentados a abrir a porta dos fundos para permitir a volta da metafísica.

Tenhamos a petulância de colocar o último prego no caixão de Deus. Para enterrar essa última esperança, afirmemos, com uma martelada firme e precisa, que *o mundo é nada*. Com isso, queimamos o livro divino para escrever o livro do homem. Abrimos um livro em branco e anotamos a primeira coisa que fomos capazes de observar: o mundo existe e estamos nele, mais nada.

Com o fim da metafísica e a redução do mundo a nada, abandonamos nossos objetivos ideais e voltamos a enxergar o mundo com os olhos, não com o intelecto. Voltamos a caminhar usando nossas próprias pernas. Aceitamos que, se quisermos um manual, devemos escrevê-lo nós mesmos. Para tal fim, tornamo-nos observadores e descritivos. Esse foi o modo que encontramos de nos tornarmos autodidatas num mundo no qual não há professores. Nasce então a ciência como a postura de buscar a realidade através dos sentidos, que não estão mais corrompidos pelo pecado. Os fenômenos deixam de ser aparências enganadoras que escondem a realidade e passam a ser aquilo que nos permite entendê-la.

O projeto de nosso conhecimento torna-se então a descrição da realidade, e com isso o repúdio às certezas absolutas está mais que justificado. Nosso conhecimento deixa de ser uma tentativa de explicar e dar sentido à realidade. Na busca pelo saber, tudo o que temos são as anotações sobre aquilo que observamos. Poderemos reescrevê-las o quanto quisermos e nunca alcançaremos nada de absoluto, a não ser que plastifiquemos nossos blocos de notas na forma de dogmas. O sonho de uma explicação ideal para a existência ainda nos atormenta, mas tudo o que conseguimos com isso foi inventar inúmeros mundos imaginários que nada dizem a respeito daquele em que estamos.

Como vemos, a ciência nunca nos dará certezas absolutas, e repudiá-la com a incerteza absoluta significa ressuscitar o erro para o qual ela foi uma solução. Somos ridículos quando tentamos refutar a física com incertezas metafísicas. O conhecimento alcançado pela observação só poderá ser refutado pela observação — por isso tantos aguardam por milagres. Superamos nosso erro fundamental ao abandonar o conceito religioso de certeza ideal e abraçar o conceito humano de descrição real. Se, agora, depois de tantos avanços nessa direção, nossa sensação de segurança nos tenta a, novamente, passar a possuir fé quanto à possibilidade de teorias definitivas sobre o mundo, sabemos que isso é insustentável, pois tudo o que busca idealizar a realidade é insustentável. Com isso, tentamos apenas mitigar nossa insegurança frente ao mundo através de dogmas científicos finais.

A ciência é verdadeira porque diz respeito ao que é real. Não devemos confundir o fato de que nossas teorias funcionam com a ideia de que o mundo seja uma teoria científica. Seria tolo nos fecharmos para o mundo, abraçando nossas conclusões numa redoma espelhada enquanto nos declaramos a medida de todas as coisas. Na falta de um pai celestial, não podemos simplesmente nos declarar os supremos donos da verdade. O mundo é algo autônomo que precede a razão. Não é a descrição que fazemos dele, mas aquilo que observamos externamente, o objeto de nossas descrições. Algo que independe de nós, no qual existimos enquanto uma circunstância casual, não como uma essência eterna.

Assim sendo, nunca encontraremos certezas absolutas, pois elas não existem. Não são apenas algo do qual não somos capazes pela incompetência de nossas faculdades mentais. Certezas só são importantes àquele que precisa ter fé, não àquele que precisa saber. Então, quando encontrarmos certezas, isso significará apenas que nos declaramos a essência ideal do mundo, que sempre foi nossa ambição metafísica secreta.

A verdade não é algo ideal e racional, mas real e irracional. Nosso conhecimento do mundo, portanto, não pode ser outra coisa senão a racionalização descritiva de uma existência fundamentalmente irracional. Nessa situação, nosso único critério da verdade só pode ser a realidade — e nossas teorias serão verdadeiras à medida que estiverem de acordo com os fatos que observamos. Claro que tais correspondências, sendo construções humanas, possuem natureza condicional e relativa, e nunca poderão ser encontradas por detrás do mundo, *in abstracto*.

Nessa ótica, a única verdade é a realidade, e a única coisa que podemos conhecer são os fatos que observamos. O resto são erros, ainda que prefiramos chamá-los de "verdades pessoais", cuja realidade está apenas em nossas cabeças. Não há razões a serem descobertas, apenas fatos a serem descritos. Até hoje, essa foi a única ótica que se mostrou objetivamente sustentável — e com isso queremos dizer *provada*, e não por teólogos ou outros animais irracionais.

Caso se pergunte o que é a realidade, o que poderíamos responder? Ora, se querem sabê-lo, então que nos ajudem a descobrir, mas do jeito certo, ou seja, com os olhos, não com a cabeça. Não queremos palpites ou conselhos, nem verdades superiores sobre uma dimensão paralela em que ficam flutuando cadáveres cintilantes. São essas as condições. Se não estão dispostos a ajudar, então que ao menos se calem, afundem seus olhos em suas bíblias e deixem-nos em paz. Não queremos que a teologia se intrometa novamente naquilo que nunca lhe disse respeito.

Nessas circunstâncias, sabemos que nosso conhecimento só pode ser relativo e subjetivo, pois nasce da relação entre o sujeito e o objeto. Mesmo aquilo que observamos no mundo objetivo resulta da atividade de um sujeito. Não há conhecimento absoluto e imparcial, independente de uma ótica particular, pois só podemos entrar em contato com o mundo através de óticas particulares; não há como observar sem que haja um observador; é impossível ser impessoal porque somos pessoas. Nosso conhecimento não pode ser objetivo em si mesmo porque não está no mundo, mas apenas em nossa compreensão subjetiva dele.

A fim de solucionar esse impasse imposto pela relatividade subjetiva, desenvolvemos métodos para assegurar que nosso conhecimento seja independente não do sujeito, mas das circunstâncias particulares desses sujeitos, de modo que valha igualmente para todos em quaisquer condições. Um conhecimento completamente impessoal não pode ser nossa meta, pois nos seria incompreensível, algo inumano: um dogma indecifrável que não se sabe de onde veio nem o que significa.

Essa relatividade, como vemos, é um problema real, não apenas um pretexto para ignorar os fatos. Todo o esforço da ciência para constituir-se enquanto um método confiável de investigação da realidade tem como meta fundamental fazer com que essa relatividade seja reduzida a níveis aceitáveis, de modo que abraçar a dúvida passe a ser algo menos plausível que aceitar o conhecimento resultante das observações. Em ciência, nunca trabalhamos com certezas, mas com probabilidades. Quando é muito mais provável que estejamos quase certos em vez de completamente errados, estamos no caminho certo. Podemos estar errados, mas não vemos nenhum problema nisso: corrigiremos o erro assim que o encontrarmos.

Aquilo que denominamos conhecimento objetivo, portanto, não é algo que existe sem sujeito, mas que pode ser comprovado por qualquer sujeito independentemente, quantas vezes quiser, pelo tempo que julgar necessário, sempre chegando aos mesmos resultados. Diferentemente do conhecimento subjetivo e pessoal, que se mistura a elementos mutáveis que existem apenas dentro de nossas mentes, o conhecimento objetivo é uma descrição metódica e precisa da realidade que existe independentemente de nós. Com isso, nos aproximamos muito da compreensão do mundo em si mesmo, mas sem nos inserirmos nele. Pelo contrário, nós o trouxemos para dentro de nós através da observação.

* * *

Apenas depois de olhar longamente para fora, torna-se possível olhar também para dentro com a mesma clareza de quem se observa de fora. Descobrimos, finalmente, que o ideal é apenas uma parcela ínfima do real. Essa distinção clara entre subjetivo e objetivo só foi possível porque compreendemos que nós também somos a realidade, que o sujeito não é um fantasma que escapa das regras. Mesmo os devaneios mais delirantes a respeito de uma realidade paralela acontecem objetivamente na cabeça do sujeito, e podemos prová-lo experimentalmente. Com isso, encontramos o elo que nos permite relacionar ambas as esferas e entendê-las como uma só realidade, que pode ser vista sob duas perspectivas completamente distintas — a subjetiva e a objetiva.

Sabemos que nosso mundo subjetivo resulta de processos físicos que ocorrem objetivamente, criando uma espécie de realidade virtual subjetiva, ou seja, aquilo que chamamos de consciência. Pelo fato de se apresentarem à nossa consciência conteúdos arbitrários, sem correspondência necessária na realidade exterior, esta parece existir numa "dimensão paralela" à material. Sua suposta independência do mundo físico, entretanto, é uma ilusão. Porém, caso nos pareça que a criação de um universo subjetivo virtual de base objetiva seja uma hipótese absurda, fundamentada num materialismo radical e extremado, basta observar que computadores fazem essencialmente o mesmo a partir de *microchips*. A diferença é que utilizamos neurônios.

Tais discussões parecem-nos algo distante e irrelevante, mas colhemos os benefícios disso o tempo todo. Hoje, sabemos explicar por que somos racionais e por que, muitas vezes, nos tornamos irracionais. Sabemos a razão de nascermos, de morrermos, de tudo o que acontece em nossos corpos. Conseguimos compreender por que ficamos doentes e também por que nos curamos. Descobrimos por que aves voam, e construímos máquinas que voam também, pelos mesmos princípios, e as usamos para nos transportar pelo mundo. Entendemos por que nos apaixonamos, por que ficamos felizes ou tristes. Isso tudo pode ser explicado e demonstrado em termos materiais e lógicos, inclusive o comportamento daqueles que se negam a aceitar tais explicações. Quem, diante disso, afirmar que nosso conhecimento a respeito do mundo não é real, provavelmente tem uma noção de realidade segundo a qual o próprio mundo em que estamos não é algo real.

Podemos afirmar, portanto, que o mundo não é uma ilusão subjetiva, pois mesmo a subjetividade pode ser explicada em termos objetivos. Os sentidos não estão nos enganando, e sim nos informando sobre do mundo. Sentidos que enganam seus donos nunca teriam nos permitido sobreviver. Se conseguimos lidar com o mundo através deles, isso significa que funcionam, mesmo que tenham surgido para fins distintos. Temos de admitir isso, senão por pensarmos que ser devorados por uma besta faminta também não seja algo real, que estejamos diante da ilusão de um animal fictício que nos devora enganosamente, lançando sangue supostamente vermelho para todos os duvidosos lados de um mundo incerto.

Diante da construção rigorosa, independente e experimental de um conhecimento tão preciso que nos permite compreender até por que nos enganamos, não é admissível que se duvide dele sem também duvidar da existência do próprio mundo. Não que isso não seja feito, pois muitos elaboram hipóteses sobre outros mundos com outras regras apenas para demonstrar que podemos estar errados. Porém, mesmo se esse fosse o caso, não estaríamos errados a respeito *deste* mundo. Ademais, teríamos muito interesse em observar esse outro mundo também, se existisse. O que não podemos fazer, entretanto, é demonstrar fisicamente a inexistência daquilo que não existe. Podemos apenas observar e descrever o que encontramos — o que vemos existe, o resto não, ao menos até que se observe o contrário. Naturalmente, ainda não encontramos tudo, mas isso não é motivo para afirmar que não encontramos nada ou que devamos respeito a hipóteses que se escondem da observação em mundos paralelos, acessíveis somente através da fé. Caso estejamos ignorando alguma realidade tão grandiosa que, ao estudar física, apenas perdemos tempo, quem a conhecer que nos faça o caro favor de mostrá-la. Dentro de nós não está; já procuramos nesse lugar, principalmente no coração, e não vimos nada além do que consta nos livros de anatomia. Estamos abertos aos fatos, desejamos conhecer a realidade toda, sem exceção. O que não queremos, entretanto, é que nos venham com verdades absolutas, deuses ou panteísmos sorridentes; não queremos conhecer o mundo como quem reza para ele.

* * *

Depois de tanta disciplina, lamentamos pelo emprego restrito que se dá às descobertas científicas, que não alcançam as questões ditas "importantes". Ignora-se a realidade em troca de crenças asininas sobre entidades mágicas que vêm do céu e cometem suicídio para nos salvar de algo que ela própria criou. Acreditam nessas asneiras e, entretanto, quando precisam imprimir seus livros santos, não levantam suas mãos aos céus e pedem a multiplicação das páginas. Recorrem às avançadas tecnologias de impressão digital desenvolvidas pela ciência. Compram baterias recarregáveis de origem 100% terrena, colocam-nas em seus microfones sem fio projetados pela ciência e transmitem suas pregações metafísicas em frequências descobertas por cientistas, nas quais discorrem longamente sobre a nulidade do mundo material.

Nada nos deixa mais perplexos que ver a verdade objetiva sendo colocada como um meio para fins, diz-se, "mais elevados". A verdade não pode ser usada, pois é o chão que nos permite caminhar. Não existe "para" que possamos caminhar nem "para" que alcancemos algum objetivo. O mundo não é um tapete vermelho que surgiu para nossas pernas caminharem felizes. A verdade objetiva é o mundo em si, e nós existimos dentro dele, e não o contrário. Não há como "ir além", "transcender" a realidade, seja lá o que signifique tal expressão sem sentido, e também não estamos interessados em consumir os alucinógenos que permitem tal transcendência.

Meios e fins são coisas relativas a mamíferos que precisam encher a barriga. A realidade é o que determina como isso tudo acontece — ela é o vazio da barriga, aquele que sente fome, o alimento e todo o mais. Acreditar que possamos nos alimentar de pedras não nos nutrirá. Num jogo de baralho, as cartas são a realidade: o absurdo as define, o acaso as entrega, e as jogamos entre nós, no jogo chamado vida. Tudo o que podemos fazer é entender como as coisas acontecem. Não temos escolha. Acreditar que tenhamos alguma já demonstra que não entendemos nada a respeito do mundo em que vivemos, que ainda estamos presos a noções de uma realidade ideal inventada por nós mesmos, na qual a realidade física é uma versão imperfeita de nossas crenças. Ser poeira de estrelas, por exemplo, não é algo que se escolhe, não é algo em que se acredita, não é um estado de espírito dos que se sentem em união com a matéria — é nossa única condição de existência.

Alguém que acredite mais no dinheiro que na realidade provavelmente esqueceu-se de que nós inventamos o papel-moeda. Que busquem o poder, se é o que desejam, mas não poderão comprar a verdade, não poderão levá-la a prostituir-se; não importa quantos dígitos haja no cheque com que tentam subornar a gravidade. Não é menos tola a postura de quem nega a realidade efetiva e põe em seu lugar outras humanizadas ou transcendentais. Crenças e superstições pessoais que reinventam o mundo nos tornam cegos, como quem possui olhos apenas para enxergar a realidade e, depois, acreditar deliberadamente no contrário.

A verdade nunca estará do nosso lado, nem do lado oposto, pois átomos não se afeiçoam àqueles que lhes dão apelidos carinhosos. Não faz sentido desafiá-la, negá-la ou afirmá-la. Ela não se levanta contra nós, nem se esconde. Não nos julga, nem se importa. Não precisa ser defendida, pois não cometeu crime algum para precisar de advogados. Nós, como seres reais, fazemos parte da verdade: é nossa morada. Quando defendemos a verdade, o fazemos como quem defende a si mesmo, como quem protege seu nariz de um soco. Somos curiosos porque quem conhece o mundo conhece a si próprio. Fingir só funciona com outros seres humanos. A matéria não pode ser enganada. O mesmo cérebro que cria nosso mundo subjetivo funciona dentro dos parâmetros da realidade objetiva. Até quando mentimos, quando nos enganamos, isso acontece honesta e fisicamente. Não estamos escapando de coisa alguma com crenças estapafúrdias. O devaneio, o sonho mais abstrato numa realidade alternativa só acontece a partir desta.

Podemos ver que, em termos de conhecimento, quando colocamos a realidade como valor último, como verdade última, estamos adotando a única postura que pode possuir um critério objetivo, que independe de nós. Assim, o conhecimento objetivo passa a ser a única moeda legítima, pois sempre haverá uma realidade que lhe corresponde e assegura seu valor, sejam quais forem as circunstâncias. Fatos sem realidades por detrás, pelo contrário, são como papel-moeda sem lastro, cheques sem fundo emitidos pelo entendimento humano — valem apenas para seus donos.

Nessa ótica, nada é mais universal que a ciência. Todos têm acesso à realidade, embora a apreensão de suas regras exija pesquisa, reflexão e honestidade. Pesquisa para enxergá-las, reflexão para apreendê-las, honestidade para aceitá-las. Contudo, que adiantará estudarmos o cérebro humano cientificamente se não guiarmos nossas vidas pelo que for descoberto? Estamos perdendo tempo ao estudar sem colher os benefícios, alegando que na vida prática as coisas "não são bem assim", pois são. Tudo é assim.

Quando deixamos de nos separar do mundo, quando reconhecemos que nós não estamos na realidade, mas que também *somos* a realidade, que a física não para onde nossa consciência começa, estamos maduros, prontos para trilhar o caminho espinhoso de pensar por nós mesmos livremente, sem que haja perigo de sucumbirmos às seduções do erro. Para ilustrar essa postura, pensemos o seguinte: de que modo viveríamos se precisássemos ser honestos como se nossas vidas dependessem disso? Seríamos honestos por interesse próprio, diríamos sempre a verdade para não sofrer as consequências. É exatamente esse o caso. A realidade não pode ser enganada e, ao nos enganarmos, sofreremos as consequências de ser ignorantes. É sinal de maturidade sermos honestos, pois nossas vidas realmente dependem disso.

Compreendendo que o valor de um conhecimento está em sua realidade, é comum sentirmos um fascínio pela busca da verdade, que significa investigar o mundo. Não admitimos, a partir de então, que ela precise competir com a mentira em busca de espaço e reconhecimento. Por ser a única coisa que existe, a verdade já provou seu valor, e não precisamos justificar nosso desprezo pelo erro. Guiados por tal entendimento, passamos a buscar a verdade por interesse pessoal. Ser honesto torna-se um ponto de partida indiscutível, e tudo o que mente passa a ser um inimigo. Tornamo-nos lúcidos, plenamente conscientes de nossa condição, e passamos a buscar o conhecimento como quem finalmente aprendeu a usar o cérebro em benefício próprio. Tudo passa a ser interpretado em função da realidade objetiva, mesmo nossos desejos subjetivos, pois sua satisfação precisa ocorrer objetivamente. Nesse momento, vemos que o próprio ideal torna-se real conscientemente. Vemos nossas vidas subjetivas acontecerem dentro de nossas mentes como um fato objetivo. O resultado disso é a honestidade, a mais profunda honestidade que podemos conceber, que é guiar-se, enquanto ser subjetivo, pela compreensão das regras do mundo objetivo. Vislumbramos a perspectiva real de tudo o que conhecemos teoricamente. A partir desse instante, admitimos existir no mundo real sem reservas nem poréns, e a ideia de nos enganarmos quanto a isso é repudiada como um absurdo, uma loucura, uma imbecilidade.

* * *

O homem finalmente se torna adulto, abandona seus brinquedos metafísicos e põe os pés no mundo real. Entretanto, o fato de esse processo ser penoso não o torna digno de qualquer elogio — pois, se a dor fosse um bom critério, todas as verdades seriam alcançadas pela tortura. Trata-se de uma busca pessoal, como qualquer outra, ainda que busquemos algo que poderá ser útil a todos, pois o conhecimento objetivo é válido universalmente. Qualquer indivíduo pode se valer do conhecimento da realidade. Isso só exige que sejamos honestos, que vejamos o mundo com os olhos, separado de nossas vidas, valores e crenças, sem interpretá-lo e falsificá-lo em função de uma ótica pessoal.

Mesmo assim, somos necessariamente honestos apenas para com nós mesmos, pois a honestidade social é uma questão completamente distinta. A integridade só pode possuir valor numa abordagem pessoal, na medida em que exige de nós uma absoluta honestidade para com nós mesmos, tornando-nos mais conscientes da realidade. Essa mesma integridade, do ponto de vista social, já não se aplicaria. Em sociedade, ser completamente honesto equivale à mais completa inconsequência, pois as regras do jogo social são outras. Mentir para os demais é inevitável. Mentir para si mesmo é em grande parte opcional.

Obviamente, ser esclarecido não se trata de bondade, pois não somos lúcidos como quem faz caridade aos cegos. Queremos guiar-nos, não guiá-los. Se porventura ajudamos outrem, devemos saber e deixar claro que não era essa a intenção original — por acaso, essa foi uma consequência indireta e inevitável de nossa atividade. Não nos cabe exigir gratidão, pois essa tarefa nasce de nossa necessidade pessoal de andar com os pés no chão. Nisso encontramos a vantagem direta de não tropeçar o tempo todo, pois conhecemos bem o terreno sobre o qual caminhamos. Não exigimos que os demais sigam nossos passos, mas, se isso ocorrer, seremos beneficiados indiretamente. Tal fato não nos ajudará em nada diretamente, porém, ao deixar de ser cegos, os demais ao menos deixarão de ser um estorvo errante. Será mais improvável que trombem em nós gratuitamente.

Sabemos que, no fundo, não temos opção quanto ao caminho que seguimos. Alguns homens são livres para buscar a verdade, outros não. A integridade seria a ruína daqueles que dependem de ilusões. Isso os implodiria. O homem que sofre com a verdade precisa mentir instintivamente, dar-lhe os nomes "mal" e "pecado". A honestidade passa a ser um vício e a fé, uma virtude. Não vemos nisso uma questão de escolha. Nós também não conseguimos viver de outro modo. Temos necessidade de ser honestos, como outros têm de se enganar. Todos os devaneios românticos a respeito da grandeza espiritual dos que buscam a verdade são ingenuidades: ao acreditar nisso, estaríamos apenas bajulando nossa vaidade pessoal. Somos honestos pelo mesmo motivo que riscamos a cabeça de fósforos: porque o contrário não funciona.

Assim como em nossos dedos crescem unhas, em nossas mentes crescem pensamentos. Assim como nossas unhas são duras, nós somos honestos. Lidamos com o mundo através da intelectualidade porque somos naturalmente intelectuais. Racionalizamos o mundo porque somos predominantemente racionais. Essa atividade faz parte de nossas vidas como uma segunda natureza.

Nunca nos ocorre ser compensados pela nossa honestidade, nunca nos passa pela cabeça pedir aprovação dos demais. Isso nos é espontâneo e inevitável como respirar. Pouco importa se nossas conclusões estarão de acordo com o paladar do grande público, com as modas intelectuais. Importa apenas que estejam de acordo com a realidade. Nosso objetivo não é conquistar veneração pública — caso isso ocorra, será pelo simples acaso de a honestidade estar em evidência por alguma circunstância passageira.

Como não cultivamos o conhecimento com a finalidade de agradar os demais, nem de convencê-los de coisa alguma, é certo que não poderíamos competir com os conceitos gordurosos e os confeitos açucarados dos charlatães que reduzem a filosofia e a ciência a guloseimas e *fast-food*. Mesmo que tentemos desmascará-los, nossos apelos à honestidade não serão ouvidos pelos insensatos, e os sensatos não precisam ouvi-los. Não podemos simplesmente cuspir lucidez e esperar que nos agradeçam pelo esclarecimento; isso não funciona. Para certas verdades, é preciso estar suficientemente maduro.

Sem dúvida, o conhecimento que denominam "alternativo" — que é um eufemismo para infundado —, é muito mais livre para inventar-se e fazer-se atraente às vaidades pessoais dos indivíduos, apela muito mais diretamente às suas necessidades íntimas, pois foi inventado justamente para consolar aqueles que sofrem com a realidade. Contudo, podemos apenas reconhecer a criatividade desses espertalhões que lucram com a inépcia alheia.

Claro, talvez se diga que quem pode acreditar no que bem entender é mais "livre" que quem se limita ao que é passível de fazer sentido. Porém, nada nos causa menos inveja que a plena liberdade de *estar errado*. Não julgamos, como crianças, o valor dos alimentos pelo quanto agradam à primeira vista, mas pela saúde dos corpos que constroem. Similarmente, julgamos o valor de uma ideia pela realidade da visão que constrói, sendo a lucidez o sinal distintivo da saúde intelectual.

Assim como as vidas de beatos pressupõem a mentira, as nossas pressupõem a verdade, e não podemos permitir que o erro se infiltre em nossos pensamentos sem que isso seja nossa bancarrota. Diante da possibilidade de viver de acordo com a realidade, flertar com o erro é como trocar ouro por quinquilharias. Nenhuma mentira pode possuir mais valor que a verdade pelo simples fato de que ela se refere a algo que não existe. A filosofia placebo desenvolvida com fins motivacionais não nos interessa: um pensamento que se vende não merece sequer que lhe dirijamos a palavra; são apenas brinquedos, muletas para os que não conseguem lidar com a realidade.

✳ ✳ ✳

Para ilustrar essa postura, imaginemos um dado. Se o rolarmos, sabemos que todos os resultados possíveis são igualmente prováveis. Não adiantará assoprá-los, proferir mantras ou invocar o "poder da mente" para influenciar os resultados. Podemos inclusive reescrever os números impressos em cada face, multiplicá-los por mil; não fará diferença alguma. Nessa situação, ser supersticioso consiste em acreditar que enganar-se quanto às possibilidades reais fará toda a diferença. Ser honesto, pelo contrário, seria simplesmente admitir que um dado funciona como um dado, guiando-se pela compreensão de que o resultado será sempre um acaso de circunstâncias imprevisíveis, mas sempre entre um e seis. Se quisermos influenciar o resultado, sabemos que o único modo é viciar o dado. Essa é a ideia essencial que devemos incorporar às nossas vidas em todos os sentidos, ou seja, nortear-se pela compreensão do que de fato acontece, não pelas crenças a respeito do que gostaríamos que acontecesse.

Nesse sentido, a autocrítica e a honestidade para consigo mesmo funcionam como uma ferramenta para extrairmos de nós mesmos todo o potencial de lucidez, para que tenhamos coragem de realmente viver segundo aquilo que sabemos. Cabe a nós cultivar a prudência de buscar e aceitar a verdade para que não precisemos aprendê-la com as consequências funestas do erro, como fazem todos os animais e a maioria dos homens. Há muita inteligência em antecipar a exposição de nossos equívocos através da crítica feroz de nossas próprias opiniões; para isso serve o conhecimento teórico, e não apenas para projetar prédios e eletrodomésticos.

Mesmo que a verdade seja muitas vezes dolorosa, ser desmentido pela realidade será muito mais devastador, pois, ao contrário de nós, o mundo não é delicado, não nos poupa de nossos erros por compaixão. É tarde demais abrir os olhos quando já estamos no abismo, e não podemos evitá-lo sem a vertigem de tê-lo conhecido. Não se descobrem verdades abordando o mundo com delicadeza, nem se protegendo da realidade. Como os músculos, nossos intelectos superam-se apenas sob pressão, quando forçados a isso, e apenas depois seremos capazes de colher os benefícios. Não podemos perceber a ignorância em si mesma: só a reconhecemos depois que foi superada. Assim, quando nos protegemos do peso da realidade, estamos nos condenando à incompetência, fugindo daquilo que, inescapavelmente, determina nossas vidas. Diante disso, se escolhermos fechar os olhos, tudo bem, a escolha é nossa. Contudo, precisamos continuar caminhando, agora guiados apenas pelo acaso. Ao cairmos, veremos qual é o resultado de abraçar crenças que dão mais valor à calma que à gravidade.

Quando decidimos nos guiar pela realidade, temos de cultivar essa espécie de amor severo pela verdade, que nos torna indiferentes aos valores convencionais que nos cercam. Assim, em vez de ouvir "conselhos" dos demais sobre a direção correta, faremos melhor em olhar a bússola e tirar nossas próprias conclusões, independentemente do que se diga sobre isso. Fomos naquela direção porque é a certa, porque nos levará onde queremos chegar, não porque "acreditamos" em alguma baboseira metafísica sobre o "sentido da vida" ou algo do gênero. Se não dermos a nós mesmos o dever de ser honestos, ninguém o fará.

Depois de tanto empenho, estudo e disciplina dedicados ao fim de nos tornamos sóbrios e esclarecidos, seria crasso nos deixarmos influenciar por opiniões bêbadas e caolhas, que têm em vista apenas seus interesses pessoais e não enxergam um palmo à frente do próprio nariz. A não ser que se apresentem diante de nós com fatos, ouvi-los será apenas uma bondade da qual nos arrependeremos em poucos minutos, como quem ouve um disco riscado que só sabe repetir as próprias crenças.

Seria como um médico que pedisse conselhos aos seus pacientes na interpretação dos resultados de um exame de sangue para que o diagnóstico final negue qualquer doença. O dever do médico é estar certo, independentemente do que isso signifique. A ignorância de seus pacientes sobre si próprios não deve influenciá-lo. Eles podem acreditar que sua doença se deva a alguma "influência espiritual maligna", ao fato de terem pecado ou mentido; pouco importa. Seu papel não é curá-los de sua estupidez, mas de suas doenças. Enquanto especialista, seu compromisso primeiro é com a verdade, e é apenas por isso que estamos dispostos a pagá-los muito bem por suas opiniões a respeito de nossa saúde; não daríamos um centavo pelas de um mecânico nesse assunto. Sabemos que, quando nossa saúde física está em jogo, invocar o relativismo sobre as definições de doença não salvará nossas vidas. Precisamos recorrer à realidade crua de que nossos corpos são máquinas que, cedo ou tarde, apresentam defeitos. Temos o direito de estar errados, mas sabemos que, em questões decisivas, apenas a verdade funciona. Noutras áreas, pelo contrário, médicos podem ser tão ilógicos quanto quiserem e, por isso mesmo, suas opiniões deixam de valer mais que a de qualquer outro.

Suponhamos, por exemplo, que tenhamos nos tornado aleijados num acidente automobilístico. Muitos levantam suas vozes aos céus e bradam *por quê*?! Ora, apenas porque o impacto lesionou a coluna, que é a responsável pela transmissão dos impulsos nervosos que, dentre outras coisas, comandam nossos músculos. Agora não podemos andar porque interrompeu-se a via com a qual o cérebro se comunicava com as pernas, assim como uma lâmpada que se apagou porque cortamos a fiação. A colisão, por sua vez, ocorreu porque o automóvel chocou-se com outro objeto e, pelas leis da física, dadas a velocidade, direção e massa dos objetos envolvidos, a consequência não poderia ter sido outra. Não importa de quem foi a culpa — se nossa, se de outro motorista; os aleijados agora somos nós, e teremos de viver com isso, sem nenhuma indenização existencial. Tarde demais para sermos honestos quanto à função dos cintos de segurança e *airbags*, sobre os estudos científicos que relacionam o consumo de álcool e nosso tempo de reação. Desculpas esfarrapadas são inúteis: pagamos à vista o preço de nossa irreflexão.

Desse modo, se quisermos descobrir a verdade sobre algum assunto que consideramos importante, seremos tolos ao confiar cegamente em opiniões alheias. Caso estejam erradas, a responsabilidade será deles, mas as consequências quem sofrerá seremos nós. Tomemos, portanto, a responsabilidade em nossas próprias mãos e descubramos a verdade por nós mesmos, a partir dos fatos, da reflexão e do estudo. É imprescindível que sejamos rigorosos e honestos quanto aos fatos envolvidos, assim como cientistas. Cada fantasia eliminada nos tornará mais esclarecidos sobre a realidade, mais conscientes do que está envolvido na determinação daquele fenômeno em particular. Devemos, depois, colocar em prática aquilo que aprendemos, independentemente do que se diga a esse respeito, pois sabemos que quem dá a última palavra não são as opiniões dos demais. E mesmo que a busca por uma verdade definitiva seja algo utópico, já que só podemos construí-la lenta a provisoriamente, e somente com nossas próprias mãos, deixar de buscá-la e apresentar disparates quaisquer como substituto não deixa de ser uma tolice, como afirmar que mais vale comer lixo, já que tudo terá seu fim no esgoto. Essa postura serve apenas para resolver problemas que ficam entre a verdade e o lucro. Somos exploradores por nossa ânsia de entender, e o que se pode receber dos demais por isso é um problema que deixamos aos comerciantes.

∗ ∗ ∗

Quando investigamos as grandes questões da existência, nos lançamos numa espécie de aventura grandiosa e sem sentido claro, como escalar um *Everest* desconhecido. Testamos nossos limites apenas para nos tornarmos mais lúcidos. Talvez aprendamos isto ou aquilo no processo, mas apenas como uma consequência indireta. Não descobriremos fatos específicos sobre certo assunto, mas estaremos expandindo os horizontes de nossa compreensão global da existência, que se estende a todos os assuntos. Conquistamos uma ótica mais completa e coesa da realidade, cujo valor só pode ser apreendido em vista do conjunto total de nossos conhecimentos. Com uma perspectiva panorâmica, tudo passa a fazer mais sentido. Adivinhamos relações obscuras entre fatos distantes e aparentemente desconexos, integramos melhor nosso entendimento a respeito de fatos particulares, organizamo-los com maior precisão e critérios mais esclarecidos. É um exercício que nos torna mais íntimos de nosso conhecimento, mais aptos no seu emprego. No fim, não há mudanças bruscas nem recompensas grandiosas. O mundo apenas torna-se sutilmente mais claro.

Nessa ótica, fica claro o motivo pelo qual quem pensa por si mesmo vê tanto valor no estudo, na pesquisa. Estudando, expandimos rapidamente nossa compreensão da realidade sem que haja necessidade de pesquisar pessoalmente cada assunto em particular, mesmo porque não haveria tempo para fazê-lo por nós mesmos. Desde que nos limitemos a estudos modernos e atuais de base científica, podemos estar seguros de que os fatos apresentados são confiáveis. Foram investigados à exaustão por especialistas que não têm interesse algum em arruinar suas reputações com afirmações infundadas. Antes de publicar suas descobertas, eles próprios, e principalmente seus opositores, fizeram todo o possível para refutá-las. O fato de não o terem conseguido é motivo suficiente para as considerarmos razoavelmente dignas de confiança.

Naturalmente, nesse sentido, nada seria mais lógico que reservar parte de nosso tempo para dialogar com os estudiosos mais eminentes que trataram do mesmo assunto que nos interessa no momento — ouvir suas opiniões e conclusões, suas suspeitas e críticas. Através da leitura, entramos em contato com o pensamento dos intelectos mais profundos que já existiram sobre o planeta, e sua presença nos honra. Indivíduos dotados de inteligência reconhecem-se prontamente, sabem quando estão diante de alguém digno de consideração ou, pelo contrário, de um pedante, de um impostor, seja pessoalmente ou através de livros.

Sentimos como um presente o grande esforço feito pelos que vieram antes de nós. Se, hoje, refletimos e investigamos sobre um solo firme, se estamos sempre nos abastecendo no conhecimento que nos foi legado, nada mais justo que reconhecer o valor daqueles que nos permitiram chegar até aqui em tão pouco tempo. Para os que vivem imersos no agora, como que trancados no presente imediato, limitados ao seu próprio tempo, talvez pareçamos solitários e distantes. Estamos, entretanto, em ótima companhia, pois compartilhamos nossas vidas com todos aqueles que tiveram como propósito elevar a compreensão humana. Sem estudos, ignoraríamos as descobertas mais fantásticas. Com muita sorte, apenas reinventaríamos a roda pela milésima vez.

Por certo, como dissemos, ninguém busca tais descobertas senão por interesse pessoal. Porém, unimo-nos pelo nosso interesse comum no conhecimento. Valorizamo-nos porque são sempre poucos os que se dão ao trabalho de manter acesa a tocha que guia a humanidade ao longo dos séculos. Aquele que escolhe iluminar a si próprio com verdades pessoais pode sentir-se reconfortado pelo aparente brilho que passa a possuir frente aos demais, mas isso cria uma ótica efêmera, que será esquecida tão rapidamente quanto ele próprio. Apenas quem ilumina o mundo se entrega a uma obra que, apesar de anônima, ficará para sempre nas mentes dos que buscam compreendê-lo. Mesmo que não descubramos coisa alguma durante nossas vidas, ao buscar o conhecimento, a mesma lucidez que nos tornou mais esclarecidos também manteve o mundo mais iluminado, sem que isso tenha custado qualquer esforço adicional.

A realidade é dura, e poucos gostam dela. Mesmo assim, preferimos a verdade, seja qual for seu preço, pois não conseguimos ver valor em nada mais. Em nossas mentes, sentimos que ela deve reinar sozinha, longe de toda coação, longe de todo interesse mesquinho, longe de toda pressa em tornar-se útil. Nosso entendimento será polido para que reflita o mundo do modo mais preciso e cristalino possível, sem temer consequências. Nele todos os fatos estarão a salvo do ódio dos insensatos, da perseguição dos estúpidos e da vingança dos ressentidos. O fato mais ínfimo terá o direito garantido de fartar-se de rir da ilusão mais grandiosa. A verdade mais terrível poderá apresentar-se sem embaraço, sem medo de intolerância ou preconceito; saberemos acolhê-la e reconhecer seu devido valor. Todas poderão falar livremente, grandes ou pequenas, e celebrar sozinhas a vitória sobre a ignorância num lugar que é só seu.

A sós com nossos pensamentos, os únicos que nos podem passar a perna somos nós mesmos. Por isso, nunca hesitamos em baixar a guarda e ser honestos. Encontramos vantagem exatamente em permanecer vulneráveis ao mundo. Pois apenas assim, feridos por uma verdade, tornamo-nos também mais verdadeiros. Sabemos que encontrá-la para sofrer com isso é uma sorte astronômica, privilégio dos poucos que foram presenteados pela natureza com uma inteligência excepcional e pelas circunstâncias com a rara oportunidade de cultivá-la.

MENTIRA

A conclusão é que a mentira e a verdade são exatamente a mesma coisa — mas apenas dentro de nossas cabeças. Então, se quisermos estar certos, e não apenas acreditar nisso, precisamos ver além. Para entendermos um pouco melhor a tendenciosa mecânica de nossas opiniões e crenças, será bastante útil pensarmos não apenas sobre a veracidade do assunto em si, mas também sobre como nosso cérebro funciona, sobre os critérios que utiliza para processar e pesar a relevância de cada informação. Talvez isso nos permita começar a entender também a mecânica do efeito placebo, e o quanto nos valemos dele em nosso cotidiano, ainda que inconscientemente.

De início, pensemos o seguinte: dor. Por que não conseguimos senti-la voluntariamente, simplesmente pensando em dor num ponto qualquer do corpo, com a mesma facilidade com que podemos mover nossos músculos? Porque não estamos programados para ser assim. Claro que, se pudéssemos escolher a dor, nós nunca a escolheríamos. Porém, como a dor é necessária para sobrevivermos, e como não gostamos dela, a única saída seria tirá-la de nosso controle — exatamente o que a evolução biológica fez. Detestamos a dor porque esse é um mecanismo de coação por meio do qual o cérebro nos chantageia e subjuga, um sistema que foi lenta e cuidadosamente refinado ao longo de incontáveis gerações com o único fim de ser insuportável, e não importa se faz sentido: o sentido é doer.

Não conseguimos sentir dor voluntariamente, e pensar em fazer algo doloroso também não dói. Ou seja, a inteligência não consegue controlar nossas emoções. As emoções, por sua vez, podem controlar, mas não conseguem entender a inteligência. Percebamos então que a dor não tem acesso livre ao conteúdo da inteligência; nosso cérebro emocional não a entende bem o bastante para poder "fiscalizá-la" — do contrário pensar sobre suicídio seria extremamente doloroso —, mas a inteligência, ainda que indiretamente, tem acesso à dor por meio das crenças. Dito de outro modo, a inteligência não pode controlar as emoções arbitrariamente, mas pode informá-las. Por exemplo, quando recebemos um telefonema e somos informados de que um ente querido morreu, para nós isso é exatamente tão terrível quanto a visão do cadáver — desde que acreditemos naquela informação, evidentemente. Então, se não acreditarmos, não sentiremos nada. Mas, se acreditarmos, sim. Isso significa que, se nosso ente querido realmente morreu ou não, pouco importa. Claro que a realidade é uma só, porém, em termos afetivos, o importante é no que acreditamos — não porque crenças, em si mesmas, tenham alguma importância especial, mas simplesmente porque nosso cérebro emocional não tem outro meio de informar-se a respeito da realidade. Esse cérebro não sabe racionar: seu único modo de ter opiniões é acreditar, e crenças nada mais são que a versão obesa, lenta e estúpida das opiniões racionais, porém criadas pelo cérebro afetivo.

Sabemos que a realidade é uma coisa e que a ideia que fazemos dela é outra, e também que nem sempre ambas as coisas coincidem. Porém, emocionalmente, a realidade é a ideia que fazemos dela num sentido muito mais radical e inflexível que racionalmente. Isso significa que, se acreditarmos que nosso parente não morreu, então ele realmente não morreu, e nada nos convencerá do contrário. Está morto, está se decompondo, mas não morreu. Pois é. Pode ser absurdo, mas também é a chave para entendermos o assunto: acreditar funciona, e tem profundos efeitos sobre o modo como sentimos a realidade. Em termos afetivos, a diferença entre verdade e mentira não está na realidade em si, mas na versão imperfeita dela que existe em nossas cabeças — e são nossas cabeças que controlam nossos corpos: tenhamos o cuidado de ruminar a importância disso calmamente.

Longe de ser perfeito, nosso conhecimento é apenas uma espécie de aposta que fazemos a respeito do que a realidade provavelmente é, e ele só precisa ser bom o suficiente para guiar nossas ações. Essa é sua função original. Claro que às vezes fazemos apostas erradas, pois nossas opiniões não têm tempo para ser científicas, e menos ainda nossas crenças, mas é muito mais provável que tenhamos crenças errôneas que opiniões, pois as primeiras são muito mais resistentes à mudança. Assim, excetuando-se os assuntos controversos, a maior parte das opiniões dos indivíduos a respeito da realidade costuma ser razoavelmente sensata, mas as crenças costumam ser decididamente estúpidas. Em geral, corrigimos nossas opiniões por vontade própria, mas em relação às nossas crenças queremos que as correções venham magicamente de uma intervenção corretiva fantástica. Além disso, pensamos que crenças errôneas devem ter algo de psicologicamente diferente das verdadeiras, mas não têm. Estar errado não necessariamente causa mal-estar. Podemos nos sentir bem ou mal em função de crenças verdadeiras ou falsas, pois a crença de que algo é verdadeiro e a própria veracidade dessa convicção, bem como os efeitos decorrentes, são questões completamente distintas que apenas costumam caminhar paralelamente. Aliás, para algumas questões, enganar-se pode ser bom — como para nos motivar. Em outras, não — como sobre a voltagem de aparelhos elétricos. Porém, caso pensemos que, dentro disso tudo, deve haver, no fundo, algum critério seguro que garanta que nossas crenças devam possuir pelo menos alguma relação necessária com a realidade, a resposta é simples: não há. Lembremos que o sentido da vida é sobreviver, não entender.

Consideremos agora o seguinte: temos o cérebro racional e o emocional. Um pensa, o outro sente. Então, se misturarmos pensamento e sentimento, o que teremos? Crença — ou seja, um dogma apaixonado que se arma de razões filosóficas. Percebamos, então, que nossas crenças constituem uma espécie de ponte entre as emoções e a inteligência, e esse é o motivo pelo qual, uma vez feitas essas ligações, as emoções passam a exercer controle exclusivo sobre tais opiniões, e a razão já não mais as influencia, sejam elas verdadeiras ou não. Para ilustrar, basta pensarmos no que se designa como ideologia, isto é, uma opinião que aparenta ser racional superficialmente, que faz inclusive uso da razão para defender-se, mas que na verdade nasceu e está a serviço das emoções.

Nossas opiniões filosóficas, por exemplo, são formuladas pelo cérebro racional, e elas são maleáveis porque são emocionalmente neutras. Podemos discuti-las, e aceitamos mudá-las sem nenhuma dificuldade. Crenças, por outro lado, são opiniões emocionais, são o equivalente a uma opinião, porém em nosso cérebro primitivo, sobre o qual não temos controle. Esse cérebro emocional não apenas foge de nosso controle, como também é muito mais antigo e rudimentar, muito mais ineficiente que o cérebro racional, sendo notável a quantidade de erros de interpretação e de *bugs* que ocorrem durante processos de atualização triviais. O cérebro primitivo não funciona tão bem quanto o racional, e não recebeu esse nome por acaso: seu funcionamento é realmente tosco — ele é limitado, inflexível, e erra frequentemente em questões que, para o cérebro racional, mais moderno, seriam obviedades. Porém, evolutivamente, ele veio primeiro, e isso significa que seu poder sobre o destino do organismo é maior. Por isso a morte, do outro lado do mundo, é uma estatística; ao nosso lado, é uma tragédia, e não temos a liberdade de ver as coisas de outro modo.

✳ ✳ ✳

Em certo sentido, como vimos acima, não faz diferença se certa crença corresponde ou não à realidade, e também não importa o que pensamos — importa no que acreditamos. Então, como crenças envolvem tanto a emoção quanto a razão, isso significa que nesses assuntos a razão sempre será obliterada pela emoção — sempre. A razão só será levada em consideração se possuir informações emocionalmente relevantes. Nas demais situações, será simplesmente ignorada. Assim, ao discutir sobre questões que envolvam crenças emocionais a crença na imortalidade, por exemplo —, podemos acreditar que ser sensatos e apresentar evidências concretas que comprovam nosso ponto de vista será suficiente, mas isso é um engano, pois na verdade não estamos discutindo com o cérebro racional do indivíduo, mas trocando rosnados com seu cérebro emocional, e isso literalmente. O cérebro emocional interpreta argumentos contrários como latidos, não como palavras — e, nesse processo, a razão está ocupada em contar quantos dentes cada um tem. Não para alcançar a verdade, estão discutindo apenas para provar que estão certos, para vencer, derrotar o oponente, impressionar os que observam, e só.

Portanto, ao discutir sobre tais assuntos, estamos dialogando com o cérebro mamífero do indivíduo, e o quanto isso é estúpido dispensa comentários. Sempre que o assunto é trazido à tona, é como se a razão ficasse de mãos atadas enquanto uma impostora fala em seu nome: um sequestro emocional, pura e simplesmente. E o sinal distintivo desse sequestro emocional é que, mesmo que o indivíduo mantenha seu discurso dentro de um estilo superficialmente racional, comporta-se como uma besta ignorante — e, diante de evidências conflitantes, sua reação é aumentar a voz. Pode ser o maior doutor em filosofia: naquele instante, sua alma é de jumento. Claro que, nos demais assuntos, a emoção se retira e dá espaço à razão, e aquela besta ignorante volta a ser o amável bípede que conhecíamos até tocarmos no assunto.

Isso explica várias coisas, mas explica excepcionalmente bem a diferença entre ciência e religião. Temos dois cérebros, e essas duas áreas representam nossos melhores esforços em conversar com apenas um deles isoladamente. Por isso a ciência é fria. Por isso a religião é emotiva. Por isso cientistas estão abertos às evidências e, religiosos, às revelações. Por isso para a ciência a verdade é objetiva; para a religião, subjetiva. Por isso a ciência consegue atualizar-se facilmente, mas a religião permanece parada no tempo. Uma lida com o cérebro racional, a outra, com o emocional — e também por isso é possível que sejamos cientistas e religiosos ao mesmo tempo. Assim, talvez vejamos cientistas, mas nunca veremos a ciência alegando que tudo, exceto o homem, é matéria, pois a ciência utiliza técnicas que nos protegem dessa espécie de coerção emocional que distorce nosso conhecimento. A religião, por sua vez, faz exatamente o oposto: ela busca nos proteger da realidade.

Sabemos que opiniões são fáceis de corrigir: basta informar. Porém, crenças errôneas, por seu fundo emocional, são extremamente difíceis de abandonar, pois para serem passíveis de correção não basta que sejam errôneas, não basta que saibamos disso, é também preciso que acreditemos nisso — e este é o maior problema: como informar e controlar o cérebro emocional racionalmente, se a própria razão está sob seu controle? Não podemos: crenças algemam a inteligência.

Assim, por um lado, o cérebro emocional não tem como saber se uma crença é verdadeira ou falsa e, por outro, a inteligência não é capaz de exercer controle direto sobre ela: o resultado é que não há como mudá-las direta e voluntariamente, pelo uso da razão. Talvez saibamos que aquilo é errado, mas sentimos que é certo, então para todos os fins é certo, e ponto final. Crenças emocionais só se alteram por motivos emocionais, e isso é um fato bem conhecido. Então, se quisermos influenciar nossas emoções, como fazer? Sabemos que não podemos controlar nossas emoções diretamente, mas indiretamente, sim, e a receita é simples: basta falar o que querem ouvir numa linguagem que consigam entender — e elas ouvem, pois crenças não são nossas inimigas, são apenas burras. Podemos, então, usar o cérebro racional para elaborar uma espécie de teatro em que haverá situações emocionalmente relevantes que nos levarão acreditar naquilo que queremos em função de um objetivo qualquer. Noutras palavras: lavagem cerebral.

Claro que, ao pensar em lavagem cerebral, logo imaginamos religiosos desmiolados ou prisioneiros de guerra sob tortura, mas essa é uma visão tacanha. Pensemos o seguinte: o que caracteriza a conversão religiosa? Experiências pessoais — das quais a fé é uma consequência, não a causa. O mesmo vale para a tortura física: muda nosso modo de ver o mundo depois de submetidos a essa experiência traumática por um período suficientemente longo. Por isso religião não se discute: se pratica. Por isso tortura não se discute: se insere sob as unhas. Apenas através da ação conseguimos alcançar resultados emocionalmente significativos.

Para percebermos como é vasta a abrangência dessa ideia, basta caminharmos a um campo mais distante dessas maluquices — por exemplo, o campo médico voltado à saúde mental —, e observar que se orientam exatamente pelos mesmos princípios no tratamento de fobias. levar à prática. Sabemos que dialogar racionalmente com o medo é inútil, então para superá-lo nos expomos controladamente à situação que nos causa medo tantas vezes quanto necessário, até que o cérebro emocional se convença disso, e nos permita voltar a ser racionais naquele assunto. Isso também é lavagem cerebral, porém com fins construtivos, e percebamos que nada disso está muito longe de nosso cotidiano. Se prestarmos alguma atenção, veremos como são comuns e fáceis de encontrar exemplos da aplicação dessas ideias: em igrejas com suas contradições santas, em empresas com suas técnicas motivacionais, em livros de autoajuda com seu otimismo acéfalo, em terapias psicológicas com seu autoconhecimento enlatado, em atividades em grupo com seus preconceitos coercitivos e coisas afins — são inúmeras as técnicas que desenvolvemos para manipular nossas emoções indiretamente, e nenhuma delas tem relação com a verdade. Todas se baseiam no mesmo princípio da lavagem cerebral: o condicionamento afetivo realizado com o fim de alterar nosso modo de sentir a realidade e, por conseguinte, a opinião racional que temos dela. Sabemos que tais coisas são menti-ras, mas gostamos que nosso cérebro emocional acredite nelas, então as usamos. Há, naturalmente, muitas possibilidades interessantes a serem exploradas na manipulação emocional, inclusive relativamente às possíveis vantagens de se crer em mentiras. Porém, tudo tem um preço e, se não formos cuidadosos, o processo pode deixar cicatrizes irreparáveis em nossa inteligên-cia — sendo esse o motivo pelo qual Deus existe.

Tendo isso em mente, percebamos que a ideia de que "basta acreditar" re-almente se aplica, ao menos em determinados assuntos. É certo que a realidade não pode ser controlada por nossas crenças, mas nosso modo de percebê-la pode — e o detalhe é que, para nós, dá no mesmo. Crenças, verdadeiras ou falsas, influenciam nossa consciência, nossas emoções, nossa biologia, e não há nada de mágico nisso — trata-se de uma óbvia consequência do fato de que nossos corpos são administrados por nossos cérebros, os quais podem fazer o que bem quiserem. Contudo, devemos ter em mente que esse controle se restringe ao que é fisiologicamente viável, afetando apenas aquilo que se encontra fisicamente conectado aos nossos cérebros. Ignorar essa limitação dá origem a várias crendices sobre o poder da mente — *e.g.* as asneiras promovi-das pela parapsicologia. Nossas crenças só controlam a ideia que fazemos da realidade. A realidade em si permanece sempre a mesma. Portanto, quando pensamos nesse assunto, devemos nos limitar ao universo criado por nós mesmos, ou seja, às nossas representações da realidade.

Para ilustrar melhor o mecanismo por detrás dessa ideia, suponha-se que nos sintamos insignificantes perante a sociedade e queiramos mudar essa situação. Como não podemos simplesmente nos dar essa sensação pelo uso da inteligência, teremos de nos manipular indiretamente, e nesse processo há duas abordagens: podemos fazer todo o possível para convencer os demais de que somos importantes, e então acreditar em seu testemunho, ou simplesmente acreditarmos nisso sozinhos por motivos que só existem em nossas cabeças. Ou seja, podemos jogar limpo, como a biologia planejou, isto é, manipular a realidade, tornarmo-nos socialmente destacados, conquistando essa importân-cia indiretamente, por meio de um *status* refletido na opinião pública, e em função disso nos acreditarmos importantes — ou simplesmente manipular a mente, cultivando crenças errôneas quaisquer que nos proporcionem essa mesma sensação. O resultado é idêntico: a crença de que somos importantes e o lucro líquido em prazer.

Pensemos mais a respeito. Qual é a diferença entre ser importante e apenas crer nisso? Em termos de verdade, nenhuma. Porém, em termos de sociedade, toda. Se apenas nós acreditamos que somos importantes, isso é uma mentira; se todos acreditam que somos importantes, isso é uma verdade. Por isso nesses assuntos mentira e verdade são exatamente a mesma coisa, pois nenhuma delas corresponde a qualquer realidade objetiva, mas apenas a julgamentos coletivos, os quais convencionam os valores que norteiam a sociedade como um todo. Tais crenças arbitrárias — como nosso valor pessoal —, em rigor, são apenas delírios, mas podem também ser entendidas como jogos que surgiram em nós como um efeito colateral de sua utilidade reprodutiva. Ou seja, competimos porque isso funciona, não porque faz sentido. Desse modo, tenhamos em mente que tais competições orquestradas pela biologia estão a serviço da perpetuação genética, e que nossa necessidade de competir, em si mesma, é apenas uma consequência indireta dos tipos de comportamentos que se mostram favoráveis à reprodução de nossos genes. Claro que tais competições, em si mesmas, são vazias, pois o jogo não passa de um meio para a competição, que por sua vez não passa de um meio para a perpetuação. Contudo, não importa que essas crenças não tenham realidade por detrás, porque na vida, como em qualquer jogo, o importante é competir.

Nessa ótica, torna-se óbvia a razão pela qual damos muito mais importância à opinião dos demais que às nossas próprias no tocante ao nosso valor pessoal, mesmo sabendo que, racionalmente, isso não faz o menor sentido. A opinião que temos de nós mesmos é emocionalmente irrelevante nesse particular exatamente porque vencer sozinho não vale nada — para que uma crença qualquer seja biologicamente relevante é preciso que todos acreditem nela. Então, como o valor desses jogos convencionados só pode ser apreendido se tivermos em vista as implicações da competição na eternidade genética, faz perfeito sentido que seja prazerosa a crença de que somos importantes, e também faz perfeito sentido que não consigamos acreditar nisso voluntaria-mente, pois estamos lidando com a representação da importância, não com a importância em si mesma. É vital que ela seja difícil de falsificar.

Claro que, dentro disso, nossos motivos pessoais, nossas explicações e racionalizações de nossos atos são apenas sonhos verborrágicos. O que realmente conta é nosso comportamento. Ou seja, não importam os motivos pelos quais pensamos que competimos, mas apenas que compitamos em função de critérios publicamente reconhecidos. Nossa tendência de empregar o reconhecimento público como referencial de valor reflete apenas um comportamento que se mostrou favorável à perpetuação genética. Isso, por um lado, revela a gratuidade de nossas competições, mas também o motivo pelo qual não vemos com bons olhos aquele que possui crenças que não correspondem à realidade. Isso porque, para que a competição seja biologicamente relevante, é importante que nossas crenças sejam honestas indicadoras da realidade. Por tal motivo não invejamos quem sente prazer sem merecê-lo: mesmo que se sinta um vencedor, aquele que vence sozinho só pode ser um lunático. São coisas assim que pensamos dos que tentam fraudar os jogos do cérebro emocional. Ainda que, no fundo, não haja diferença alguma entre uma coisa e outra, insistimos em acreditar que há, e usamos pretextos desse tipo para nos sentirmos justificados.

✶ ✶ ✶

Até aqui, investigamos por que é difícil controlar nossas crenças, e por que é importante que assim seja. Compreendemos também que a realidade e a nossa ideia da realidade não são necessariamente correspondentes — e também que muito de nossa ideia da realidade é pura e simplesmente uma invenção dentro do jogo da vida.

Qual a relação disso tudo com nosso cotidiano? Toda. Tais *nonsenses* biológicos são aquilo que nos move. Se não o admitimos, é apenas porque não gostamos de tocar num assunto que inevitavelmente despertará a fúria de nosso quadrúpede interior. Contudo, o fato é que somos uma gambiarra evolutiva, e mesmo que essa ideia seja incômoda, ela nos permite compreender em função de que está programada essa realidade virtual chamada consciência — e as emoções que a norteiam —, e assim finalmente entendamos um pouco melhor por que somos tão contraditórios e tão complicadamente incoerentes.

A princípio, a ideia de que vivamos numa realidade inventada por nós mesmos talvez pareça absurda, mas na verdade é demasiado óbvia: falamos do que se conhece por *cultura*, que é uma espécie de pacote de expansão da biologia. O interessante em chegarmos à noção de cultura através da ideia de uma realidade inventada é que isso nos permite entendê-la sob outra ótica — como se estivéssemos quase fora dela —, fornecendo-nos uma ideia bastante clara do ponto em que biologia e cultura se interseccionam. Então, se quisermos discernir entre cultura e biologia, basta percebermos que a biologia é baseada na realidade física, e que a cultura é uma continuação arbitrária dos mecanismos físicos de funcionamento da vida, inventada por nós próprios: construímos uma relação contingente entre biologia e física baseada em comportamentos emocionais aprendidos. Ou seja, a parcela cultural da realidade é o equivalente a uma realidade física cuja necessidade é garantida por nossas crenças.

Desse modo, assim como a realidade que apreendemos por meio dos sentidos é uma representação, a cultura também. A diferença é que a representação criada pela cultura não tem uma realidade objetiva por detrás — é simplesmente uma fantasmagoria em que acreditamos por motivos emocionais. Perceba-se então que a biologia tem existência própria, mas a cultura não. Nesse sentido, se a biologia fosse uma casa, esta seria uma casa real, com cômodos reais, e a cultura seria composta de representações de cômodos — como portas pintadas nas paredes, subdivisões internas arbitrárias e coisas do gênero. Porém, na prática, vivemos como se ambos os tipos de cômodos, biológicos e culturais, fossem igualmente reais, e isso pelo simples fato de que acreditamos emocionalmente neles.

A biologia, portanto, é a realidade em si mesma, e a cultura é baseada na ideia que fazemos da realidade. Essa visão nos oferece um bom critério para discernir entre fatos objetivos e crenças subjetivas: fatos não precisam ser defendidos, pois podem ser observados e comprovados. Crenças, por sua vez, só podem ser defendidas, pois não há como observá-las ou prová-las, já que nós mesmos as inventamos. Para ilustrar, pensemos numa criança. Um fato objetivo seria isto: crianças são filhotes de *Homo sapiens*. Se nós a vimos nascer há pouco tempo de um adulto, isso significa que é um filhote. Não importa se gostamos ou não dela, se simpatizamos ou não com os pais. Quer amemos ou odiemos aquela criança, ela é um organismo físico em desenvolvimento, sua existência é um fato, e não importa que opinião tenhamos sobre isso.

Fatos são o tipo de questão para o qual nunca há dois lados — são algo que não se discute porque nunca encontraremos quem discorde de nós. Por outro lado, uma questão cultural seria isto: crianças não devem trabalhar. Nessa questão, há os que defendem que é certo e os que é errado, mas não estamos tentando descobrir quem possui melhor retórica, mas quem está certo. Porém, onde poderíamos buscar provas físicas disso? Não podemos, pois tal ideia não corresponde a uma realidade física, apenas a um costume, uma crença. Cultura não é baseada em evidência. Isso significa que ambos estão errados, ou pelo menos que nenhum está certo, pois o fato é que não há realidades morais. Então, seja qual for nossa opinião, não haverá como prová-la objetivamente.

Então, em questões subjetivas, por mais que discutamos, nunca chegaremos à verdade, pois não existem verdades subjetivas — alcançaremos, no máximo, um consenso. Por sua vez, em questões objetivas, sequer nos ocorre discutir, pois fatos objetivos, por serem imparciais em si mesmos, também são impessoais e emocionalmente neutros. Noutras palavras, a relatividade não está na realidade, mas em nossas crenças bastante criativas a seu respeito. Aquilo que a realidade é em si mesma não apenas independe de uma ótica, mas também não admite ótica alguma: não há como termos opiniões e óticas pessoais sobre se átomos de potássio existem ou não. Por outro lado, as verdades que permitem óticas também se reduzem a elas: invencionices de macacos disputando bananas metafísicas. Então é indiferente o que pensemos a respeito de uma coisa ou outra, pois, num caso, isso não mudará nada e, no outro, também não.

A distinção traçada acima nos permite compreender o seguinte: o fato de que crianças são filhotes de humanos é conhecimento; o fato de que crianças devem ou não trabalhar é um julgamento. Assim, de modo geral, todos os assuntos para os quais não basta entender, mas também seja preciso vivenciar, tomar partido e envolver-se pessoalmente para que percebamos sua suposta verdade, estão contidos na parcela da realidade criada por nós próprios. Isso significa que crenças políticas, religiosas, sociais, morais etc. — ou seja, tudo aquilo que defendemos aos berros, mas não conseguimos provar — são nossos modos pessoais de florear e deturpar a realidade em função dessas crenças emocionais cegas que estão certas e ponto final. O sinal característico do conhecimento, pelo contrário, é o fato de não precisarmos acreditar em nada para reconhecermos sua validade: ele é autoevidente, dispensa apresentações e óticas. O conhecimento objetivo simplesmente ignora nossas separações imaginárias, nossas crenças culturais, atravessando-as como o que são: nada. Claro que o conhecimento, sozinho, geralmente nos parece frio, limitado e insatisfatório, como se precisasse ser interpretado para que ganhasse significado, mas não precisa. Nós apenas não temos interesse em defender aquilo que não admite uma ótica parcial, que não podemos deturpar em nosso favor, e isso faz dele um assunto emocionalmente inútil, mas não diminui em nada seu valor de verdade. O problema é apenas que não amamos as opiniões que não nos amam de volta.

Como todas essas arbitrariedades pelas quais lutamos são essencialmente emocionais, em qual delas acreditamos, e por qual lado lutamos, depende apenas do tipo de lavagem cerebral que recebemos ao longo de nossas vidas, e principalmente durante a infância — implicando que nada disso é escolhido. Então, seja qual for a convicção, se nós nos sentimos inflados e partimos à luta em sua defesa, é o que importa. Isso porque, como tais realidades são nossa própria criação, estar certo não importa — nem é possível —, pois o importante é apenas estarmos convictos de que vale a pena lutar em sua defesa, mesmo que não haja absolutamente nada a se ganhar com isso.

O caso geral dessas crenças pode ser colocado do seguinte modo: insistimos estar certos numa questão inventada por nós mesmos — e estamos dispostos a lutar para prová-lo —, enquanto nossos inimigos estão errados porque fizeram exatamente o mesmo, mas não inventaram a mesma conclusão que nós. Começa a disputa; porém, como ambos estão discutindo sobre qual fantasia é mais real, fatos não podem decidir nada: estará certo quem vencer a luta. Religião, esporte e política são exemplos cristalinos disso.

Notemos ainda o seguinte: só podemos cultivar a racionalidade nos espaços que a emoção não ocupa. Então, se, numa questão qualquer, quisermos permanecer racionais, a única possibilidade seria tentarmos nos conservar calmos e emocionalmente neutros. Isso porque, em relação às opiniões racionais, as emoções são como uma medusa: petrificam-se ao vê-la — e nunca mais mudarão pelo resto de nossas vidas. Assim, se desejamos nos tornar livres-pensadores capazes de refletir com independência, devemos recorrer ao estudo e aos livros, não aos debates, à militância e às disputas acaloradas, e fazer todo o possível para nos distanciarmos de situações emocionais envolvendo o assunto, dissociando-o de nossos interesses e de nossa vaidade. É sensato proceder desse modo porque, quando nos envolvemos pessoalmente com uma questão qualquer, é inevitável que nos tornemos parciais. Sempre que pudermos escolher num assunto no qual estejamos envolvidos, escolheremos parcialmente — é uma tentação à qual não conseguimos resistir, e a única alternativa é não ter um lado pelo qual escolher. Então, uma vez consigamos conquistar essa ótica de distanciamento, compreenderemos finalmente que, pelo motivo que for, o socialismo está correto, e o capitalismo também — a depender da miopia que nos fisgou.

Nessas disputas imaginárias, gostamos de acreditar que somos os únicos com a razão ao seu lado, mas somos apenas macacos míopes tagarelando sobre seus absurdos. Seja qual ela for, a opção com que ficamos, apesar de nos sentirmos inclinados a elogiá-la, dependerá apenas de nossa personalidade — e nossas personalidades são apenas um acaso pessoal, uma miscelânea de preconceitos herdados e aprendidos, sem que haja nada digno de respeito nas opiniões que elas inspiram, pois todas as verdades que precisam ser defendidas são mentiras — especialmente aquelas que, exatamente agora, estamos procurando um pretexto para classificar como uma exceção. Dentro disso, o modo como cada qual governa sua vida é mera questão de estilo, e tanto quanto discordamos dessa afirmação, isso apenas revela nossa parcialidade, nossa incapacidade de nos olharmos com o mesmo desprezo que dispensamos às opiniões alheias pelo simples fato de não corresponderem às nossas.

Para ilustrar esse fenômeno bastante deselegante de odiarmos os indivíduos gratuitamente apenas porque não concordam conosco, pensemos na clássica disputa entre os que se iludem e os que se desiludem, entre os que amam as mentiras e os que as destroem em nome da verdade, tendo em mente que nossas paixões nos escravizam. O que é melhor: viver em nome da felicidade, mesmo que isso envolva enganar-se, ou viver em nome da verdade, mesmo que isso envolva desgraçar-se? A resposta é simples: tanto faz. Porém, se observarmos a questão mais de perto, veremos ainda o seguinte: os que amam a mentira e desprezam a verdade serão escravos da mentira, mas os que amam a verdade e odeiam a mentira serão escravos de ambas — estarão certos, mas serão para sempre escravos disso, como fanáticos da verdade, emocionalmente submissos a uma realidade impessoal e arqui-inimigos de uma mentira torpe. Em termos práticos, o fardo dos primeiros parece mais leve. Porém, se gostamos de estar certos, custe o que custar, tudo bem, mas isso não nos torna superiores aos que gostam de se iludir, pois eles se guiam por outros critérios, e com razão nos veem com o mesmo desprezo com que os vemos. O fato é que não há por que nos orgulharmos de escolher o modo mais esclarecido de regressar à inexistência. Seja qual for o nosso lado, se não podemos escolhê-lo agora, isso significa que nunca pudemos. Então, se ainda não tivermos um lado, talvez o melhor que possamos fazer seja continuar assim.

* * *

Retomemos agora a questão da crença religiosa e prossigamos um pouco mais nesse assunto a partir dessa ótica que esboçamos até aqui. Certas pessoas são religiosas, outras não. Porém, quem não acredita em deuses geralmente se espanta que tantos sejam capazes de crer tão firmemente em algo para o qual não há evidência alguma. No geral, acreditar em mentiras não é uma boa ideia — *e.g.* sair de viagem com base na mera crença de que há gasolina bastante no tanque. Fazemos todo o possível para estar certos, mas nem sempre podemos escolher. Às vezes fechamos os olhos, mas às vezes nossos olhos se fecham sozinhos. Nisso está a chave questão. Observemos melhor esse mecanismo.

Teístas estão errados. Sabemos disso. Mas por que não conseguimos convencê-los disso por meio da razão? Pelo mesmo motivo que não conseguimos, por meio da razão, convencer um homem a fazer sexo com sua irmã. Mesmo que demonstrássemos cientificamente que não haveria problema algum nisso, tais provas seriam simplesmente ignoradas. Ou seja, em certos assuntos, não estamos dispostos a ser racionais. Não conseguimos. O paralelo nos permite compreender que discutir religião é exatamente como argumentar contra tabus sexuais. Esse tipo de opinião não pode ser escolhido — é o que se denomina *crença, convicção* ou *fé*.

Como não podem ser escolhidas livremente, crenças também não podem ser adquiridas, abandonadas ou corrigidas por meio da razão. Então, em si mesmo, o conteúdo da crença é irrelevante. Seu valor intelectual é nulo. A única coisa realmente importante em nossas crenças está no fato de que somos seus donos. Naturalmente, como não podemos controlá-las, elas nos controlam, nos obrigam a agir como seus porta-vozes — vemo-nos emocionalmente coagidos a abraçá-las, significando que toda fé envolve algum nível de escravização do pensamento. Desse modo, não importa se temos fé em deuses ou em tabus sexuais: continuaremos tendo essa fé, provavelmente para sempre. E não apenas isso: continuaremos tendo essa fé, mesmo que a ciência prove que estamos errados. Essa é a razão pela qual discussões envolvendo tais assuntos são inúteis, já que estaríamos discutindo racionalmente sobre uma opinião que não conseguiríamos abandonar, mesmo se fôssemos refutados.

Todos temos preconceitos sem sentido, todos cremos em coisas que sabemos ser racionalmente injustificáveis. Isso é inevitável. Faz parte de quem somos. Porém, quando não temos consciência disso como um fenômeno exclusivamente pessoal, estamos a um passo do idealismo — e a outro da intolerância. Para sabermos se somos dogmáticos num assunto qualquer, basta imaginarmos em que situações nos sentiríamos inclinados a repensar as opiniões que temos a respeito. Nesse sentido, um claro sinal de dogmatismo seria não conseguirmos conceber uma situação na qual abandonaríamos tais opiniões. Comecemos com algo simples: *não queremos comer porque não há a comida de que gostamos*. Então, se houvesse, comeríamos? Se a resposta for *sim*, tudo bem; o argumento era legítimo. Porém, se for *não*, problemas à vista. Para entendermos que problemas são esses, basta substituir essa frase emocionalmente neutra por algo que envolva nossos tabus, e veremos que muitas vezes não conseguiríamos mudar de opinião, por mais que nos fosse demonstrado o contrário. Por exemplo: *por que não matamos?* Digamos que a resposta fosse: *porque matar causa sofrimento*. Tudo bem, mas e se não causasse? A resposta poderia ser: *porque seremos presos*. Uma ideia razoável, mas e se não fôssemos? Talvez se respondesse: *porque ninguém quer morrer*. Mas essa pessoa quer. Acabaríamos dizendo alguma banalidade como: *porque faria sujeira*. Porém, se não fizesse, mataríamos aquela pessoa a sangue frio? Também não — e assim por diante, indefinidamente. Nesses assuntos, a razão nunca nos parece um argumento muito convincente. Não a levamos a sério.

Agora façamos mentalmente o exercício de colocarmos a nós próprios esse tipo de questionamento quase impertinente, porém envolvendo os seguintes assuntos: canibalismo, religião, incesto, pedofilia, zoofilia, poligamia, homossexualidade, tortura, guerra, escravidão, drogas, orgias, violência, assassinato, aborto, roubo, suicídio, traição, mentira. Ao menos em alguns deles, a ideia de reconsiderarmos nossas opiniões pessoais jamais será admitida, mesmo que todas as nossas razões sejam refutadas uma a uma pelo processo exemplificado acima. Desse modo, se, mesmo com ótimos motivos para tanto, ainda assim nos sentirmos contrariados ante a ideia de mudarmos nossas opiniões, isso indica uma clara incapacidade de ser puramente racionais no assunto.

Isso é acreditar em algo. Há sempre esse clima metafísico em nossas crenças. Pode-se dizer que, do ponto de vista da inteligência, o sinal típico de que estamos sob o controle das emoções é a clara impressão de que há um *algo mais* inexplicável envolvendo o assunto, algo inacessível à razão — como se, depois de remover toda a realidade física, fosse ainda restar esse *algo mais*. Essa é a origem de nossos delírios metafísicos. Nessa ótica, a metafísica se situa numa espécie de intersecção entre um ponto-cego da inteligência e nossos preconceitos emocionais. Por isso ela é tão problemática, pois é uma porta aberta para que nossas fantasias antropocêntricas se infiltrem em nosso conhecimento sem passar por qualquer análise crítica. Para ilustrar, pensemos numa pessoa pela qual estejamos ou tenhamos estado apaixonados: ela nunca nos parece uma pessoa qualquer. O mesmo para nossas famílias, amigos etc. — temos a impressão de que há um *quê* a mais envolvido. Esse *quê* são nossas ilusões. Entes queridos não nos parecem apenas matéria, assim como dinheiro não nos parece apenas papel, mas sabemos que são. O fato é que as emoções sempre colorem e controlam nossos pensamentos, muitas vezes sem que percebamos, mas todas as vezes sem que tenhamos escolha.

Isso significa que as nossas mais amadas opiniões, exatamente porque as amamos, não são racionais — são crenças, preconceitos emocionais. Verdades que só nós defendemos não são verdades. O mundo todo não está conspirando para ocultar as realidades que só nós vemos. Nós realmente estamos errados em todas as opiniões que só valem para nós, e sentir que estamos certos não muda nada. Contudo, só é livre para corrigir-se quem não ama suas próprias opiniões, do contrário elas nos controlarão. Por isso ser racional é ser frio.

Diga-se de passagem, talvez por isso a ideia de que ateus "não creem em nada" seja tão assustadora a religiosos, pois a impressão que se tem é que, se não acreditam em deus, também não admitiriam nada que se justificasse pelo mesmo processo — isto é, a moral. Na verdade, não importa se Deus existe — discussões científicas são outra coisa. Estamos tratando de crenças. O fato é que quem tem coragem para afrontar um tabu envolvendo Deus, poderia tranquilamente afrontar outro, envolvendo assassinato. Por que não? Quem tem frieza para matar poderia tranquilamente ter frieza para roubar. A conexão faz sentido. O raciocínio não é de todo ruim. Apenas não condiz com os fatos. Ateus acreditam em muitas coisas sem sentido, deus só não é uma delas. Mesmo assim, ao não crer em deus, estamos dizendo algo que, emocionalmente, equivale a dizer *não acredito nas leis — logo, mataria para comprar cigarros*. Em sua raiz emocional, a crença de que matar é errado e a de que deus existe são profundamente aparentadas. Se entendermos por que matar é errado, entenderemos também por que se acredita em deus, pois o processo pelo qual somos levados a crer em ambas as coisas é o mesmo — o condicionamento emocional.

Então, como se nota, crenças são para nos controlar, não para fazer sentido. Crer nos torna emocionalmente submissos. Por isso, na prática, ao nos declararmos ateus, passamos a ser vistos como alguém que não respeita a moral, exatamente como um incestuoso ou um pedófilo. Naturalmente, isso não faz sentido, mas é assim que nosso cérebro emocional vê o assunto, e pouco se pode fazer quanto a isso.

Podemos concluir que, na medida em que são imparciais, a tendência é que os homens concordem entre si — e a ciência é um ótimo exemplo disso. Porém, nesses assuntos emocionais, somos guiados por preconceitos pessoais que nos controlam. Assim, em vez de raciocinar, de avaliar os fatos, ficamos à cata de pretextos para justificar nossas miopias, que nunca são realmente questionadas. Lutar pelo que se acredita é armar-se de uma interminável série de pretextos para continuar acreditando — seja a crença em deus, seja a crença na moral, seja o que for. Não importa. Os homens diferenciam-se pelos erros em que acreditam.

✶ ✶ ✶

Foi uma digressão um pouco longa, mas bastante válida. Agora retornemos ao assunto central. No dia a dia, a distinção entre fatos e julgamentos pessoais sempre é obscurecida por nossos interesses, e não percebemos o quanto isso nos cega. Porém, como estar certos nos enche de orgulho, fazemos questão de misturar verdade e vaidade. Mais ainda: para nós, estar certos costuma ser apenas um modo específico, dentre outros tantos, de vencer — isso em função desse mundo imaginário competitivo que só existe em nossas cabeças. O resultado é que são muitas as opiniões que insistimos em afirmar que têm fundamento, apesar de sabermos que não têm nenhum, e não conseguimos abandonar tais julgamentos emocionais, pois é em função desses preconceitos que vivemos. Portanto, como só conseguimos dar atenção aos nossos próprios interesses, tentemos entender o quão interessante para nós pode ser a habilidade de distinguir entre nossas fantasias e a realidade em si mesma.

Em teoria, toda crença deveria corresponder à realidade; em teoria, o sentido da vida e o prazer deveriam coincidir, mas não coincidem necessariamente, e isso é problema nosso. Assim, sabendo que não podemos controlar as emoções, nossa única saída é respeitar seu espaço, cultivando o pensamento nos espaços que restarem. Similarmente, como nunca conseguiremos ser perfeitamente indiferentes perante a realidade, resta aprendermos a discernir entre conhecimento e julgamento, pois assim poderemos continuar a julgar como bem entendermos, porém conscientes de que isso é um julgamento, o qual não se mistura ao conhecimento.

Assim, reconhecendo que julgamentos dizem respeito ao modo como sentimos a realidade pessoalmente, e que fatos objetivos dizem respeito apenas ao que a realidade é em si mesma, e que uma coisa não diminui a outra, deixará de haver um conflito tão tenso entre ambas. É evidente que não deixaremos de possuir preconceitos pessoais, mas ao menos saberemos quais são, e isso melhorará nossas chances de satisfazer ambos os lados, nossas emoções e nossa inteligência, permitindo que cada qual caminhe mais livremente dentro de nossa compreensão da realidade, sem exigir que um precise necessariamente concordar com o outro em função de algum perfeccionismo metafísico.

O sintoma mais claro de que alcançamos esse estado de neutralidade emocional em relação a um assunto qualquer é o fato de não mudarmos a ideia que temos nesse assunto quando nossas emoções alteram. Isso porque, se quisermos que nossas opiniões sejam baseadas em fatos, só devemos mudá-las diante de provas, não diante de lições de vida ou de sentimentos místicos de iluminação. Pensemos, por exemplo, no sentido da vida quando estivermos tristes; depois pensemos no sentido da vida quando estivermos eufóricos; quando estivermos irritados, sonolentos, ansiosos, calmos, bêbados e assim por diante. Ele deve ser sempre o mesmo. O sentido da vida não pode ser felicidade num dia, perpetuação genética no outro. Se pretendemos que nossas opiniões sobre o que é a realidade de fato digam respeito à realidade em si mesma, e não ao nosso humor, é simplesmente inaceitável que nossa ideia do mundo possa flutuar de acordo com nossa disposição momentânea. O mundo não muda de acordo com nossos sentimentos. Então, se nossas opiniões mudam, elas simplesmente estão erradas.

Em geral, somos bons em ver os demais objetivamente, mas nunca nós próprios. Não nos julgamos pelos mesmos critérios — em geral sob o pretexto de que fazê-lo tornaria a vida desinteressante. Por exemplo, nossa amada, que não é uma pessoa qualquer, mas uma pessoa muito especial. Não é meramente uma fêmea pela qual nos apaixonamos por acaso. Há, entretanto, qualquer motivo plausível para a considerarmos especial, senão o fato de gostarmos dela pessoalmente? Não. Vivemos convictos de que a amamos por vários motivos que nada têm a ver com instintos sexuais, mesmo que não tenhamos a menor ideia de que motivos são esses — e acrescente-se sermos os únicos que acreditam nisso. Pensemos o quão bem isso se aplica a tantos outros assuntos. Nossos pais, que não são pais quaisquer. Todos os demais são, menos os nossos. Nossa família, que não é uma família qualquer. Nossas crenças, que não são simplesmente miopias pessoais. O ser humano, que não é meramente um animal. Nosso planeta, que não é só um pálido ponto azul. A vida, que não é somente um processo físico. A lista poderia ser aumentada muito facilmente, e todos esses julgamentos ilustram o quanto o envolvimento pessoal deturpa nossa capacidade de ser objetivos. Para fins práticos, não há nada de errado em sermos parciais — todos temos crenças que nos colocam à parte da realidade. Porém, para fins de conhecimento, essa parcialidade é a exata definição do que deve ser evitado.

Assim, se quisermos cultivar um conhecimento imparcial, é preciso que ele esteja desvinculado de julgamentos pessoais. Nossos julgamentos podem — e devem — flutuar de acordo com nosso humor, mas nosso conhecimento não. Temos de ser frios em relação ao conhecimento, e isso é imprescindível. Claro que não haverá problema algum se quisermos ser passionais em relação à realidade, desde que tenhamos clareza mental suficiente para perceber que isso é um julgamento pessoal, não um fato objetivo exterior a nós. Então, em relação às nossas impressões pessoais num assunto qualquer, podemos pensar o que quisermos livremente, mas é importante termos em mente que os demais farão exatamente o mesmo que nós, e por motivos igualmente gratuitos que só dizem respeito aos seus sentimentos pessoais diante daquela situação — e, se eles não concordam conosco, é pelo mesmo motivo que nós não concordamos com eles; se o nosso caso nos parece a única exceção, saibamos que essa ilusão também os abraça. Sabendo disso, é provável que nos tornemos mais tolerantes quanto às imbecilidades alheias, e também quanto às nossas, mas, em sua maioria, os indivíduos não têm uma consciência muito clara dessa distinção.

Com o passar do tempo, e cultivando o hábito de dar atenção a tais distinções, aprenderemos lentamente a separar conhecimento e julgamento, razão e emoção, de modo que se torne cada vez mais fácil identificar o que é real e o que é pessoal, e cada vez mais difícil que um julgamento emotivo se infiltre em nosso conhecimento sem ser notado. Até quando, por fim, numa espécie de ambidestria mental, conseguirmos sentir a realidade e entendê-la simultaneamente, visualizando com perfeita clareza a diferença entre a realidade e nossos julgamentos, de modo que, ao ver um pássaro a cantar, consigamos diferenciar nosso prazer diante da beleza do pássaro que canta — a qual está em nossa cabeça —, e o pássaro material que canta fora dela em função de uma programação biológica impessoal, entendendo também que o desagrado de um segundo observador não conflita com nosso prazer, isso nos abrirá o caminho para refletir com imparcialidade em praticamente qualquer assunto, inclusive

ANDRÉ CANCIAN

nós próprios.

III

SOBRE A VIDA EM SOCIEDADE

EGOÍSMO

O egoísmo é uma realidade. O altruísmo desinteressado é um mito. Se os homens são seres vivos, segue-se que todas as ações humanas são egoístas. Todas. Aquilo que nos move é o interesse, e todo interesse é sempre próprio. Não há ações desinteressadas como não há água desidratada. Aquele que nega as afirmações acima simplesmente desconhece sua própria natureza ou, por estar comprometido com ilusões, tornou-se incapaz de admitir o óbvio.

No cotidiano, julgamos o egoísmo algo ruim porque costumamos ter uma visão leviana do assunto. Vemo-lo superficialmente, inserido num contexto moral relativo. Em nossas mentes, egoísmo opõe-se a altruísmo como bem opõe-se a mal. Entretanto, quando analisamos o assunto com um pouco mais de atenção, constatamos que não há essa oposição. Percebemos que o egoísmo, sozinho, é o elemento central da vida.

Isso deriva do fato de que a vida é egoísta em si mesma, objetiva e solitariamente egoísta, sendo evidente que, como não falamos de egoísmo num sentido moral, não há algo que contraponha essa realidade. Nesse nível, pelo mesmo motivo que não há como conceber o oposto de vida, não há como conceber o oposto de egoísmo.

A vida é algo que existe e funciona apenas em função de si mesma. Não está inserida num contexto mais amplo que visa a alguma espécie de equilíbrio. Assim, se a vida está encerrada em si mesma, sem qualquer objetivo além dela própria, estar vivo não tem contexto, não tem relatividade: a vida é seu próprio valor e sua própria medida. A vida somente diz respeito a si própria, não havendo fora dela algo que lhe seja positiva ou negativamente oposto.

Mesmo assim, será quase automático pensarmos na matéria não-viva como seu oposto. A matéria inanimada, entretanto, não se opõe à vida. Ela só pode ser entendida como algo que carece de vida. Nessa ótica, se a vida fosse representada pelo número 1, a matéria inanimada equivaleria a 0. Na realidade física inexiste a contraparte da vida, aquilo que equivaleria a -1. Não há uma antivida feita de antigenes altruístas. A própria morte não é mais que o retornar da matéria ao 0.

Assim, não devemos entender o egoísmo da vida num sentido moral, como o oposto de fazer caridades, de filantropia. Não se trata de ignorar ou de ajudar os demais. Tudo isso são questões morais relativas à vida em sociedade. Não nos referimos ao interesse em nível subjetivo, mas ao interesse objetivo da vida por si mesma, ao egoísmo físico que genes manifestam ao construir corpos que trabalharão para perpetuá-los.

No que diz respeito ao egoísmo da vida em si mesma, seria ilógico inserir o altruísmo na equação. Logicamente, também parece estranho falar de egoísmo em nível objetivo. Entretanto, falamos de egoísmo apenas metaforicamente, pois, em si mesma, a vida é pura indiferença, como todo o resto do universo, como qualquer fato.

Portanto, mesmo que não estejamos discutindo virtudes e vícios, ao analisar a mecânica da vida, o comportamento dos robôs que cria, vemos que ela exibe um perfil egoísta. Fazemos tal afirmação no mesmo sentido em que vírus de computador podem ser interpretados como egoístas em seu comportamento infeccioso e autorreplicante. Não estamos insultando os genes ao chamá-los de egoístas. Fazemo-lo como quem descreve seu funcionamento, não como quem os qualifica.

Claro que, se tais genes fossem altruístas, nós os designaríamos como genes altruístas, mas como isso seria possível? A ideia ficará mais clara se observarmos que não há como conceber uma vida altruísta em si mesma. Que seriam genes altruístas? Quais seriam suas prioridades? Ajudar a matéria inanimada a ser cada vez mais morta? Ajudar o acaso a ser cada vez mais aleatório? Seriam antigenes de antivida, moléculas filantropas preocupadas em fazer com que os genes egoístas tenham menos interesse na própria perpetuação? Mas em favor de quê? Talvez para lutar pela abolição das cadeias de carbono? Para tentar encontrar uma família para o hidrogênio? Parece evidente que a vida em si mesma não teria pelo que se sacrificar — como poderíamos ser altruístas se fôssemos a única pessoa, o único organismo existente sobre a face da terra? Seria impossível. A vida não pode ser altruísta porque não há um contexto exterior a ela própria que torne isso possível. Portanto, não de virtudes, falamos de fatos, de fatos amorais.

Empregamos o termo egoísmo apenas para designar o perfil comportamental de um tipo específico de fenômeno material chamado vida. Fazemo-lo porque, ao abrir um dicionário, vemos que esse termo descreve perfeitamente bem a ideia que queremos transmitir — a de algo que só pensa em si mesmo. Não fosse esse o caso, inventaríamos outra palavra melhor, coisa que a ciência sabe fazer muito bem, mas simplesmente não houve tal necessidade. Estamos sendo insistentes nesse ponto para que consigamos situar o egoísmo da vida como uma realidade física, como um princípio objetivo de funcionamento, como um fato que pode ser demonstrado experimentalmente.

* * *

Considerado em seu comportamento global, o egoísmo equivale à ética estrutural da vida — entendida como um sistema mecânico programado para a autoperpetuação. É em função disso que se define o que é certo ou errado para a vida em si — no sentido de servir ou não aos seus propósitos. Nessa ótica, o egoísmo é o valor genético supremo, algo que atravessa a vida de ponta a ponta, fazendo dela o que é. Corre egoísmo nas veias da vida. Seu coração bate por interesse próprio e por ele apenas. O egoísmo, o amor-próprio, norteia e mantém a vida funcionando. Esse é seu princípio, sua mola propulsora, seu único sentido possível.

Sem meias-palavras, o sentido da vida é continuar existindo. Porém, ao fazer tal afirmação, falamos de fatos materiais, não de intenções deliberadas. A vida não tem um objetivo existencial, apenas se comporta como se tivesse, pois o *DNA* está programado para propagar-se. Trata-se de um sentido puramente inercial, tornado autossustentável porque as informações codificadas em tais moléculas programam os organismos em função da própria perpetuação.

Como a vida é baseada em informação autorreplicante, ela pode ser entendida como uma espécie de vírus da matéria. Esse vírus se reproduz porque funciona, e esse é o porquê de existirmos. Trata-se de uma maquinaria arquitetada para se reproduzir, e não há sentido algum para além disso, nem poderia haver: seu sentido é autossustentável exatamente porque é circular. A vida se reproduz para continuar se reproduzindo porque está programada dessa forma, e qualquer outra programação causaria sua extinção. Obviamente, nada impediria que houvesse um tipo de vida que não estivesse programada de tal forma, porém o fato é que esta deixaria de existir rapidamente, restando apenas as que visam a eternidade.

Trata-se de uma peneira bastante simples, mas que funciona muito bem, criando ao longo das gerações máquinas cada vez mais especializadas e eficientes na tarefa de perpetuar-se. Claro que, se todos os organismos atualmente vivos deixassem de se comportar em função da perpetuação, não haveria nada de errado nisso, mas a vida se extinguiria em pouco tempo, pois seria interrompido o *continuum* que se iniciou há 3,5 bilhões de anos. Uma vez mortos, passaríamos a fazer parte da paisagem do planeta, pois não haveria sequer bactérias para nos decompor.

A vida, portanto, só continuará a existir na medida em que permanecer egoísta em seu objetivo de eternizar-se. As que se desviarem desse caminho, que deixarem de ser egoístas, deixarão de existir em uma única geração. Isso deixa claro que não há opções: o egoísmo é imperativo à manutenção da vida.

Na prática, a vida manifesta seu egoísmo ao jogar na existência, e uns contra os outros, organismos que cumprirão seus desígnios de autoperpetuação. A cadeia alimentar, em sua mecânica impassível, reflete o absoluto interesse da vida por si mesma. Perceba-se que, nesse esquema, a ênfase está nos genes, não nos indivíduos — corpos individuais não passam de um joguete, de um meio que os genes utilizam para se lançar à eternidade. Devemos ver os organismos não como fins em si mesmos, mas como meios, como o resultado final das estratégias que os genes desenvolveram ao longo do tempo para se perpetuar.

* * *

Vejamos agora a questão sob outra ótica. Considerando que a vida é um processo material, seu comportamento parece bastante insólito em relação à matéria não-viva. Como seu sentido é circular, a vida tem o aspecto de um fenômeno megalomaníaco e autista, alheio a todo o resto do universo. Permanece sempre fechada no sistema que ela própria criou, e sequer dá pela existência do que está fora. A morte de uma estrela, por exemplo, não nos compadece. Por quê? Porque estrelas não têm *DNA*. Se a matéria inanimada estivesse, por assim dizer, passando fome, a vida não daria a mínima, pois só tem olhos para si mesma, para a matéria animada. Isso pela simples razão de que a vida está programada para dar importância apenas a si própria, para ter-se como finalidade última.

Essa é a razão pela qual, além de egoísta, a vida também é o melhor exemplo possível de egocentrismo. Para percebê-lo basta observar que, quando a matéria toma a forma de seres vivos, essa mesma matéria, antes inanimada, passa a considerar-se algo distinto, como se o resto do mundo material fosse o chão sobre o qual ela pisa: a matéria tornou-se vida, a medida de todas as coisas. Em todas as formas de vida, esse egocentrismo permanece absoluto, e nós não somos exceção. Por sermos seres humanos, nós também nos consideramos algo distinto da matéria inanimada, e nosso único motivo para isso é sermos herdeiros dessa tradição biológica. Seres humanos são importantes porque estão programados para se sentir importantes, e só. Não se trata de uma importância metafísica, mas de uma pré-programação genética.

Como os genes são egoístas, movidos pelos próprios interesses e nada mais, é inevitável que os corpos que constroem sejam também egocêntricos e egoístas. Contudo, isso não significa que todos os organismos são eremitas, robôs solitários e misantropos. Sabemos que nós, na vida em sociedade, por motivos egoístas, por vezes manifestamos comportamentos altruístas, isto é, de autossacrifício. Por quê? Porque funciona. Os genes são egoístas, mas os corpos que constroem podem ser altruístas, desde que isso funcione.

Apenas os genes são intrinsecamente egoístas. Os corpos que constroem, sendo programados em função dos interesses dos genes, podem ser individualistas ou coletivistas, solitários ou gregários. Apenas o fim, a perpetuação, está predeterminado. Os meios podem ser meios quaisquer.

Portanto, desde que isso resulte em algum benefício à perpetuação genética, os organismos podem comportar-se como se não fossem egoístas, e isso de fato acontece. Voltando nossos olhares à natureza, fica óbvio que, em determinadas circunstâncias, é interessante à vida como um todo a estratégia de construir organismos capazes de ajudar uns aos outros no processo de sobreviver. Em nível individual, a prioridade não é ser egoísta, mas sobreviver e reproduzir-se. O egoísmo só é prioridade no tocante à perpetuação genética.

Desse modo, sejam quais forem as circunstâncias, o egoísmo da vida em si mesma permanece absoluto, e a relatividade desse egoísmo só começa a existir a partir do momento em que consideramos a vida sob a perspectiva dos organismos particulares. Nesse sentido, como o egoísmo básico fica por detrás da vida individual, determinando apenas o objetivo essencial, mas não os meios de alcançá-lo, nada impede que na prática os indivíduos ajudem e sacrifiquem-se uns pelos outros — como também nada impede que tenhamos três olhos, que nos dediquemos a tarefas inúteis do ponto de vista evolutivo. Podemos ser otimistas ou pessimistas, eruditos ou ignorantes, contidos ou espontâneos. Isso são irrelevâncias. Os genes não se importam, desde que continuemos reproduzindo-os.

✳ ✳ ✳

Esclarecido o egoísmo objetivo referente à mecânica da vida, podemos agora abordar o assunto do ponto de vista social, ainda que não haja diferenças significantes. Isso porque, considerando a sociedade como um todo, vemos que ela também exibe um comportamento egoísta e fechado em si mesmo, semelhante ao da vida em nível genético, ou seja, a prioridade da sociedade é assegurar sua própria existência por motivo nenhum, senão continuar existindo. Portanto, mesmo no que diz respeito à vida em sociedade, ainda não há contraposição entre egoísmo e altruísmo.

Onde, afinal, está o altruísmo? Dentro do egoísmo. O egoísmo diz respeito à satisfação dos interesses dos indivíduos. O altruísmo, por sua vez, diz respeito a uma estratégia particular voltada à satisfação desses mesmos interesses quando inseridos num contexto de vida grupal, seja em sociedades, em famílias, em tribos, ou seja, aos sacrifícios que estamos dispostos a fazer uns pelos outros, não por amor aos demais, mas por amor-próprio.

Além disso, o altruísmo, o sacrificar-se pelos demais, é algo que vemos com bastante frequência na natureza. Não se trata de uma exclusividade dos humanos, não fomos nós que o inventamos. O altruísmo existe porque é uma estratégia que dá resultados em nível genético, e o fato de nos sacrificarmos uns pelos outros na vida em sociedade nada mais é que uma repercussão disso em nível de organismos particulares. Mesmo que não admitamos, também é por interesse próprio que, em nossa sociedade, incentivamos o altruísmo. Fazemo-lo na esperança de domar e limitar o comportamento individualista e egocêntrico que, em excesso, a desestabilizaria. A sociedade incentiva o altruísmo com o fim egoísta de assegurar sua própria existência que, por sua vez, assegura a existência dos genes, que orquestram isso tudo por controle remoto.

Parece haver uma grande aura mística em torno do altruísmo, mas isso ocorre apenas devido à propaganda religiosa que o deturpou com seus devaneios. Num sentido amplo, a essência do altruísmo é simples, e resume-se ao que conhecemos por consciência social. Através dela os indivíduos tornam-se cônscios de que, ao prejudicar a sociedade, o meio em que vivem, estão cuspindo no prato em que comem. Tornam-se cônscios de que, ao sacrificar-se por ela, estão ajudando-se indiretamente.

O altruísmo pode, portanto, ser visto como a relativização de um egoísmo particular em favor de um egoísmo coletivo. Como se trata de uma abordagem que visa um benefício indireto, e sem garantias de retorno, deve ser usada com bastante critério, ou poderemos não colher os benefícios que esperamos. O altruísmo não é algo a ser empregado gratuitamente, mas apenas nas situações em que a reciprocidade provavelmente produzirá melhores resultados.

Às vezes pensamos no altruísmo como algo desinteressado apenas porque, por se tratar de um investimento indireto, é comum perdermos de vista os interesses visados implicitamente, mas eles sempre estão lá.

* * *

Na vida em sociedade, por vezes os indivíduos agem egoisticamente por não conseguirem enxergar as coisas em perspectiva ou em longo prazo. Porém, na maioria dos casos, temos consciência disso tudo, mas simplesmente estamos mais interessados em nossa satisfação imediata, que é garantida, mesmo que isso ocorra em detrimento dos demais. Se, por exemplo, acendermos um cigarro em meio à rua, sabemos que estamos poluindo o ar da sociedade, mas sabemos também que isso não nos trará quaisquer consequências dignas de nota. Se, por outro lado, estivermos num quarto fechado, essa poluição nos afetará diretamente, e será nosso interesse imediato evitá-la. Poderíamos, é claro, fazê-lo abandonando o vício, mas como isso seria muito custoso, preferimos ser práticos: deixamos a janela aberta. O mesmo vale para nosso comportamento em relação aos que nos circundam: sacrificamo-nos o mínimo possível, priorizando sempre nosso interesse imediato.

Pensemos agora em lixo. Normalmente não vemos problema algum em jogar lixo na rua. Porém, quando todos passam a fazer o mesmo, o lixo começa a aparecer em nossas calçadas, e isso se torna um problema nosso. Como somos egoístas e imediatistas, é inevitável que só nos preocupemos com esse tipo de coisa quando ela nos afeta, quando não podemos despejar nosso lixo no quintal dos vizinhos sem que o mesmo ocorra conosco. Assim, quando manter-se egoísta se torna uma estratégia insustentável, relativizamos nossos interesses e passamos a levar em consideração os interesses e o bem-estar do próximo, pois somos também o próximo de outrem que é tão egoísta quanto nós.

Nessa situação, tornamo-nos altruístas, passamos a nos preocupar com o todo, não por caridade, mas porque também fazemos parte desse todo. O altruísmo, como vemos, é apenas o nome que damos a um comportamento egoísta socialmente estratégico dentro do qual o bem-estar dos demais é levado em consideração porque nos beneficia indiretamente. Então, não como um fim em si mesmo, o comportamento altruísta começa a existir somente como um apêndice muito particular, como uma sofisticação do egoísmo.

Tentemos elucidar esse processo de relativização de interesses imediatos. Um indivíduo pode, por exemplo, ser muito rico, absolutamente rico. Suponhamos que tenha em suas mãos todas as riquezas de mundo, e que não queira compartilhá-las com ninguém. Isso faz com que os demais sejam absolutamente pobres. Dinheiro, entretanto, não se come, e um indivíduo, sozinho, é incapaz de proporcionar-se tudo aquilo de que precisa para sobreviver na sociedade. Alguns dos indivíduos absolutamente pobres, agricultores, por exemplo, serão incapazes de comprar sementes, adubos e outros elementos necessários para cultivar plantações e prover alimento à sociedade. Nessa situação, se o rico não for altruísta, todos morrerão de fome. Então, tendo em vista seu bem-estar, ele se sacrifica, tira de seu próprio bolso a quantia necessária para que os agricultores tenham meios de manter a sociedade abastecida de alimentos.

Nessa situação, em função de seu interesse comum de sobreviver, ambos trabalharam em conjunto: o rico se dispôs a pagar, os agricultores se dispuseram a plantar — isto é, houve uma negociação entre ambas as partes, que decidiram cooperar, relativizando seus interesses imediatos em função de seu bem-estar de longo prazo. Claro que os indivíduos em relação aos quais o rico se comporta de modo altruísta são um meio para seus fins egoístas, através dos quais sua barriga permanece cheia. Ele leva em consideração os interesses dos demais porque depende deles para satisfazer os seus próprios. O mesmo vale para os agricultores, que trabalham para garantir seu sustento — não porque adoram alimentar a humanidade. Houve, é claro, mais sacrifício por parte do rico, mas ele simplesmente não tinha escolha.

O egoísmo, como vemos, não é um problema, mas a essência da vida. O altruísmo, por outro lado, não é a solução para todos os problemas, mas apenas uma estratégia para solucionar um tipo particular de problema, e só é útil em doses moderadas. Altruísmo exclusivo não é uma estratégia socialmente ou evolutivamente estável. Para exemplificar, suponhamos que a sociedade inteira houvesse se tornado exclusivamente altruísta. O que ocorreria? Apenas uma terceirização dos problemas. Resolveríamos os problemas dos demais e eles os nossos. Porém, em algum momento, surgiria em alguém a brilhante ideia de tornar-se egoísta e não resolver problema algum enquanto os demais resolvem os seus. Assim, sentindo-se tapeados, os altruístas parariam de solucionar os problemas dos indivíduos egoístas. Nessa situação, como a reciprocidade foi rompida, vendo seus problemas apenas se acumulando, os altruístas teriam de se tornar também egoístas e resolver eles próprios seus problemas, já que confiar cegamente nos demais deixou de ser uma estratégia estável, capaz de assegurar sua existência. O sistema altruísta entraria em colapso. O resultado seria o mesmo se os altruístas continuassem a resolver os problemas dos egoístas: morreriam todos os altruístas e, como consequência, os egoístas parasitas que eram por eles sustentados. Isso explica por que sistemas puramente altruístas são altamente instáveis. No mais, também podemos perceber que é por interesse próprio que damos as costas àqueles que não retribuem nossos favores. Despejar filantropia gratuita naqueles que não retribuirão coisa alguma, seja para nós, seja para a sociedade, pode parecer virtuoso, mas só contribuirá para a decadência do sistema social.

Numa ótica mais ampla, a ilustração seguinte será suficiente para entendermos com maior clareza o humilde papel do altruísmo quando comparado ao do egoísmo. Suponhamos que a vida fosse um edifício. Qual seria sua estrutura? Puro egoísmo, do alicerce ao topo. O altruísmo só diria respeito, por exemplo, à boa utilização dos elevadores. Situado dentro dessa megaestrutura, o egoísmo ao qual nos referimos no cotidiano como o oposto de altruísmo reduz-se a um detalhe ínfimo, uma coceira, uma banalidade à qual só damos importância porque nos causa inconveniências pessoais. Equivaleria, por exemplo, ao egoísmo dos que apertam todos os botões de um elevador para aborrecer os vizinhos, ou dos que apertam o botão de emergência apenas para poder satisfazer suas fantasias sexuais.

Nesse edifício teríamos também, é claro, aquelas almas guiadas por valores elevados de caridade. Entidades que, num mundo material, sabe-se lá como, vivem desprendidas do materialismo. Consideram-se virtuosas ao usar as escadas, pois isso permite que os demais utilizem os elevadores mais eficazmente, ou então lubrificam secretamente as engrenagens do sistema em meio à madrugada. Sempre fazem questão de que tais fatos sejam mantidos em sigilo, pois virtudes anônimas são muito melhor vistas aos olhos da consciência tranquila. Contudo, como tais indivíduos estão apenas preocupados em ser virtuosos, não em ser úteis, é comum que usem as escadas até quando o elevador está desocupado. Assim, em sua missão paranoica de se tornarem os melhores filantropos do edifício, acabam perdendo o contato com a realidade, e a existência toda, a essência do edifício por inteiro, resume-se então à não-utilização de elevadores.

Para nossos fins, o egoísmo está suficientemente bem explicado. Percebemos que o egoísmo é intrínseco à vida, algo dentro do qual o altruísmo se situa apenas como uma particularidade, um braço desse mesmo egoísmo. O altruísmo se trata somente de um egoísmo sociável e bem-educado, que sabe reconhecer voluntariamente quando convém relativizar a satisfação imediata em função de interesses de longo prazo. Desse modo, assim como egoísmo não tem relação com vício, altruísmo não tem relação com virtude. Na prática, o que entendemos por egoísmo num sentido vulgar é apenas inépcia social.

✳ ✳ ✳

Façamos, por fim, alguns comentários sobre o altruísmo dito puro que hoje se encontra na moda das virtudes espirituais. Se, por um lado, o egoísmo é uma realidade, por outro, o altruísmo, quando visto como um exercício de caridade, de amor ao próximo, nunca é mais que um passatempo de moralistas desocupados e carentes. Mestres do desnecessário, tais indivíduos são gratuitamente caridosos porque isso é *fashion* aos olhos do bom Deus, coisa que talvez lhes renda melhores condições de vida no além-túmulo.

Não temos nada contra o altruísmo, mas seu valor é por demais exagerado. Admitimos que a cooperação, que a ajuda recíproca, seja conveniente em certas circunstâncias. Até concedemos que a caridade possa ser prazerosa pela sensação de superioridade que proporciona. Mas é impensável que exista o que denominam altruísmo desinteressado. O que existe é interesse egoísta pelos demais, mesmo que com fins caridosos, coisa muito diferente de desinteresse. O prazer que alguns encontram na bondade, outros encontram na maldade. Mudam os meios, mas o fim é exatamente o mesmo prazer egoísta, a mesma satisfação pessoal.

Se, por exemplo, ao ajudar as pessoas, sentíssemos o mesmo prazer que ao fazer sexo, não é óbvio que as ajudaríamos? Não as ajudaríamos loucamente, sem esperar recompensas? É exatamente esse o caso. A bondade é tão egoísta quanto a maldade. Fazemos vista grossa a uma ideia tão incoerente, tão grosseira como o desinteresse altruísta porque, é claro, adoraríamos ser presenteados, receber favores em nome da bondade gratuita. Simpatizamos com os que querem nos ajudar. Trata-se de algo que consideramos bom porque esperamos ser beneficiados, não porque faça sentido.

Alguns poderão até pensar que o desinteresse absoluto é impossível, mas podemos demonstrar facilmente o contrário com nosso absoluto desinteresse pelas explicações através das quais tentam nos demonstrar que não há egoísmo no fato de terem interesse naquilo que lhes interessa, desde que isso ocorra caridosamente. Somente daremos atenção ao que dizem quando passarem a fazer favores àquilo que realmente não lhes interessa, como pedras, por exemplo. Quando encontrarmos alguém doando sangue a uma árvore, isso sim nos parecerá um altruísmo desinteressado. Contudo, se os filantropos do transcendental, motivados por crenças metafísicas estúpidas, quiserem declarar que a verdade está dentro de suas cabeças para nunca precisarem abrir os olhos aos fatos mais elementares, amém a isso: que neguem a si próprios até se tornarem unos com a ignorância.

Notemos também o seguinte. É muito comum entre espiritualistas a afirmação de que a caridade é um fim em si mesmo, que a compensação da virtude é a própria virtude. Se assim fosse, ótimo: que tragam os presentes. É o que dizem, é o que gostariam que pensássemos a seu respeito, mas as coisas não são tão simples assim. Há motivos inconfessos. Os militantes do altruísmo desinteressado não são franco-atiradores, não professam uma filantropia cega que ocorre sem mais nem menos. Não se trata de uma bondade irrestrita: há critérios, condições, estratégias. Por exemplo, embora se digam desinteressados, é comum que, em troca de favores concretos, esses seres benevolentes se achem no direito de alugar nossos ouvidos para propagandear suas ideologias de raquitismo afeminado.

Ademais, consideram-se distintos, exigem que todos os caridosos sejam tratados com distinção pelo que fazem. Podem não pedir recompensas na mesma moeda, mas não admitem que sua virtuosidade seja desdenhada. Querem dar *status* à sua virtude para que isso os beneficie indiretamente. Nisso está a chave para entendermos seu interesse secreto. Seu altruísmo coloca uma carta em suas mangas. Assim, na primeira ocasião em que for conveniente, jogarão esse coringa à cara dos demais — ou mesmo à própria cara — para desculpar-se de seus vícios ou para conseguir benefícios quaisquer. Tanto quanto podemos perceber, é óbvio que esses altruístas espiritualizados estão em busca de imunidade moral e reconhecimento, e para tal fim a caridade é o meio mais bem aceito modernamente. Através dela conquistam a boa opinião dos demais ou, alternativamente, dão-se como presente uma boa opinião sobre si mesmos.

Portanto, quando alguém fala que egoísmo é ruim e que altruísmo é bom, esse é um alguém que simplesmente não sabe do que está falando. É provável que só esteja tentando se elogiar porque reserva algumas horas por semana para distribuir sopa para mendigos. Não demos ouvidos a esse contrassenso, pois equivale a esquecer o oceano de nossas vidas para priorizar uma miserável gota que se perdeu do todo para poder elogiar-se em segredo.

O egoísmo existe por si mesmo, mas o altruísmo não — este surgiu apenas como algo subordinado ao egoísmo, não como o seu oposto. Mesmo num sentido moral, a utilidade do altruísmo é evidente, mas a do egoísmo é infinitamente maior. É ridículo que, como porta-vozes do altruísmo, nos sintamos no direito de nos dirigir ao egoísmo com desdém, pois isso equivale a uma flora intestinal que se considera mais importante que o organismo que a hospeda. Não importa que simpatizemos com caridade, com filantropia: isso diz respeito a um pífio detalhe dentro de um contexto criado tão somente pelo egoísmo. Somos absurdos ao argumentar contra o egoísmo, pois argumenta-mos contra nós mesmos, contra fatos evidentes, emaranhando-nos em incoerências ridículas.

Segundas, terceiras, quartas, quintas e sextas: intenções. Sábados e domingos: interesses. O egoísmo nunca está de férias. Somos todos egoístas porque o egoísmo criou o sentido da vida. Deixaremos de sê-lo apenas quando batermos as botas e voltarmos a ser a passarela sobre a qual a vida desfila.

HIPOCRISIA

Apesar do apelo quase desesperado que se faz à honestidade como a única salvação possível à humanidade, mentimos o tempo todo, durante todas as nossas vidas. Negá-lo só contribuiria com mais um motivo para rirmos de nós mesmos. Abandonar a mentira não é só impossível como também indesejável. Mesmo que nos custe admitir, o fingimento e a dissimulação são também pilares básicos da vida em sociedade, não apenas porque a mentira é útil, mas porque é parte integrante do esquema de fachadas sociais que incorporamos desde nosso nascimento.

A sociedade é uma representação de nossa humanidade, uma encenação indireta, e muitas vezes falsa, de nossas intenções. Por isso faz bem aquele que aprende a distinguir entre as necessidades reais e as sociais. Podemos definir as necessidades sociais como uma representação, numa linguagem cifrada e retorcida que, em termos gerais, traduz as reais objetivamente, porém não com a ineficiência inocente de um tradutor automático, mas com a malícia de um advogado velhaco que precisa ganhar a vida. Distinguir entre necessidades e aparências, entre realidades e teatrecos, é uma habilidade que diz respeito ao nosso bem-estar imediato, à nossa condição real — que está para nossa condição social como nossa satisfação íntima está para nossa cédula de identidade. Portanto, em relação à primeira, a mentira tem um efeito definitivamente pernicioso, e dificilmente alguém chega ao grau de insensatez de realmente descartar suas necessidades reais em favor de meras convenções.

O funcionamento desse sistema social é algo que não se aprende senão por si mesmo através da experiência e da reflexão — ele não nos é imediatamente acessível. Sempre escondemos o que realmente vivemos; nunca dizemos o que de fato pensamos. Tudo fica por debaixo dos panos. Os fatos reais e autênticos da vida, como cada qual os sente e concebe em seu íntimo, são uma espécie de tabu. Não devem ser trazidos à luz publicamente. Ficam ocultos em favor das aparências que, não obstante, todos sabem ser falsas, e por isso o embaraçoso assunto é evitado a todo custo. Por exemplo, quando algum sabichão afirmou que nosso salvador nasceu de uma virgem, não foi realmente isso que quis dizer. Suas palavras não devem ser tomadas ao pé da letra. Sabemos que uma alegação desse tipo não é uma afronta ao bom senso e à ciência biológica, mas apenas uma forma educada de dizer *mudemos de assunto*.

É difícil apontar o culpado pela nossa necessidade de mentir. Talvez os representantes dos idealismos cristãos que, ao alcançarem o poder, estabeleceram valores impossíveis como metas, sejam, em parte, responsáveis pelo agravamento de tal fenômeno. Porque, com isso, a honestidade, isto é, tudo o que concerne à nossa verdadeira humanidade, passou não apenas a ser uma segunda realidade menor, mas uma mentira, algo vergonhoso, indigno, que devemos esconder como se fosse um crime, e isso em favor de outra realidade que não apenas traduz mal nossas verdadeiras necessidades, mas de fato as calunia, as nega em favor de um mundo fictício. Por isso os deuses da mitologia greco-romana, que refletem nossa natureza íntima, são tão preferíveis ao fantasma castrado do cristianismo. Pensemos, por exemplo, em como conseguimos nos identificar intimamente com Dionísio, deus do vinho e da orgia; Vênus, deusa do amor e da beleza; Marte, deus da guerra e da violência. Isso acontece porque dizem respeito ao que efetivamente nos move enquanto seres vivos, ao que nos torna o que somos. Foram concebidos para refletir e exaltar a natureza humana, não para falsificá-la. Toda a metafísica cristã, pelo contrário, tem seu cerne na negação de si próprio e no culto de características doentias que buscam extirpar nossos instintos básicos e escarnecer nossa natureza. Encontram sua expressão máxima no culto à castidade e à submissão, na resignação ante o mundo e no elogio do sofrimento — tanto que seu símbolo é um *chandala* pregado a uma cruz.

Diante dessa perspectiva, poderíamos supor que todo médico deveria ter o cuidado de precaver seus pacientes contra a prática insalubre de ser cristão. Porém, isso sequer chega a ser necessário, pois poucos são suficientemente tolos para realmente tentar viver seus princípios. Não apenas porque seriam miseravelmente infelizes, e é provável que acabassem internados num manicômio — ou num convento —, mas principalmente porque não conseguem sentir tais princípios como algo íntimo e pessoal. Por isso permanece, como sempre foi, uma religião de fachada, algo que não deve ser praticado, mas apenas encenado.

Contudo, mesmo ensinando que ignorar a realidade é algo bom, seria errôneo culpar a religião por nossa necessidade de mentir, primeiro porque ninguém realmente acredita no que ela diz; depois, porque é provável que isso não passe de um artifício inventado para tornar a mentira, se não desejável, ao menos desculpável. Nesse sentido, percebamos que as religiões não são a causa, mas o efeito de nossas mentiras — servem como um bode expiatório que carrega uma parcela do peso de nossas contradições, ocultando alguns dos esqueletos que temos em nosso armário. A hipótese mais provável é que isso faz com que nos sintamos menos culpados por enganar os demais, e também menos envergonhados por nos deixarmos enganar, visto que podemos, em último caso, empurrar a responsabilidade para o além.

∗ ∗ ∗

Uma explicação plausível para a existência dessa cisão tão radical entre o que somos e o que aparentamos ser pode ser encontrada em nossa própria natureza, no fato de que não é apenas inconveniente ser honesto sem reservas, mas que o ideal dessa honestidade não pode ser alcançado, pois é impossível fazer com que os demais apreendam nosso íntimo, e *vice versa*. Aquilo que em nosso mundo interior corre tão livremente não pode ser representado senão por símbolos convencionados que esvaziam quase completamente aquilo que está sendo comunicado. Assim, mesmo com a mais franca honestidade a respeito de algo que sentimos, nas mentes dos demais nossa explicação está para uma fotografia ruim como o sentimento em si está para a paisagem original que, entretanto, não pode ser visitada. Nunca poderão ver com seus próprios olhos, e por isso terão de confiar em nossa palavra. Já vemos, de início, como a situação é problemática.

Como estamos inescapavelmente presos à sina de viver em nossa própria pele, e como somos incapazes de apreender o íntimo de outro ser humano da mesma maneira que sentimos nós próprios enquanto seres subjetivos, eis a primeira divisão da realidade: o *eu* como ente subjetivo e o *outro* como ente objetivo. É certo que somos capazes de alguma alteridade, isto é, de nos colocarmos, *in abstracto*, na situação de outro indivíduo enquanto ser subjetivo como nós próprios, mas isso, além de exigir algum esforço intelectual, dificilmente é empregado senão em nosso próprio benefício, já que é muito raro realmente nos preocuparmos com questões alheias para além do que parece desejável em termos de cortesia.

Desse modo, numa interação interpessoal, desenha-se mais ou menos a seguinte situação. Temos dois indivíduos, e ambos são seres subjetivos bastante conscientes de suas verdadeiras opiniões e motivos íntimos quanto a tudo o que os interessa. Na sua relação, todavia, só são capazes de alcançar a camada mais superficial um do outro, isto é, aquilo que se apresenta objetivamente diante de seus olhos. Sendo que todo ser humano é única e exclusivamente egoísta, cada qual buscará sua própria satisfação através de jogos que exploram esse abismo do incomunicável e do não-comunicado, sem nunca deixar transparecer suas intenções de modo escancarado. Nesse teatro, calcula-se muito bem aquilo que se diz, mas principalmente aquilo que se cala. Isso também porque nosso íntimo é constituído de elementos tão mesquinhos e vis que dificilmente outro indivíduo conseguiria disfarçar a repulsa caso nos mostrássemos tais e quais.

Podemos encontrar exemplos desse tipo de jogo em todo lugar. Quando vamos à rua nos fins de semana, encontramos um sem-número de indivíduos extremamente bem vestidos, ostentando posses e qualidades custosas sob o pretexto da recreação. Passam horas andando, conversando e bebendo aparentemente a esmo. Esmagam-se em aglomerados humanos sem qualquer razão clara. Ou seja, estão se socializando, que é a versão humana da luta por *status* e do ritual de acasalamento. Quando, por exemplo, conversam publicamente sobre assuntos difíceis, nunca falam baixo. Pelo contrário, aumentam desnecessariamente o volume de suas vozes na esperança de que alguém note seus dotes intelectuais, sua erudição, pois querem ser admirados. Nenhum deles admitiria o verdadeiro motivo que os levou a sair perambulando pelas ruas; mas, se há algo certo, é que não se trata de mera diversão.

Suponhamos que um homem e uma mulher tenham saído em busca de um parceiro. O homem deseja uma relação de curto prazo e a mulher, de longo prazo. Ao se encontrarem, ambos conversarão sobre variados assuntos aparentemente banais, como gostos pessoais, música, trabalho, arte, eventos etc. Mas, nesse processo, as conversas, o jantar, as bebidas são apenas um pretexto, e o que se tenta, na verdade, é decodificar as palavras do outro, extrair de suas afirmações e de sutilezas de seu comportamento algum dado que lhes seja útil para adivinhar quais são os verdadeiros interesses e condições em jogo, pois só assim descobrem se seus objetivos são compatíveis, se há algo de útil a ser encontrado naquela relação.

Assim, no movimento inicial de aproximação acontecerá algo como o seguinte. O homem observa a mulher e pensa: "é até bonita, mas um pouco burra; tem o nariz grande e os dentes tortos; ao menos tem dinheiro, embora um corpo flácido; com todos esses defeitos, e ainda poucos amigos, provavelmente tem uma baixa autoestima, e é provável que consiga mantê-la submissa e ainda continuar com outras amantes". Parece uma canalhice, mas o cinismo da mulher não perde em nada para o do homem. Ela pensará algo semelhante, porém em função de seus interesses de longo prazo — por exemplo "mesmo sendo bonito, não gosto muito dele, e o sexo é terrível, mas o importante é que ele tem um bom emprego, amigos importantes e prestígio social; então, se tiver um filho, provavelmente conseguirei me casar com ele e, com isso, poderei desfrutar de segurança pelo resto da vida; quando precisar de sexo, bastará procurar um homem de verdade".

Percebamos então que, no processo de se relacionar, ambos mentem do começo ao fim, e guardam muito bem seus segredos para resguardar seus interesses, deixando à superfície apenas um romantismo infantil, no qual só palermas acreditam. Claro que, uma vez decidamos que a pessoa vale a pena, continuamos mentindo. Em vez de dizer a verdade — aquilo em que realmente pensamos durante o processo de decisão — simplesmente proferimos a clássica sentença: estou apaixonado. Usamos uma linguagem cifrada e indireta, fazendo-nos de ingênuos para que isso dê alguma sensação de segurança ao parceiro, e assim nunca nos vejamos forçados a confessar os misteriosos "motivos do coração".

A investigação um do outro acontece desse modo porque escancarar nossos interesses não funciona bem, visto que somos seres extremamente pérfidos, e não tardaria para que alguém encontrasse um modo de tirar proveito de nossa franqueza. Vejamos o que aconteceria se, digamos, ambos fossem diretos e honestos quanto ao que desejam. A mulher diria: "quero alguém que tenha dinheiro suficiente para me sustentar e que me proporcione segurança; em troca, posso oferecer beleza, carinho, sexo e descendentes; foi para isso que coloquei implantes de silicone, depilei-me, cortei o cabelo, comprei vestidos, fiz exercícios e usei maquiagem; alguém me compra?"

Um homem interessado em uma relação de curto prazo, diante de uma afirmação desse gênero, se verá imediatamente tentado a mentir. Porém, caso diga a verdade, revelando que seu interesse é apenas sexo casual, provavelmente levará uma bofetada, e só. Porém, caso decida colocar seus interesses em primeiro plano, fará promessas de amor eterno, dirá ser capaz de satisfazer todas as suas vontades, concordará com todas as condições. Inflará a vaidade da mulher com elogios e mentiras quaisquer, até conseguir levá-la ao motel. Na manhã seguinte, entretanto, a conversa será bem outra.

Com razão a mulher se sentirá enganada, mas isso foi culpa de sua estratégia demasiado ingênua. Uma abordagem mais eficiente consiste em exigir provas de comprometimento, não apenas promessas — e isso geralmente acontece na forma de um longo cortejo, que significa muitos presentes, muitas demonstrações públicas de afeto, acordos monogâmicos, casamentos e congêneres. Se a mulher deseja ser comprada, e não apenas usada, nada mais lógico que recusar-se a vender-se fiado. É certo que, nesse assunto, nem homens nem mulheres jamais abrirão o jogo, mas isso é algo pelo qual não deveríamos lamentar.

Utilizemos mais uma situação cotidiana para ilustrar nossos motivos. Imagine-se que deixamos certa pessoa com a qual tínhamos um relacionamento estável. Passamos algum tempo nos sentindo um pouco solitários. Porém, logo aparece outra pessoa ao lado da qual vivemos muito melhor. Nessa situação, jamais nos ocorreria pensar que cometemos um erro ao deixar a primeira, que é rapidamente esquecida. Contudo, se não encontrássemos ninguém, ou se a segunda pessoa fosse ainda pior, passaríamos a acreditar que cometemos um erro, e então nos arrependeríamos de havê-la abandonado, pois o mal-estar nos convence rapidamente de que a amávamos.

Isso parece indicar que o amor nada mais é que uma lembrança de cunho emocional envolvendo a utilidade de certas pessoas na promoção de nosso bem-estar, manifestando-se como um bem-querer diante dos que provavelmente conseguirão satisfazer nossas necessidades. Assim, na prática, conhecemos várias pessoas, testamo-las num processo de tentativa-e-erro, e ficamos com aquelas que nos fazem sentir bem; passaremos a amar aquelas ao lado das quais acumularmos certo número de memórias de conteúdo agradável. O detalhe é que, assim como só pensamos em comida quando estamos famintos, essas lembranças só serão evocadas nos momentos de mal-estar, significando que todo amor denota alguma carência. Ninguém ama por bondade. Amar é precisar de ajuda, e lembrar-se dos que já nos deram esmolas.

Como se percebe, fazemos bem em guardar uma distância respeitável do íntimo uns dos outros, e isso se aplica não só às relações sexuais, mas às relações humanas como um todo. Se nos aproximarmos demais, o convívio será impossibilitado pelo nojo. Como nossos corpos, nossas personalidades talvez sejam belas por fora. Porém, por dentro, somos todos humanos. Há certas coisas que pensamos uns dos outros que só confessaríamos sob tortura — e mesmo assim apenas após dias de tortura. Antes disso, negaríamos tudo categoricamente, e até fingiríamos indignação para ser mais convincentes. Ainda assim, em questões grandiosas, seria fácil sermos heroicamente sinceros, mas dizer a verdade nos assuntos pequenos e cotidianos seria apenas uma forma de emporcalhar nossa existência. Como todos são assim, não há nada a se fazer. Resta aceitar, ainda que por razões meramente estéticas.

Outro caso de teatro social é o comércio. Vemos um indivíduo de cada lado do balcão e já temos uma noção muito boa do que provavelmente ocorrerá. Um vendedor, tentando ganhar a vida com o lucro proveniente de suas mercadorias, tenta convencer um indivíduo a comprar certa coisa. O cliente sabe que o único verdadeiro interesse do comerciante, no fundo, é ver o dinheiro passar do bolso do comprador para a caixa registradora; por isso sua postura inicial já é bastante defensiva e cética em relação a tudo o que o comerciante disser no sentido de elogiar seus produtos. O vendedor, por sua vez, sabe que, se for honesto, será vencido pela concorrência, que está disposta a mentir. Então procura meios não de informar o comprador a respeito do produto — pois para isso bastaria que entregasse o manual de instruções —, mas de seduzi-lo, convencê-lo de que precisa de tal objeto. Tenta demonstrar por que, ao comprá-lo dele e não do concorrente, estará fazendo o melhor negócio, mesmo que se trate exatamente do mesmo produto com um preço maior. A estratégia do cliente é tentar desmontar os artifícios do vendedor para chegar à verdade, e a do vendedor é enganá-lo, levando-o a acreditar em qualquer coisa que supervalorize suas mercadorias. O resultado prático disso é o que conhecemos como negociação. Quando barganham, os dois na verdade estão numa espécie de disputa, numa guerra de nervos, na qual o objetivo é desmascarar as verdadeiras intenções do adversário. Por mais que se tente amenizar o clima de hostilidade presente nos confrontos dessa espécie com sorrisos, xícaras de café, brindes e atendentes com seios fartos, não há como disfarçar o mal-estar e o desgaste envolvidos na arte de explorar os demais sem ser explorado.

✶ ✶ ✶

Tais princípios gerais se aplicam também à amizade, que consiste basicamente numa rede de ajuda mútua, na qual os indivíduos se comprometem com o bem-estar uns dos outros. Claro que os interesses podem ser profundamente afetivos ou estritamente materiais, mas, não fosse esse o caso, não haveria o famoso ditado segundo o qual só descobrimos quem são nossos verdadeiros amigos nos momentos de dificuldade. Quem não admite algo tão básico deve ter muita coisa a esconder, principalmente de si mesmo. Levantar cortinas de poeira sobre conceitos relativamente simples é sempre um comportamento suspeito.

Essa resistência, todavia, pode ser justificada pelo fato de que a maioria das relações humanas não sobreviveria à honestidade. Temos de enganar, e muitas vezes também nos enganarmos, por questão de legítima defesa. O caso é que, se nosso objetivo fosse pensar, leríamos livros. Amizades acontecem por motivos alheios à verdade, habitando um mundo paralelo cujas regras são determinadas por nossas necessidades pessoais. Resulta que, em alguns assuntos, não temos a liberdade de falar e pensar honestamente, com imparcialidade, pois nosso bem-estar pressupõe a mentira. Daí o mal-estar que sentimos ao levantar objeções às incoerências que nos tornam humanos. Ser

155

sociável significa ver algumas coisas de modo irremediavelmente distorcido, mentir quase que por princípio.

Isso explica por que, em certos assuntos, essa cegueira ocorre com naturalidade. Parece estranho que nós, possuidores de um raciocínio tão agudo, nos deixemos enganar por mentiras tão palpáveis como amizades sinceras entre mamíferos exclusivamente egoístas. Mas tal fato ocorre apenas porque estamos comprometidos com uma ótica que nos obriga a agir como idiotas. Nessa situação, como cavalheiros, temos a educação de deixar os detalhes incômodos de lado, e esperamos que os demais façam o mesmo. A realidade fica em segundo plano para que possamos nos sentir à vontade no teatro, para que consigamos manter a espontaneidade, ou seja, improvisar sem prestar satisfações a ninguém. Essa espécie de infantilidade calculada é o que chamamos de aproveitar a vida. Ser um ator de folga.

Por um lado, assumir a vocação de atores sem culpa é importante para que não sintamos nossa natureza como um fardo, mas isso, por outro lado, nos torna ingênuos, presas fáceis num mundo de predadores civilizados. A verdade, ao mesmo tempo em que nos protege das ilusões, também nos impede de viver sem prevenções. Queremos levar a vida com leveza, mas sabemos que estamos num campo minado. Essa tensão nos desgasta. A ansiedade da desconfiança constante nos mantém demasiado acordados para que a vida seja algo aprazível. Dormimos com os olhos abertos, somos guerreiros a contragosto, pois não há inimigos declarados, apenas oportunistas esperando as vítimas mais fáceis.

Assim, procuramos constantemente a chance de guardar as armas. Queremos descansar do peso de nossas máscaras sociais. O preço do descanso, todavia, é tornar-se vulnerável, e só nos sentimos à vontade para baixar a guarda quando temos a certeza de que nossos amigos olharão por nós — por isso não encontramos o mesmo descanso na solidão. Então, como vemos, amigos não nos são caros porque nos permitem ser verdadeiros — seja lá o que isso signifique —, mas porque representam nosso único descanso da vida. Nossa confiança neles permite que sejamos ingênuos sem recear as consequências imediatas disso. Amizades são como acordos entre guardas-noturnos: vigiam-se mutuamente durante os fins de semana para que todos possam dormir sem ser despedidos — não estamos, como normalmente se supõe, interessados em ouvir o ronco uns dos outros.

A conclusão é que a amizade repousa na lealdade, não na honestidade. Ou seja, amizades não são sinceras, apenas úteis. Somente por isso nós as cultivamos. Seria impossível sermos completamente honestos com nossos amigos; um simples polígrafo destruiria qualquer amizade. Amigos estão comprometidos não com a verdade, mas com o bem-estar um do outro e, exatamente por isso, não podem ser honestos, não podem dizer grande parte do que realmente pensam a nosso respeito. Essa é a razão pela qual os elogios que recebemos de nossos amigos não costumam valer nada. Evitam nos criticar a todo custo e, quando o fazem, dizem apenas banalidades inofensivas. Suas críticas são quase sempre evasivas, superficiais e cheias de eufemismos ridículos. Amigos mentem e omitem porque sua maior preocupação é preservar a amizade. Mesmo quando nossos amigos pedem que sejamos completamente honestos, mentimos, pois dizer a verdade seria arriscado demais, poderia facilmente lançar por terra nosso investimento social.

As críticas de nossos inimigos, por outro lado, costumam ser muito dignas de confiança. Eles podem ser, e geralmente são, muito honestos naquilo que dizem a nosso respeito, pois nada têm a perder — estão livres para ser honestos. Seu ponto de vista não está comprometido com os interesses que visam à manutenção da amizade. Portanto, como amizades são sustentadas não pela verdade, mas pelo interesse mútuo, deveríamos pedir a opinião de nossos inimigos nos assuntos mais importantes. Suas críticas podem ser ácidas e perturbadoras, mas geralmente são sinceras e imparciais.

Dada a situação, parece inevitável que esse jogo de interesses chamado amizade seja bastante volúvel. Por exemplo, quando, e apenas enquanto, algum indivíduo é nosso amigo, nós o bajulamos, elogiamos, enaltecemos. Fazemos todo o possível para agradá-lo. Afirmamos repetidamente aos nossos amigos o quanto são importantes, virtuosos, inestimáveis. Em regra, isso tudo são mentiras descaradas. Dizemos tais coisas apenas para iludi-los com um sentimento gorduroso de importância, a fim de que permaneçam do nosso lado.

Amizades exigem que mintamos o tempo todo, e não são poucas as situações em que nos vemos forçados a defender nossos amigos de acusações que sabemos ser verdadeiras. Se não mentirmos em sua defesa, perderemos sua amizade. Por outro lado, para resguardar a relação, calamo-nos sobre muitos dos defeitos que vemos, sobre muito do que realmente pensamos a respeito de nossos amigos. Em geral, somente descobriremos a verdade sobre o que se pensava a nosso respeito depois que certo indivíduo, talvez por uma desavença pessoal, deixar de ser nosso amigo. Antes disso, tudo o que tínhamos eram dois indivíduos que mentiam um ao outro por interesse. Apenas depois do fim da amizade a honestidade pode realmente vir à tona sem prevenções. O indivíduo torna-se livre para dizer aquilo que, em segredo, sempre pensou a nosso respeito. Muitas vezes suas palavras nos chocam, pois talvez pensássemos que, pelo simples fato de ser nosso amigo, tudo o que o indivíduo dizia a nosso respeito era sincero. *O sancta simplicitas*! Saibamos ao menos admitir que, quando um amigo nos trai, ele não está sendo hipócrita, apenas desleal. Enquanto amigos, ambos sempre foram hipócritas. Isso é inevitável; faz parte do jogo. O fato verdadeiramente lamentável é que façamos todo o possível para negar o óbvio. Lamentável que consideremos uma virtude ser completamente ingênuos em relação aos nossos amigos até que eles nos traiam.

Isso tudo pode parecer triste, talvez até repulsivo, mas é fato. Se acreditamos que somos exceções dentro desse esquema, se pensamos que tais fatos não se aplicam a nós, burrice a nossa. Sabemos que o mundo funciona assim, pois vemos exemplos disso diariamente. Se quisermos nos fazer de desentendidos em nome de um romantismo infantil apenas porque isso nos acalma, tudo bem, mas conseguiríamos essa mesma calma com vinho, e será só questão de tempo até vermos nossas ilusões esfaceladas pela realidade.

Nesse esquema, não somos exceção, pois não há exceções — a ideia de mantermos qualquer relação com base na honestidade é digna de uma imortal gargalhada. Devemos nos dar por satisfeitos com o fato de que pensar não faz barulho: se só fôssemos capazes de pensar em voz alta, provavelmente nunca teríamos amigos.

✳ ✳ ✳

Como vimos nos exemplos acima, apenas depois de conviver algum tempo com tal sistema de hipocrisia convencional nos tornamos capazes de inferir suas regras, e isso sempre de modo indireto. Intuitivamente, delineamos as fronteiras entre ambas as coisas, entre o real e o convencional. Todos têm consciência desse caráter teatral da sociedade, e de bom grado se limitam a jogar com as aparências exteriores como uma espécie de linguagem maquiada e vaga que nos poupa de manipular diretamente as vísceras de nossa natureza. Talvez isso sirva também para que sejamos capazes de suportar a vida em sociedade sem azedar o estômago a cada conversa.

Vejamos mais um caso prático que ilustra o fenômeno da hipocrisia convencional:

Um indivíduo acorda ao som do despertador vagabundo e infernal que ganhou de um amigo, mesmo que na época houvesse dito que adorou o presente com um sorriso que ambos perceberam ser falso e, por polidez, mantiveram silêncio. Vai até o banheiro, escova os dentes, não porque se sente maravilhado pela sensação refrescante do creme dental, mas porque sabe ter hálito terrível, e isso muitas vezes já lhe causou constrangimentos. Faz a barba, penteia-se, passa gel, desodorante etc. Defeca anonimamente enquanto lê os acontecimentos interessantes no jornal para que tenha algum assunto sobre o qual conversar caso encontre algum conhecido com quem não tenha nada em comum. Veste seu uniforme de trabalho e caminha até o ponto de ônibus. Enquanto espera, um velho colega passa de carro e lhe oferece carona até o trabalho, mas recusa e diz que infelizmente já combinou tomar o ônibus com um amigo, sendo que na verdade apenas não suporta a companhia desse indivíduo, e disse a primeira coisa que lhe veio à cabeça para evitar meia hora de conversas incrivelmente enfadonhas e vulgares sobre suas dificuldades pessoais e sobre o quanto está sofrendo por ter sido abandonado pela esposa. Sendo que já havia inventado dezenas de desculpas esfarrapadas com o mesmo propósito, o conhecido diz "tudo bem, parceiro, fica para a próxima", e continua dirigindo enquanto pensa "esse imbecil é orgulhoso demais para aceitar sequer uma carona". Responde "até mais, e obrigado mais uma vez" enquanto olha aos lados fingindo procurar o amigo que tomaria com ele o ônibus, até que o carro saísse de sua vista. Suspira aliviado por haver driblado o inconveniente de alugar seu ouvido com asneiras que não lhe importavam, e logo vê chegar o ônibus que esperava. Levanta-se, sobe os degraus, acomoda-se numa cadeira e desaparece rumando a mais um dia previsível em que terá de suportar em silêncio os desmandos de seu patrão. O desconhecido que sentava ao seu lado enquanto tal fato ocorria aparentava desatenção, mas, para aliviar o tédio, acompanhou tudo o que sucedeu e, vendo que não chegou amigo algum para acompanhá-lo, pensou consigo: "tempo perdido ouvindo essa gente asquerosa! Se ao menos houvessem discutido, teria sido mais interessante!"

Esse tipo de acontecimento banal e corriqueiro é algo que sequer consideraríamos hipócrita caso fôssemos a pessoa em questão. Como não causa prejuízo algum, não vemos isso como uma verdadeira mentira, mas somente como um modo de nos esquivarmos de inconveniências pela lei do mínimo esforço. O fato é que, se fôssemos obrigados a dizer a verdade ante cada situação incômoda, provavelmente viveríamos numa guerra perpétua motivada por banalidades que, talvez, para nós, sejam coisas realmente insignificantes, mas que, para os demais, podem representar uma profunda ofensa à vaidade pessoal, algo que certamente tratarão de vingar. Não é algo socialmente inteligente arriscar nossa integridade física por amor à verdade de que o penteado do indivíduo com o qual conversamos é ridículo. Então, para todos os efeitos, nunca vimos um corte *tão moderno*.

Como se nota, mentimos ou revelamos a verdade parcial ou integralmente exata na medida de nossos interesses. Por tal razão, exceto caso estejamos preocupados em cultivar certa imagem social, convém não levarmos muito a sério o que os demais pensam a nosso respeito. Seja um elogio, seja um insulto, a verdade por detrás da afirmação sempre esconde algum interesse que não nos é imediatamente acessível. Caberá a nós a prudência de tentar descobri-lo caso não queiramos nos deixar levar pelas aparências, já que estas sempre são concebidas no sentido de nos levar a pensar algo que, antes de tudo, será benéfico àqueles que as forjaram. Assim, para tirar proveito dos demais, arquitetamos aparências cuidadosamente, às vezes com vários níveis de perfídia, para que não tenham acesso à verdade que nos convém ocultar, e os levamos a acreditar em mentiras como quem, em esgrima, faz uma finta. Gostemos ou não, sempre temos a sombra do interesse pessoal por detrás de tudo o que diz respeito à vida em sociedade. Tornar-se malicioso representa a essência da socialização humana.

Então, diante de algo que se diga a nosso respeito, nunca saberemos quanto há de realmente honesto. Ainda assim, mesmo que fosse totalmente sincero aquilo que se disse, ninguém tem acesso direto ao objeto ao qual se refere a observação, exceto nós próprios — caso já nos tenhamos iniciado no *conhece-te a ti mesmo*. Se sabemos, por experiência própria, que não somos bons motoristas, o que podemos inferir a respeito de alguém que nos considera exímios pilotos? Ou o indivíduo está equivocado, ou está tentando nos manipular através do elogio. Seria crasso de nossa parte jogar pela janela todo o conhecimento que temos sobre o assunto apenas para nos deixarmos massagear por uma mentira palpável.

A verdade sincera a nosso respeito pode ser desejável, mas quase nunca virá de outrem. Além disso, os demais nunca chegarão a nos conhecer melhor que nós próprios, e é bom que tenhamos isso em mente quando dizem algo que contraria, de modo positivo ou negativo, as opiniões que temos a nosso respeito, pois em geral estão errados. Bastar observar que muitas vezes os demais têm opiniões secretas a nosso respeito, e muitas vezes a mais sincera confissão dessas opiniões nos choca completamente, não pela sua verdade, mas por quão completamente erra o alvo. Isso evidencia como é difícil alcançar uma noção razoavelmente clara do que há no interior de cada um, especialmente se não formos a pessoa em questão, ou se tivermos o péssimo hábito de mentir para nós próprios.

Tais equívocos são frequentes porque, na incapacidade de compreender certa pessoa, é comum simplesmente inventarmos o que ela é. Declaramos que essa imaginação fantasiosa é a mais pura verdade, acreditando que o indivíduo realmente se reduz à opinião que temos a seu respeito. Isso nos dá uma sensação de segurança, mas fatalmente resulta em crenças errôneas. Tal fenômeno ocorre com bastante frequência entre aqueles que, por amor, idealizam certa pessoa. Aos olhos daquele que ama, o objeto amado passa a ser não a pessoa propriamente dita, mas aquilo que inventou a seu respeito. Como negamos a realidade e a substituímos por nossas fantasias, resulta que poucos são amados pelo que realmente são — se é que isso acontece.

* * *

As armaduras podem ser boas, mas temos também algumas ferramentas para garimpar verdades. O modo mais eficiente para levar alguém a dizer a verdade é, sem dúvida, a tortura física. Funciona maravilhosamente bem, mas é ilegal e inconveniente. Também há várias formas de tortura psicológica, técnicas de chantagem muito eficientes, mas são métodos que farão com que os demais passem a nos odiar por estarmos violando as regras do jogo. Há artifícios mais inteligentes e menos invasivos para conseguirmos extrair a verdade que desejamos sem deixar margem para contra-ataques tão óbvios.

O primeiro é o elogio, através do qual desarmamos nosso oponente nos passando por seus aliados. Quando bem aplicado, o elogio reduz um indivíduo extremamente perspicaz e bem articulado a um boçal com expressão bovina que se deixa inflar pelos comentários mais cretinos. Uma vez colocado nessa situação, podemos manipular as crenças do indivíduo livremente, já que seu senso crítico está temporariamente suprimido pelo ego inflado. Com a sensação de que deixamos de ser seus inimigos, o indivíduo não apenas deixará de proteger a verdade, como fará questão de dizê-la na tentativa de criar um vínculo de confiança com aquele que o fez sentir-se tão importante. Agora temos um homem originalmente sensato transformado em um idiota que está a nosso serviço simplesmente porque não soube proteger-se do elogio.

Outro artifício para arrancar a verdade de certo indivíduo consiste em enfurecê-lo através de insultos até que se descontrole e use tudo aquilo que pensa como arma — e nenhuma arma é mais poderosa, mais incisiva que a verdade. Acrescentando que, furioso, o indivíduo não estará em condições mentais de organizar ataques elaborados, temos nisso outro modo bastante eficiente de torná-lo estúpido e imprudente em nosso favor. Nesse estado de animalidade, tudo o que conseguirá fazer será lançar à cara de seu oponente as verdades mais pungentes, baixas e degradantes de que tiver conhecimento.

Assim, se mantivermos a compostura, poderemos guiar seu jorro caótico de ideias como bem entendermos, levando a discussão para o assunto que nos interessa, vendo as verdades mais ocultas brotando em profusão daquela boca espumante. Mesclado a isso haverá apenas alguns insultos automáticos e insinuações vagas, que podem ser facilmente identificadas e descartadas, já que se soubesse algo de fato faria questão de prová-lo, não se limitando a meras insinuações. Com isso, agora sabemos quais são as armas de nosso oponente, e será mais fácil explorar suas fraquezas, visto que estamos cientes do tipo de ameaça que poderá representar.

O insulto é uma manobra bastante interessante do ponto de vista estratégico, desde que já tenhamos nos habituado a uma absoluta honestidade para com nós próprios, de modo que uma verdade dita a nosso respeito, mesmo incômoda, não possa nos enfurecer igualmente e fazer com que percamos a vantagem. Pois, se algo é verdadeiro, não há por que levantar protestos contra a verdade e, se algo é falso, não há por que nos incomodarmos com algo que não se aplica a nós. Nisso vemos um exemplo da importância de discernir entre verdade e aparência.

O exemplo acima também revela que a razão pela qual se valoriza a honestidade, na verdade, é estratégico: sempre é mais fácil derrotar um inimigo que conhecemos bem. Então, ao afirmar que a honestidade é uma virtude, o que realmente esperamos é que os demais se tornem transparentes às nossas intenções. Trata-se de uma artimanha ainda mais sutil que o elogio e mais eficiente que o insulto, demonstrando que, em última análise, gostamos de pessoas honestas pelo mesmo motivo que gostamos de cães.

* * *

O fato de precisarmos portar um molho de chaves para entrar e sair de nossas residências já revela perfeitamente bem o que pensamos uns dos outros, e deveria reduzir a possibilidade de sermos honestos a uma piada. Mas relutamos em admitir algo tão visceral.

Claro que nem todos são embusteiros crônicos esperando a primeira oportunidade para nos apunhalar — embora raramente estejam muito longe disso —, mas o fato é que todos mentem porque a honestidade — sempre dizer só a verdade sem levar nossos interesses em consideração — é um erro estratégico crasso, uma ingenuidade intangível inspirada em idealismos insípidos. Ser honesto é uma abordagem que simplesmente não funciona, pois precisamos nos proteger das intenções uns dos outros. Nesse sentido, as virtudes que alardeamos na verdade não correspondem ao que nos move. Pelo contrário, são em grande parte um modo de desorientar tolos. Viver envolve competir, e competir envolve jogar sujo. Disso surge a necessidade de mentir, ao menos para proteger-se. Para além disso, ser honesto nunca é mais que uma esmola.

Percebamos, então, que as pessoas não são difíceis de entender: o fato é que elas não querem ser entendidas, pois ser entendido envolve revelar segredos, coisa que as deixaria vulneráveis. Assim, no processo de ocultar informações sensíveis, nascem inúmeras informações falsas, que são indistinguíveis das verdadeiras, e essa confusão muito intencional de versões é o que torna as pessoas aparentemente incompreensíveis. Disso nasceu o mito de que há algo de esfíngico nas pessoas, quando não há. Entender as pessoas é fácil: difícil é fazê-las dizer a verdade. Na melhor hipótese, *gostaríamos* de poder ser honestos, mas simplesmente não podemos — pela mesma razão que não podemos revelar a senha de nossas contas bancárias.

* * *

Constatando quanto há de oco, enganoso e baixo em todas as relações entre os indivíduos, percebemos como é prejudicial ao nosso bem-estar cultivar uma noção equivocada a respeito da natureza humana e das relações entre os homens. É comum imaginarmos que nós próprios estamos, por assim dizer, do lado de fora do teatro, especialmente quanto se trata de nossas relações mais íntimas. Mas esse é um tipo de ilusão que melhor fazemos em extirpar nós próprios, com o cuidado de nos ferirmos o mínimo possível, do contrário será eventualmente desmentida por um infortúnio que nos devasta sem a menor piedade.

Devemos saber que é sempre uma possibilidade real nos vermos traídos por aqueles em quem mais confiamos. Adotar a ingênua postura segundo a qual ser honesto é o bastante para que sejamos imunes às trapaças da vida em sociedade só garantirá que nos tornemos vítimas ainda mais fáceis. Considerando que somos seres sociais, é questão de inteligência nunca nos esquecermos das regras básicas do jogo vil chamado convivência.

Sem dúvida, cultivar noções idealizadas sobre a integridade e honradez dos indivíduos que nos são caros é um dos melhores modos de nos decepcionarmos. O máximo que, com sorte, podemos esperar encontrar é um equilíbrio justo na exploração um do outro, ou seja, um relacionamento saudável. Sendo importante também nunca fecharmos os olhos romanticamente sob o pretexto da confiança, pois a tentação de passar a perna nos demais já se demonstrou numerosas vezes mais decisiva que a lealdade — no mundo real, muitas vezes a galinha dos ovos de ouro realmente carrega dentro de si uma bela quantidade desse metal precioso.

Não devemos, portanto, supor que encontraríamos no íntimo dos indivíduos o mesmo que exibem em seu exterior. Com isso nos acostumaríamos a tomar por verdadeiras fachadas que são meras realidades teatrais. Estaríamos adotando como desejáveis noções completamente convencionais que, com razão, fariam com que nos sentíssemos diferentes, deslocados, solitários, sofrendo por nunca encontrar honestidade num mundo movido por interesses, imposturas, traições e inverdades.

Assim, ao julgar a questão, ao tentar discernir entre o autêntico e o afetado, é prudente tomarmos a grande diferença entre o que somos e o que exibimos aos demais como referência, pois é provável que façam o mesmo, e com a mesma malícia — ainda que essa postura nos repugne por lançar por terra todas as nossas ideias poéticas e delicadas sobre amizade sincera, segundo as quais todos são idiotas e apenas nós temos o direito de pensar uma coisa e dizer outra.

MORALIDADE

Estamos acostumados a entender a moral como um assunto "espiritual". Caso fôssemos almas incorpóreas, tudo bem. Até faria sentido. Não vemos como é incoerente que humanos proponham soluções espirituais para problemas materiais. No âmbito espiritual, consideramos lógico deixar a matéria de lado — nunca nos perguntamos se espíritos têm direito a aposentadoria. Porém, no âmbito material, consideramos absurdo deixar o espírito de lado. Acreditamos que seguir valores ideais nos tornará bons, mas apenas nos tornará cegos. Resulta que, em vez de considerar valores idealizados uma fantasia, consideramo-nos indignos deles. Passamos a acreditar que os valores são melhores que nós, os imorais, os fracos, os pecadores, os que se desviaram do caminho que ninguém consegue seguir.

Evidentemente, não é possível abordar a questão do ponto de vista espiritual pelo simples fato de que não temos espírito. Portanto, delírios à parte, somos seres materiais vivendo num mundo material. Quando, a partir disso, dizemos que nossa moral deve ser materialista, temos de entender que isso não é extremismo, mas o único ponto de partida possível para que atinjamos conclusões verdadeiras, que digam respeito à realidade.

O que escapa à maioria das pessoas em relação ao que denominam materialismo é que, ao rejeitá-lo, não estão apenas perdendo a oportunidade de entender o mundo e fazer piadas sarcásticas, mas de — ai de nós! — viver de acordo com a realidade. Permitamo-nos, portanto, ao menos um breve instante de honestidade para ilustrar o que exatamente está em jogo. Depois, cada qual tire suas próprias conclusões.

Desde sempre, a humanidade se comportou, por todas as definições, de forma desumana. Não seria, talvez, hora de reavaliarmos nossos conceitos do que é um homem, em vez de insistir em levar adiante uma visão que evidentemente está fundamentada em noções equivocadas a respeito de nossa natureza? Bom ou mau, construtivo ou destrutivo, um ser humano nunca deixará de ser humano. Ser inumano é coisa de pedras e tampas de garrafa. Não basta a pena de havermos nascido num mundo como este, cheio de misérias gratuitas, precisamos ainda carregar o fardo de viver como cegos voluntários em nome do que se considera moralmente correto? Não basta constatarmos nossa impotência honestamente, precisamos ainda abraçar teorias espúrias que nos consolam dando a entender que o problema é passageiro? Pois, se há alguma coisa ao alcance de nossos olhos, é que não temos motivos para acreditar que tal realidade mudará da água para o vinho. Pelo contrário, caminhamos cada vez mais para o vinagre. Dentro disso, nem a perspectiva mais otimista tem a ousadia de apontar uma solução tangível, e limita-se a apontar vagamente para um futuro remoto no qual seremos diferentes por alguma graça do destino.

Queiramos ou não, somos essencialmente macacos depilados que, com o acúmulo de avanços tecnológicos, agora têm poder demais e razão de menos. Nossa notável capacidade de cometer erros cada vez mais se iguala ao risco de morte. Temos mais força imediata com um dedo no gatilho que com qualquer outra arma que a evolução biológica nos tenha fornecido. Isso pelo simples motivo de que a evolução nunca nos equiparia com um dispositivo qualquer sem antes se certificar de que este não permitirá que sejamos vítimas constantes de nossa própria estupidez.

Por exemplo, o que um macaco furioso pode fazer? No máximo, sair gritando e gesticulando como louco, mordendo e agredindo os que estiverem por perto. E um macaco fora de si? O mesmo, exceto que talvez se atire de um penhasco ou algo do gênero. Esse foi o limite imposto pela evolução como medida preventiva. Mas um macaco depilado fora de si pode fazer muito mais com todo o poder que tem em suas mãos devido à tecnologia. Pode explodir cidades inteiras apertando um botão, ou incinerá-las por completo apertando outro.

Resulta que, agora, o mundo é um lugar muito mais perigoso para se viver, já que não apenas precisamos nos proteger de nossa própria estupidez, mas principalmente da dos demais, e para isso é necessário que tenhamos uma visão clara e lúcida da realidade. Enganar-se com ideais de uma pacificidade irrealizável é um modo extremamente eficaz de nos tornarmos vítimas de nossa própria ingenuidade.

A possibilidade de paz universal não passa de um mal-entendido. Os humanos matam porque a vida mata para viver desde que surgiu — esse é o sentido da vida, a eterna luta por poder, vale-tudo de *DNAs*. Um punhado de chavões inventados por teólogos autistas não vão nos proteger dessa realidade. Nada nos causa mais estranheza que ver indivíduos pacifistas — cuja evolução basicamente consistiu em arrancar a cabeça de bestas selvagens — afirmando não entenderem os motivos da violência na sociedade. Temos a impressão de estar diante de outra espécie, tamanha a inocência. A esses seres espirituais recém-chegados ao planeta Terra, recomendamos férias no mundo real. Talvez isso clareie suas vistas.

Se quisermos procurar fundamentos úteis para nossos ideais de moralidade humana, faremos bem em olhar ao lado, não ao céu. Faremos melhor ainda em esquecer o conceito de ideal e abraçar o de real. Isso colocará nossos pés novamente no chão, e passaremos a ver a moral como um meio de solucionar os problemas da realidade em que estamos. Esqueçamos a perfeição idealizada do mundo em que gostaríamos de estar: o ideal é um sonho, e sonhar é fechar os olhos.

Nossa situação é a seguinte: somos seres civilizados que não suportam a civilização. O mal-estar atravessa a vida em sociedade. Vivemos numa guerra perpétua porque nossos interesses mais básicos são conflitantes. Não conseguimos conviver em paz porque a satisfação de nossos desejos envolve lutar uns contra os outros. Entendamos, portanto, que o problema não está na sociedade em si mesma, mas em nós. A sociedade nunca será perfeita porque é composta de seres humanos. Nós não somos pacíficos — nunca fomos e nunca seremos.

Para resolver esse problema, ou ao menos atenuá-lo, foram propostas duas soluções: polícia e religião. A abordagem da religião consiste em tornar o homem inofensivo aprisionando sua mente. A polícia, por sua vez, torna o homem inofensivo aprisionando seu corpo. A diferença é que a religião pode ser empregada legalmente como medida preventiva, assegurando que os indivíduos nunca deixem de se sentir constantemente vigiados pelo Grande Policial. Trata-se de algo análogo a um radar fotográfico que não tira fotografias. Sabemos que não funciona muito bem, mas ao menos reduz os custos totais, e justifica-se por isso.

Em geral, pensamos na religião como a verdadeira guardiã da moralidade humana, sem a qual a sociedade se desintegraria. Acredita-se que, sem Deus, tudo é permitido. Por que pensamos dessa forma? Porque decorar chavões é mais fácil que pensar. É fácil demonstrar que a religião, em termos morais, é algo virtualmente inútil, possuindo, na prática, apenas um valor marginal.

De início, percebamos que os valores morais defendidos por esta ou aquela religião fazem sentido. O fato, entretanto, é que, ao levá-los adiante, nunca alcançamos os resultados prometidos. Por quê? Porque partem de pressupostos falsos. Por idealizar o homem, os princípios morais que a religião elabora são algo impossível de ser posto em prática, pois dizem respeito a algo que não existe. Não há como esperar que valores feitos para espíritos funcionem para primatas. O que sinceramente poderíamos esperar da moralidade de um macaco que se acredita dotado de uma alma eterna a ser julgada por um superchimpanzé imortal que mora na estratosfera?

Ademais, na elaboração de tais princípios, ela não apenas erra o alvo sistematicamente, como também nunca demonstra uma abordagem positiva. A religião não busca solucionar os problemas, mas evitar que surjam por meio da negação de nossa natureza. Busca nos acovardar perante o mundo e perante nós mesmos, desviando nossos olhares do presente e encorajando uma miopia passiva que nos será recompensada no além.

Vejamos a questão do seguinte modo: a função da moral é administrar os problemas sociais decorrentes de sermos humanos. Qual é a solução religiosa? Desumanizar o ser humano, isto é, negá-lo, castrá-lo, torná-lo doente, *i.e.* espiritualizá-lo. Seu valor, portanto, é meramente negativo. Seus princípios não são respeitados por serem úteis, mas por terem respaldo do criador dos céus e da terra, proporcionando algum sentimento de segurança aos que precisam desse tipo de muleta. Essa é a única utilidade da religião no âmbito moral. Trata-se de uma contribuição indireta, de um pretexto para se agir moralmente — ainda assim, não como homens, mas como serviçais de fantasmas.

Analisemos um pouco mais a questão. Sabemos que uma parcela considerável da população mundial é religiosa e acredita em divindades moralistas. Não parece estranho, entretanto, que vejamos como extremistas os que efetivamente seguem os princípios de sua religião? Na prática, os que governam suas vidas em função de tais princípios são considerados fanáticos alienados, doentes mentais. Porém, se a religião fosse algo realmente verdadeiro, não é exatamente isso o que deveríamos fazer? Mas não fazemos. Religiosos ou não, somos humanos, e nossa intuição prática nos diz que há algo de muito errado nos valores morais religiosos. Quase ninguém, na vida real, leva tais princípios a sério. Como isso se explica?

Vejamos: por que julgamos inadmissível que se coloque Deus acima da lei? Exatamente porque não tratamos Deus como algo real — não ao pé da letra —, e sim como algo que se escolhe, semelhante a um time de futebol ou a um partido político. Então, no fim das contas, tratamos Deus como aquilo que é: uma crença.

Isso significa que, em regra, não se acredita literalmente em Deus, acredita-se na crença em Deus. Afirmam acreditar em Deus, mas agem como se ele não existisse. Usemos o mito da criação para exemplificá-lo. Alguém realmente acredita que o mundo foi criado em seis dias? Sabemos que se trata de uma mentira óbvia — não apenas algo improvável, mas absolutamente ridículo, que nem mesmo cristãos conseguem levar a sério. Então por que respeitamos tais crenças? Por questão de boas maneiras. Pelo mesmo motivo que não dizemos às pessoas obesas que são obesas, aos paraplégicos que são paraplégicos, e assim por diante. Sabemos da verdade, mas não a dizemos simplesmente para não magoá-las, para não ferir seus sentimentos, pois viver já é duro o bastante, e não precisamos jogar à cara dos indivíduos suas limitações, defeitos e inépcias simplesmente porque isso é verdade.

Como qualquer dependente, aquele que precisa de crenças religiosas para conseguir ser moral provavelmente tem problemas em lidar com a realidade. Não zombamos de suas crenças, não porque elas nos inspirem qualquer respeito, mas simplesmente para poupá-los, para não tornar sua vida ainda mais difícil. Basta que imaginemos como seria nossa vida se dependêssemos de mentiras para viver em paz, se tivéssemos de defendê-las como se fossem verdades, mesmo sabendo perfeitamente bem que são mentiras, e isso nos dará uma ideia de como acreditar em besteiras deve ser difícil. Por exemplo, caso precisássemos acreditar que no céu vive um holograma suicida três-em-um;

caso precisássemos acreditar que nossos entes queridos são vertebrados imortais. Como continuar a acreditar quando a realidade demonstra que estamos claramente errados?

Nossa única alternativa viável, nesse caso, seria não pensar muito no assunto — e é exatamente o que se faz. Isso porque, para qualquer indivíduo educado, deve ser bastante perturbador ter de acreditar nessas maluquices. Então supomos que, se acredita em algo tão desvairado, deve ter bons motivos para isso — e como esses motivos são invariavelmente vergonhosos, temos a boa educação de deixá-los em paz com suas demências. O fato é que ninguém precisa de Deus porque ele não existe. Porém, da crença em Deus muitos precisam, e esse é o único motivo pelo qual respeitamos tais crenças.

Ilustremos tal perspectiva com um caso prático. Quase todos conhecem o dito segundo o qual não há ateus num avião em queda. Porém, em situações emergenciais, a última coisa à qual pensamos recorrer são superstições metafísicas. Podemos estar certos de que, num avião em queda, ninguém começará a rezar até que tenham se esgotado todas as possibilidades físicas de colocar a aeronave no chão com segurança. Quando tudo falha, para não dizer que desistimos, lançamos um *está nas mãos de Deus*, que é o modo cristão de dizer que estamos sozinhos e provavelmente vamos morrer. O fato é que ninguém reza como uma primeira opção — e isso revela muito sobre quem somos.

Claro que, em nossos velórios, dirão que fomos para um lugar melhor. Fica a dúvida sobre por que eles próprios não vão também, já que para isso não precisamos da permissão do Senhor, mas apenas de um avião defeituoso. Mesmo que invente quantas explicações julgar necessárias para justificar seu autoengano, nunca poderemos levar a sério um indivíduo alegando que seu ente querido foi para um lugar melhor enquanto permanece aos prantos em vez de soltar gritos de alegria — que é exatamente o que faria caso seu parente houvesse realmente ganhado uma passagem para um lugar melhor, como, por exemplo, aquela sonhada promoção para uma empresa no exterior.

Isso deixa suficientemente claro por que, no tocante à moral, a religião é um descaminho à promoção de nosso bem-estar. Não há nada de construtivo na atitude de andar às cegas em troca de paz na alma. Na melhor hipótese, é apenas uma perda de tempo bem-intencionada — embora pareça mais um pretexto para a negligência.

* * *

Tais considerações ilustram que não devemos nos preocupar com o certo ou o errado do ponto de vista da moral em si mesma, pois tal postura situa a moral como algo idealizado e fechado em si próprio, que não diz respeito ao mundo em que realmente estamos, e isso nos tranca do lado de fora da equação que nós próprios criamos. Sistemas de regras morais baseados em idealismos são algo que nos ensina que ignorar a realidade é algo bom, e que ser cegos nos tornará virtuosos — mas apenas nesse universo paralelo no qual ninguém está. Sua mensagem é a seguinte: *entre uma regra moral e a realidade, fiquemos com a moral.* Desnecessário dizer por que se deve ignorar essa postura delirante.

Então como devemos proceder? Devemos, ao atravessar a rua, nos preocupar com o certo ou o errado do ponto de vista real. Isso porque, depois de atropelados, não fará diferença alguma que infeliz crença nos atravessava a cabeça quando concluímos que poderíamos ignorar a física e nos deixar guiar por abstrações morais. Essa é a única postura sensata a ser adotada no que diz respeito à moral.

Assim, antes de pensar na moral como uma solução para problemas sociais, precisamos apreender a realidade em si mesma com bastante clareza — entendê-la amoralmente. Não importa que, diante de um problema qualquer, tenhamos as melhores intenções. Intenções não resolvem nada. Se não soubermos do que estamos falando, qualquer juízo que emitirmos não passará de um disparate. Cultivar uma moral oca baseada na retórica, em vez de solucionar problemas, apenas nos faz ignorá-los, convocando todos a olhar na direção errada em nome de alguma ideia qualquer que nos agrada a imaginação. Entendamos que não há nada de admirável em distribuir belos conselhos que ninguém consegue seguir; isso é uma patetice, um desserviço.

Deixemos, pois, a retórica de lado, e vejamos a questão do ponto de vista da realidade. A sociedade precisa impor aos indivíduos certas restrições que a tornem sustentável. Seja qual for a sociedade da qual façamos parte, há regras que a norteiam, e não temos realmente escolha quanto a acatá-las ou não.

Sabemos que os impulsos humanos desequilibrados precisam ser refreados para que seja possível a vida em sociedade, do contrário nada nos impediria de assaltar um casal de velhinhos para comprar chicletes. Mas o detalhe é o seguinte: nada nos impede. É perfeitamente possível assaltá-los, colocar o dinheiro no bolso, procurar algum bar e nele comprar chicletes — não cairá uma pedra sobre nossas cabeças. Em termos físicos, não há impedimento algum. Então, no tocante à moral, a questão são os motivos pelos quais nos consideramos impedidos.

Que motivos são esses? Num primeiro caso, a razão é termos uma camisa de força instalada em nossos cérebros. Num segundo caso, a razão é termos consciência de nossos interesses de longo prazo. Há, obviamente, mais vantagens nessa segunda postura, porém esta exige mais esforço de nossa parte. Tal postura requer a capacidade de exercermos nós próprios tais restrições, porém com a vantagem de que serão muito menos invasivas, visto que cada decisão será tomada levando-se em consideração especificamente o nosso caso.

Mesmo que só em linhas gerais, isso resume razoavelmente bem o assunto. Por mais que sonhemos, moralidade só diz respeito à vida em sociedade. A finalidade é permitir que vivamos sem incomodar uns aos outros. Caso ultrapassemos os limites, cheios de fé ou descrentes, guiados por princípios transcendentais ou mundanos, as consequências serão as mesmas.

A moral não tem, para além disso, qualquer objetivo específico digno de consideração. Viver é andar em círculos, e ser moral é não pisar no pé dos demais. Tomando-se apenas a sensata precaução de não ser preso, cada qual pode agir como bem entender. Não há muito mais que possa ser dito. O resto são teorias usadas para nos convencer de que não temos liberdade alguma para transgredir a lei. O que não temos, na verdade, é o direito legal de fazê-lo, mas dizer que não somos livres para isso é tolice. Temos plena liberdade, tanto que transgressões são algo cotidiano. A liberdade que não temos é a de transgredir a realidade e dar um pulo até a Lua, voltando para o almoço. Tenhamos em mente que, em si mesmo, o viver não tem regras, apenas as sociedades.

Não é acaso, portanto, que a questão da liberdade individual atormente tantas cabeças moralistas, pois as implicações disso são potencialmente terríveis. Podemos, entretanto, saber disso tudo, de toda essa arbitrariedade, sem nos sentirmos minimamente inclinados a uma vida criminosa. Essa é uma questão relacionada muito mais à nossa natureza pessoal, ao nosso caráter, que às nossas opiniões filosóficas.

Seja como for, no que diz respeito à moral, a sociedade não se dá ao trabalho de vigiar nossos motivos para uma coisa ou outra. Seu interesse consiste somente em delimitar nossas ações. Podemos pensar o que quisermos, mas não agir como quisermos, e dentro disso não importam nossos motivos. Então, desde que não causemos incômodo — ou que não sejamos descobertos —, não seremos punidos.

Diante dessa perspectiva tão clara, seria negligente nos abstermos de fazer escolhas próprias por respeito a abstrações morais. Estaríamos trocando nossa liberdade por um punhado de dogmas que garantirão que ajamos sempre do mesmo modo, independentemente das circunstâncias. Se há algo importante a ser frisado, é que ser estúpido por precaução não é a escolha mais inteligente.

* * *

Para ser morais, não precisamos do intermédio de alguma teoria transcendental que tenta garantir que nosso cérebro nunca se tornará parte da equação. Então, desde que estejamos dispostos a pensar, há alternativas bem mais interessantes. Podemos, por exemplo, encontrar muito mais sabedoria de vida na ciência moderna que em qualquer teoria moral jamais concebida — com a vantagem de que não precisaremos hipotecar nossa inteligência. Então, passando rapidamente por alguns tópicos controversos, veremos com mais clareza as vantagens de inferirmos nossas regras em função dos fatos e das circunstâncias, não em função das próprias regras. Veremos que benefícios há em enxergarmos primeiro a realidade em si mesma, e apenas depois nos preocuparmos em sobrepor a essa realidade básica uma outra, composta de regras que delimitam nossas ações.

Vejamos o que pode ser dito em termos objetivos e científicos a respeito das drogas, lícitas ou não. A definição é simples: substâncias que usamos para intervir nos processos fisiológicos do corpo. Com o sem-número de drogas já catalogadas e estudadas à exaustão, não temos nenhuma dúvida essencial sobre o que fazem. Sabemos como funcionam, onde atuam, sua duração e os efeitos colaterais, e sabemos que não há nada de errado nelas. É absurdo apontar um conjunto de moléculas no microscópio e dizer que são substâncias más e erradas porque produzem certo efeito quando administradas em seres vivos. Essa postura beira o ridículo. Drogas são apenas substâncias que alteram nossa fisiologia, e seu valor na promoção de nosso bem-estar já foi mais que comprovado. Assim, antes de afirmar que drogas são ruins indistintamente, devemos considerar qual é a droga em questão, com que fim será empregada, quem será o usuário, qual a dosagem e por quanto tempo será administrada. É isso o que importa em termos de prós e contras. O fato de alguns indivíduos as empregarem de modo autodestrutivo não é uma objeção às drogas, mas à própria autodestruição, já que a mesma substância pode ser usada para salvar vidas. Então, se não quisermos que as pessoas se destruam, pelo motivo que for, ao menos admitamos que é esse o ponto, e que este, por sua vez, não tem relação alguma com as substâncias em si mesmas, mas com a finalidade com que são empregadas. Ademais, nenhuma droga corre para a veia dos viciados. Quando eles injetam-nas em si mesmos, perdem o direito de culpá-las, de se considerarem vítimas que tiveram suas vidas destruídas pela droga. O vício não está na substância, mas no viciado e em seu comportamento estúpido. Portanto, em termos materiais, alguém tomando remédio para dor de cabeça ou outrem injetando heroína estão fazendo exatamente a mesma coisa, isto é, alterando sua fisiologia artificialmente para promover seu bem-estar, assim como podemos alterá-la naturalmente pela privação de sono, pelo jejum ou por exercícios. Parece pouco, mas isso é tudo o que há para ser dito sobre a essência das drogas. O resto são normas que inventamos para regulamentar seu uso, e não acrescenta nem subtrai nada ao mecanismo básico de ação. Nesse sentido, no que diz respeito ao certo e ao errado, a única classificação real que podemos estabelecer é que existem drogas ruins e drogas boas, ou seja, drogas que funcionam bem e outras que funcionam mal. Em si mesmo, o uso de drogas não é errado pelo mesmo motivo que também não é certo, ou seja, porque não tem significado algum, assim como não há significado algum em colocar óleo no motor de um carro. Uma bula nos esclarece muito mais sobre esse universo que qualquer discurso de moralistas.

Sobre raças e gêneros também há algumas palavras a serem ditas. Tornou-se

175

comum a ideia de que não existem raças entre humanos, apenas entre cães. Devemos nos classificar em etnias. Isso pode soar politicamente correto, mas biologicamente não faz muito sentido — afinal, cães também são virtualmente idênticos entre si. Mudar palavras e definições não muda a realidade. Sabemos que há diferenças físicas entre os indivíduos de diferentes raças, e isso é algo que a ciência já comprovou muito bem. Também há diferenças físicas entre homens e mulheres, e elas já foram muito bem estabelecidas. Sabemos que negros são mais propensos à hipertensão arterial; que orientais têm menor estatura; que homens são mais propensos à calvície e, mulheres, à celulite. Sabemos isso tudo porque vimos com nossos próprios olhos. Está comprovado por estatísticas esmagadoras, e só alguém que se esqueceu de fazer sua lição de casa em assuntos científicos poderia pensar que tais afirmações sejam preconceitos. Homens e mulheres são diferentes entre si, e as raças são diferentes também. Isso, naturalmente, não é pretexto para estabelecermos uma hierarquia de perfeição, mas alegar que somos todos iguais é simplesmente mentira. Pelo contrário, somos todos diferentes, e devemos levar isso em consideração ao comprar *shampoos*. A única exceção para essa regra, naturalmente, é a inteligência. Isso porque um indivíduo pode ser um gênio, uma mente absolutamente brilhante, capaz de trazer imensuráveis progressos ao conhecimento humano, mas continua sendo tão inteligente quanto um bêbado ignorante com retardamento mental. Nesse particular, por mais que haja evidências do contrário, devemos simplesmente ignorá-las, pois todos são igualmente inteligentes, e sempre serão.

Quando analisamos a questão da sexualidade também não é fácil entender de onde se originam tantos mal-entendidos e implicações absurdas. O desejo sexual é algo extremamente simples e fácil de satisfazer. Aliás, não seria ótimo se pudéssemos satisfazer a fome simplesmente acariciando a barriga? Mas nós adoramos complicar as coisas. A questão pode ser basicamente resumida ao fato de que sobre a terra há bilhões de indivíduos ansiosos pelo prazer da cópula. Dividem-se basicamente em homens, que têm pênis, e mulheres, que têm vaginas. A genitália precisa ser estimulada para que atinjam o tão perseguido orgasmo, e isso pode ser feito como, com quais e quantos parceiros bem entenderem. O mais próximo do errado que poderíamos conceber no âmbito sexual seria tentarmos nos excitar usando coisas que não funcionam, como se masturbar com martelos. Sexo errado é aquele que não nos dá prazer, não aquele que viola os tabus. Portanto, se o objetivo consiste em obter prazer estimulando certo conjunto de células de nosso corpo, temos de entender quais são as opções reais, biológicas diante de nós, pois o resto são questões secundárias como monogamia, fidelidade, casamento, segurança, sentimentos, doenças venéreas ou gravidez indesejada, todas girando em torno de tabus e interesses sociais. Há apenas uma equação muito simples cujos componentes principais são conhecidos por todos: pênis e vagina, glande e clitóris. Não importa quem usa o que em quem nem como: homem e mulher, homem e homem, mulher e mulher, homem e boneca inflável ou mulher e vibrador, todas essas combinações funcionam. No mais, apesar de todo o horror envolvido na questão da pedofilia, o fato é que contra ela a única objeção que se aplica é a mesma que se aplica à zoofilia, ou seja, a possível incompatibilidade física entre os órgãos genitais. Contra o incesto não há como imaginar qualquer objeção física imediata. Sejam quais forem nossas preferências pessoais, é indiferente o que se diga no sentido de aprovar certos comportamentos ou reprovar outros, pois a biologia ignora nossos tabus. Assim, já que em termos de possibilidade física os impedimentos são poucos e facilmente contornáveis, tudo se resume a uma questão prática, não moral.

Por fim, podemos matar quem quisermos. Para isso basta possuir os meios físicos. Se conseguirmos fazer com que o corpo de outro indivíduo pare de funcionar, isso quer dizer que podemos matá-lo. Não há por que envolver tal fato em noções de certo ou errado, ou em considerações sobre o valor da vida humana. O fato é simplesmente que se pode matar, e mata-se. Apenas perdemos tempo ao discutir se existe a possibilidade de tirarmos a vida de outrem. Sabemos que há. Toda a discussão se resume a serem bons ou não os motivos para tanto, e isso, por sua vez, é uma discussão completamente distinta. A questão mais importante trazida à luz ao vermos o assunto nessa ótica é que ninguém precisa de motivos justos para nos matar. Podemos ser assassinados por motivos com os quais concordamos ou discordamos. Um tiro entre os olhos pode ser uma justa legítima defesa, uma injusta vingança pessoal: não faz diferença o que pensamos, não faz diferença se reconhecemos o direito moral da bala que explode nossos miolos. Fisicamente, o resultado é o mesmo. Portanto, se quisermos realmente apreender o cerne da questão, devemos entender que o assassinato é um ato físico, não moral.

Esses são exemplos clássicos de como podemos enxergar os fatos por detrás das questões morais levantadas pela vida em sociedade numa ótica puramente material e objetiva, isenta de preconceitos. Assim, para sermos indivíduos morais, não é preciso acreditar, apenas pensar. Não há necessidade de imperativos morais inquestionáveis. Não precisamos predefinir virtude e vício, certo e errado, já que tais coisas dependem de nosso julgamento, não da realidade. O único requisito para que possamos nortear nossas vidas por uma moral intelectualizada consiste em usar constantemente o cérebro para definir nossos próprios juízos, valores e limites.

✳ ✳ ✳

Tal frieza é incomum em discussões sobre moral porque, para a maioria dos indivíduos, é importante que haja uma "paixão" vinculada a cada valor moral, de modo que sigamos tais ou tais princípios por senti-los como corretos. Porém, confrontando a teoria por detrás desse critério com os resultados práticos, vemos que não é muito confiável. Por um lado, nutrir valores desse gênero pode tornar os indivíduos mais previsíveis, o que é desejável a quem deseja prevê-los e manipulá-los. Porém, por outro, não garante uma adequação inteligente de suas ações, pois serão todas norteadas por crenças apaixonadas que não aceitam o pensamento como um componente paralelo.

A única diferença entre princípios morais de natureza intelectual e outros de natureza afetiva consiste no fato de que somente nos últimos há a garantia de punição. Sentir-se culpado ao transgredir algum princípio moral é, por definição, o que o torna eficiente, isto é, coercitivo. Quando uma transgressão não vem imediatamente acompanhada de punição, seja interna, na forma de culpa ou remorso, ou externa, na forma de repreensões, multas ou encarceramento, logo o princípio não é mais temido e, portanto, tampouco respeitado. Porém, considere-se que, quando isso ocorre, geralmente é porque o valor em questão não servia para nada. Porque, se se tratasse de um valor realmente útil, continuaríamos a segui-lo por vontade própria, mesmo sabendo que não seríamos punidos por transgredi-lo.

Seja como for, culpa não é um bom fundamento para valores morais. Além disso, nosso dever, enquanto indivíduos, não é nos punirmos, mas nos comportarmos de acordo com nossos interesses, tendo em vista os limites que a sociedade nos impõe. Nossos valores pessoais podem ser valores quaisquer. Perante a sociedade, nosso único dever é respeitar os limites — punir é o dever da lei.

Claro que a possibilidade de sermos puramente racionais nessa questão incomoda os que veem a moral como uma segunda lei, pois sentem que é preciso seguir uma regra a mais e não admitem que os demais a ignorem. Porém, isso pode ser reduzido ao rancor de indivíduos que enjaulam a si próprios em preconceitos e passam a vida odiando os que são livres. O fato é que, enquanto indivíduos racionais, somos tão confiáveis quanto os demais. Talvez até mais, pois nossos valores são lógicos e baseados em fatos, não em dogmas, crendices e medo. Nossa moral, do ponto de vista puramente racional, pode parecer arbitrária, mas nossos interesses não são — e é esse o detalhe importante nessa questão. Em ambos os casos, os objetivos são os mesmos. A diferença é que tiramos a superstição da equação.

Por estranho que pareça, a maioria dos indivíduos não escolhe o caminho da liberdade, da moral racionalizada. Comumente optam por preconceitos morais afetivos, ou seja, medo. Simplesmente não pensam por que razão não se deve transgredir um dado princípio. Pensam somente que, ao transgredi-lo, se sentirão culpados ou sofrerão punições, e isso equivale a não pensar. Nessa situação, passamos a maior parte da vida seguindo regras nas quais nunca pensamos. Nunca procuramos entender por que é mais desejável uma sociedade na qual as pessoas sejam norteadas por tais regras. Cedo ou tarde, entretanto, vemo-nos confrontados por situações em que somos forçados a pensar, sendo apenas lamentável que seja necessária uma situação extrema para nos levar a fazer escolhas independentes. O restante do tempo, ou seja, a maior parte de nossas vidas, limitamo-nos a seguir princípios em vez de tomar decisões. Acabamos por deixar que a vida toda escape de nossas mãos através de uma passividade consentida, da qual só despertamos quando há grandes coisas em jogo, e nossos princípios se mostram visivelmente incapazes de lidar com a situação de modo satisfatório.

Assim, se estivermos diante de um sinal vermelho e, vendo um assaltante aproximar-se, ainda tivermos qualquer dúvida sobre qual é a melhor saída, isso só demonstra que nunca ponderamos sobre a diferença entre princípios físicos e princípios convencionais. Podemos acreditar que estaremos com a razão se, ao não tomar nenhuma providência, sentimo-nos justificados pela crença de que "temos o direito de viver em paz", mas haverá bastante tempo para ruminar o assunto quando, depois de assaltados, tivermos de regressar às nossas casas a pé porque, em vez da sensatez, escolhemos a consciência tranquila. Tamanha é a angústia que sentimos quando confrontados pela liberdade que, em regra, escolhemos simplesmente não pensar. Preferimos conservar a consciência tranquila a todo custo, mesmo que isso nos custe a vida. Quando percebemos o grau de insensatez dessa postura, geralmente já é tarde demais, e agora fazemos o papel de vítimas honestas. Quem abre mão de pensar por si mesmo, acreditando que estará seguro pelo mero fato de não estar infringindo nenhuma regra, logo se verá constantemente na posição de vítima do mundo. Será um virtuoso inocente constantemente vitimado por sua postura omissa de irreflexão, de passividade, de covardia.

A realidade vem antes do direito e da justiça, e isso pode ser facilmente ilustrado por alguém que morre em um cinema em chamas porque, tendo pagado pelo bilhete, insiste no direito de assistir ao filme todo. Morreu em nome de seu direito. Ignorar a realidade em favor do direito moral pode parecer uma postura absurda, mas não é raro sentirmos até certo orgulho em ser obedientes, seguindo regras sem sentido mesmo quando não há testemunhas. Cultivamos virtudes de escravo em troca de paz na alma, de consciência tranquila, mas isso não é garantia de coisa alguma, senão de que paramos de pensar para priorizar o obedecer — como convém aos que nos regram.

* * *

Quando colocamos a moral nessa perspectiva, logo percebemos que o que seguimos são crenças e convenções, não realidades. O certo e o errado são reduzidos a uma falsa oposição na qual fomos levados a acreditar. Assim, ao proceder nesses questionamentos, talvez pareçamos estar "desrespeitando" os bons costumes, mas tudo o que estamos fazendo é refletir sobre por que devemos seguir certos valores e não outros — ou nenhum deles. Estamos refletindo sobre suas finalidades e o valor dessas finalidades. Por exemplo, em nossa sociedade, em sua maioria, os indivíduos sustentam que matar é errado. Pois bem, se acreditam nisso, devem possuir seus motivos. Então nos dirigimos a um deles e fazemos a óbvia pergunta: *por que não se pode matar?* Porém, em vez de responder, o indivíduo apenas se indigna. Logo percebemos que quem reage com indignação ante perguntas dessa espécie está apenas disfarçando o fato de que não possui resposta alguma; com sua indignação, está apenas tentando escapar do embaraço de admitir que acredita em dogmas sociais. Nessa situação, o indivíduo não sabe explicar nem justificar seus valores — mas, mesmo assim, quer ser racionalmente respeitado por sua crença irracional.

Se quisermos nos distanciar dessa postura dogmática, temos de aprender a dissociar nosso comportamento das noções de certo e errado, bem e mal, e começar a associá-lo a fatos, a raciocínios, motivos, razões. Se quisermos ter acesso aos nossos próprios valores, nossa moral não pode ser um conjunto de mandamentos absolutos, sem nenhum contexto no qual possamos apreciar suas justificativas. Quando, por exemplo, pensamos em assassinato, não devemos pensar que é errado, mas que é o ato de tirar a vida de outra pessoa intencionalmente. Depois devemos pensar, no contexto de uma vida em sociedade, quais são as implicações de se tirar a vida de outra pessoa, bem como as situações em que isso poderia ou não ser válido.

Nesse processo, a conclusão mesma é o que menos importa. Isso porque, seja qual for o raciocínio que chegue à conclusão de que matar é certo ou errado, veremos que, em cada caso, há sempre uma série de passos intermediários compostos de razões e motivos para aceitarmos tal conclusão, e é isto o que realmente importa: pensar. Entender o que nos levou àquela conclusão. Não devemos simplesmente nos contentar em sabê-la, pois o mais importante é termos consciência das razões que sustentam aquela conclusão, para que, quando estivermos pensando em assuntos relacionados, para tomar outras decisões, tenhamos acesso às razões de todos os nossos valores, não somente às suas conclusões. Nesse sentido, as conclusões só possuem um valor prático, estando esse valor subordinado às razões que nos levaram a ela.

Como vemos, refletir sobre nossos valores pessoais equivale a fazer engenharia reversa, buscando as razões que os fizeram nascer. Procuremos ilustrar. Em nossas vidas cotidianas, seguimos várias regras. Agora pensemos numa delas, não importa qual: se não pudermos responder, imediatamente e sem hesitação, por que devemos ou não obedecer tal regra, isso significa que nunca pensamos sobre o assunto. Simplesmente deixamos que alguém pensasse por nós.

Somente a compreensão nos colocará na posição de concordar ou discordar da conclusão final — e não há como fazê-lo se não tivermos consciência das razões que a fundamentam. Isso fica claro se pensarmos em regras óbvias como "é errado beber água do mar" ou "devemos lavar os alimentos antes de ingeri-los". Conseguimos deduzir a razão de ser dessas regras porque estão claramente relacionadas à realidade, e assim deve ser com todos os nossos juízos a respeito do mundo: devem ser inteligíveis e justificáveis. Quando deixamos de pensar sobre o fundamento das regras, acabamos por nutrir dúvidas tolas, como a possibilidade de beber água do mar depois de destilada, já que sua "essência íntima" permaneceria marítima — e talvez ainda continuasse perniciosa em si mesma. Nessa situação, tornamo-nos supersticiosos em relação à água do mar porque perdemos de vista o fato que fundamentava a proibição.

Assim, ao lidar com a realidade, devemos pensar em termos de limitações reais, ou seja, fatos, forças, átomos, ações e reações. Entender quais são os fatos com os quais estamos lidando em termos físicos, crus. Apenas depois disso vêm as limitações sociais ou morais, que são apenas para regulamentar nosso comportamento coletivo nessa questão particular.

Nesse sentido, os costumes de certa sociedade nada mais são que conselhos convencionados. Assim, não importa o quanto se louve este ou aquele princípio, não importa que transgredi-lo nos coloque na cadeia: nunca serão mais que conselhos com os quais podemos concordar ou não. Na lógica, assim como na moral, devem ser vistos como falaciosos apelos à popularidade ou à antiguidade. Não apenas às conclusões, queremos também ter acesso às premissas, pois apenas assim poderemos verificar se o raciocínio todo é válido.

Então, quando o assunto é moralidade, a moral vem por último. Em primeiro lugar vem a realidade, depois as razões e, por último, as conclusões. Só devemos empregar as conclusões diretamente quando a situação não nos der tempo para pensar. Depois, entretanto, deveremos rever a adequação daquilo que empregamos sem considerações prévias. No processo de estruturar uma visão coerente da realidade, todas as noções supérfluas que anexarmos sem uma compreensão clara de sua função só nos tornarão incompetentes na tarefa de pensar por nós próprios — de emitir nossos juízos, do começo ao fim, em primeira pessoa.

Antes de encerrar, acrescentemos ainda que moralidade não tem relação alguma com o conceito de "virtude", que por sua vez é um conceito completamente oco. Esse vínculo automático que vemos entre uma coisa e outra é apenas um ranço de teologia que ainda nos lambuza de confusão metafísica.

A moralidade é uma questão prática, é o que se situa entre nós e nossos objetivos, e diz respeito aos melhores meios de satisfazer nossos interesses no contexto social. O valor de um juízo moral está em sua capacidade de lidar com problemas físicos de modo satisfatório, sem extrapolar os limites estabelecidos pelas convenções sociais.

Conforme explicamos, a aplicação da moral em nossas vidas pode ser feita passivamente, através de preconceitos morais, ou ativamente, através da inteligência. Ambas as abordagens funcionam, mas só uma nos permite saber o porquê. Uma aceita resultados prontos, a outra faz os próprios cálculos.

Fizemos a escolha de permanecer com a inteligência desperta porque nos parece insensato dormir no controle de nossas vidas, numa espécie de sonambulismo moral. Não acreditamos nas regras que seguimos, apenas nos interesses que as justificam. Abandonamos todas as superstições que tornam o raciocínio letárgico e obtuso. Não acreditamos em moral, acreditamos em física, e sabemos que, em termos físicos, a única coisa que pode ser errada no assassinato é o tiro.

IV

SOBRE A CONDIÇÃO HUMANA

SOFRIMENTO

A vida não vale seu custo em dor. Se considerarmos a felicidade como o objetivo da existência humana, teremos de admitir que caminhamos decididamente ao fracasso. Seria muito mais fácil defender a ideia de que o sofrimento é a verdadeira meta, pois temos muito mais fontes de moléstias que de prazeres. Numa escala relativa, nossa sensibilidade à dor é várias vezes maior que ao prazer. Há muitos mais modos de ser infeliz que o contrário. Nossas maiores dores são sempre mais intensas e duradouras que nossas maiores alegrias. Por fim, não precisamos cultivar nosso intelecto, refletir sobre o mundo ou nos empenhar em qualquer sentido para alcançar o sofrimento: ele está à disposição a qualquer momento. Para sofrer basta viver.

A dor é como o elemento essencial em que estamos imersos, sendo a felicidade apenas os momentos em que conseguimos chegar à superfície e encher os pulmões de ar para, em seguida, sermos novamente tragados às profundezas. Talvez isso soe desagradável, mas, se tivéssemos de fazer uma aposta decisiva valendo a felicidade eterna, certamente colocaríamos nossa confiança na vitória final da dor sobre o prazer. Diante de uma aposta de tamanha importância, é certo que recobraríamos rapidamente a lucidez e reconsideraríamos quase instantaneamente nossas opiniões tolas a respeito dos sonhos de felicidade pessoal que cultivamos no dia a dia.

Nessa perspectiva, tudo o que podemos fazer é tomar as providências necessárias para nos proteger do sofrimento. Quando alguém busca ou, ainda mais, exige felicidade de um mundo como este, miserável como é, isso já demonstra com bastante clareza o quanto ignora sua própria natureza. Um indivíduo que tivesse consciência de sua verdadeira condição seria muito mais modesto em suas pretensões à felicidade.

Temos de entender que a vida, em essência, é um vírus. Chegamos até aqui graças a moléculas autorreplicantes cujo critério de seleção é a eficiência reprodutiva dos corpos que constroem. Esse critério mecânico nem chega perto de tocar coisas quase metafísicas como sonhos de felicidade pessoal. Com ou sem felicidade, a vida continuará rolando montanha abaixo no devir descabeçado da existência. Ademais, considerando que a satisfação, em geral, nos torna imprudentes e preguiçosos, faz perfeito sentido que a natureza tenha restringido sua duração a curtos momentos, seguidos de longos períodos de sofrimento que nos impelem à ação, visando a satisfação de nossas necessidades.

Essa visão parece pintar o acaso como algo maldoso e cruel, mas trata-se de uma impressão superficial. Se quisermos pensar a ótica impessoal da vida enquanto um sistema maquinal, só precisamos imaginar como construiríamos um ser vivo se nosso único interesse fosse sua perpetuação. Para tanto, poderemos colocar em sua própria constituição íntima elementos que visem enganá-lo, iludi-lo, encher seu horizonte de paisagens falsas, tudo em nome da eficiência. Acrescentemos que nunca nos veremos obrigados a cumprir com nossa palavra. Tudo se resume a garantir que o sistema funcione, ainda que com grandes doses de sofrimento. Chegaríamos, em pouco tempo, a algo bem próximo dos robôs que a natureza criou através da evolução biológica.

Nossa situação não é muito diferente daquela de um burro que tem uma cenoura pendurada à sua frente. Nossa cenoura se chama felicidade. Perseguindo-a, corremos em busca de algo que jamais alcançaremos. Temos a impressão de que nascemos para ser felizes, mas apenas porque estamos presos à lógica interna de nossa natureza biológica. A condição de ser vivo nos impõe como referenciais supremos o prazer e o sofrimento. Contudo, o prazer é apenas um mecanismo psicológico arquitetado para influenciar nosso comportamento, não uma realidade à qual estamos caminhando. Isso ficará claro se considerarmos o fato de que, ao alcançarmos a satisfação de algum desejo, teremos apenas alguns instantes de prazer como recompensa e, em seguida, já nos começam a molestar novas necessidades que nos tornarão inquietos. Não tardará para que partamos novamente à ação, num ciclo de insatisfação que só terminará com a morte do indivíduo ou com a aquisição de um grão de bom senso.

Constatando que a busca pela felicidade é uma cilada, poderíamos ter a sensata ideia de cruzar os braços e permanecer inertes. Parece que isso resolveria todos os problemas relacionados ao sofrimento, visto que surgem, direta ou indiretamente, de todas as coisas que desejamos com o intuito de alcançar a plenitude que aprendemos ser possível no jardim de infância. Imaginamos certo sonho e supomos que, uma vez realizado, nos daremos por satisfeitos. Porém, com o tempo, vemos que isso não acontece. Nunca acontecerá. Então faria sentido considerarmos a inação, a ausência de desejo, como uma solução. Porém, quem apostar nessa ideia logo perceberá o inconveniente óbvio, plúmbeo e incontornável chamado *tédio*. Uma vida mergulhada nesse elemento é tão insuportável que nos faz retornar imediatamente à ação, mesmo que saibamos ser esse um investimento sem futuro.

Se, por um lado, desejar é sofrer, por outro, não desejar é impossível. Portanto, seja pela ilusão da felicidade, seja pelas torturas do tédio, somos obrigados a nos manter em atividade, e com isso nos expomos ao sofrimento. Nesse processo, a razão pode refutar a biologia o quanto quiser: está cuspindo no prato que come e, cedo ou tarde, sofrerá represálias por tentar colocar de lado nossas necessidades instintivas. O cérebro está repleto de mecanismos que detectam as tentativas de burlar as regras desta brincadeira chamada vida.

Nesse jogo, podemos acreditar que existe alguma chance de vitória. Como num cassino, tudo está arquitetado no sentido de nos levar a crer que realmente temos alguma possibilidade de sucesso. Lembremo-nos, contudo, da premissa principal: a casa sempre ganha. Foi a natureza quem fez as regras, não nós — e como nossos instintos mais primitivos nos impedem de abandonar a jogatina, o destino que nos aguarda é a bancarrota certa.

O fato de entendermos o mecanismo que nos leva a tal impasse pouco ajuda no sentido de mudá-lo. Como viciados crônicos, a compreensão de nosso quadro de dependência equivale a iluminar as engrenagens daquilo que nos controla — apenas tornando nossa liberdade um sonho ainda mais distante. Sabemos por que somos assim, mas essa compreensão não nos permite escapar de nossa condição. Nessa situação, tudo o que podemos fazer é jogar dentro das regras o mais inteligentemente possível, a fim de minimizar o sofrimento do qual somos vítimas constantes.

Quando rejeitamos a ideia de felicidade como objetivo último da existência, devemos rejeitar também, pelos mesmos motivos, todas as noções sustentadas por essa espécie de raciocínio — ou seja, tudo o que em nossas vidas tenha relação com sentido ou propósito, todos os antropomorfismos que inserimos no mundo. Por conseguinte, a vida humana não tem sentido, não faz parte de uma realidade maior; um tropeço tem tanto sentido quanto uma morte; um coração partido tem tanta lógica quanto um pneu furado. Não há um propósito educativo por detrás daquilo que nos acontece — exceto as lições que nós mesmos tiramos dessas experiências. Será bom deixarmos isso perfeitamente claro para nós mesmos se quisermos abandonar a postura ingênua de quem fica à espera de oportunidades que, diz-se, sempre chegarão no misterioso e invisível momento certo.

Por exemplo, quando acometidos por alguma desgraça, é inútil esbravejar, lançando insultos e lamúrias aos céus. Em vez de desviar o olhar com revoltas sem sentido, seria mais sensato raciocinar, olhar para nós mesmos, se quisermos encontrar respostas relevantes para nossos propósitos. Estamos cansados de ouvir o contrário, mas sabemos que infortúnios ocorrem gratuitamente, sem qualquer razão e sem qualquer compensação, assim como coisas indiferentes ou positivas. O próprio fato de não procurarmos punições para equilibrar as situações em que tivemos sorte já demonstra nossa tendência natural ao autoengano.

Não há justiça, não há equilíbrio: é tudo acaso. Normalmente pensamos que isso não se aplica a seres humanos, mas apenas a terremotos, tempestades e outras calamidades da natureza. Entretanto, se adotarmos uma visão ampla o suficiente para perceber que também a vida é um fenômeno natural sobre o qual não temos nenhum controle, que surgiu e é regido pelas mesmas circunstâncias que o mundo inanimado, isso nos convencerá de que a vida, em seu coração, carrega a mesma indiferença dos fenômenos naturais. Ninguém, por exemplo, tem culpa por nascer com um caráter perverso, tampouco temos algum mérito caso possuamos algum talento especial. Podemos ser doentes numa maioria saudável — ou *vice versa*. Nada disso quer dizer alguma coisa. Se acreditar que tenhamos nascido por algum motivo especial já é disparatado, que dizer dos que acreditam ter nascido doentes por algum motivo? Isso tudo são apenas mentiras inofensivas que contamos a nós mesmos.

Como crianças, imaginamos que no fundo, bem no fundo, a natureza se importa conosco, e apenas finge ser impassível para nos disciplinar. Aconteça o que acontecer, nunca deixaremos de nos sentir a coisa mais importante do universo. Muitos inclusive consideram tal sensação como uma "prova" de que o mundo tem planos para nossas vidas. Não fica exatamente claro como alguém, em sã consciência, pode acreditar nesse tipo de coisa. Porém, caso tenhamos dificuldades em nos distanciar dessa esperança por meio da inteligência, podemos chegar ao mesmo efeito supondo que o universo, invejoso, nunca dará o braço a torcer.

Assim, nada impede que nossas vidas se passem por inteiro sem um único momento feliz. Pouco importa se nos sentimos "merecedores" de tal alegria. Somos os únicos que se importam com isso. A natureza nunca nos prometeu felicidade. Caso alguém a tenha prometido a nós, simplesmente não sabia do que estava falando. Então, caso não recebamos em vida as compensações que julgamos merecer, passar pela existência nos sentindo injustiçados não nos tornará uma prioridade na fila existencial de acasos favoráveis. Morreremos tão insatisfeitos como vivemos, e revoltar-se contra isso demonstra apenas uma lamentável postura de irreflexão.

✶ ✶ ✶

Filosoficamente, a vida é tudo o que poderíamos considerar indesejável: banal, oca, inútil, sem sentido, como todos sabem. Contudo, não podemos afirmar que isso, por si só, implicará uma existência miserável. Embora possamos ter certeza de que a maioria dos indivíduos levará uma vida quase indigente, isso não se deve à ausência de sentido da vida ou à natureza da realidade objetiva. Talvez pareça o contrário porque tais elementos são totalmente indiferentes, e a total indiferença, em termos subjetivos, é algo que em geral consideramos negativo. O caso é que a esfera subjetiva da realidade, criada pela vida individual, tem regras que definem, em seus próprios termos, o significado da realidade exterior. Assim, nesse aspecto, tudo gira em torno de como interpretamos o mundo e o sentimos pessoalmente, não importando realmente o que o mundo é em si mesmo.

Numa analogia com um computador, poderíamos entender a objetividade como o *hardware* e a subjetividade como o *software*. As regras físicas de nossa existência seriam determinadas por componentes eletrônicos, que são fixos. Porém, apesar dessa fixidez, podemos conceber inúmeros *softwares* que, a partir do mesmo *hardware*, se comportam de modos completamente distintos.

Dois indivíduos quaisquer, colocados na mesma situação objetiva, podem sentir a vida de modo completamente distinto um do outro. O mesmo estímulo pode representar dor para um e prazer para outro. Para um indivíduo faminto, uma refeição é um prazer; para outro que acabou de banquetear-se, é um martírio infindável. Desse modo, não é a realidade objetiva que define o caráter qualitativo da existência subjetiva. Nosso conhecimento a respeito da realidade objetiva apenas explica *o quê* e *como* algo acontece, mas o significado disso dependerá da interpretação do sujeito. Portanto, aquilo que nos sucede subjetivamente é uma questão completamente separada, na qual quem determina as regras é o cérebro, que cria uma espécie de realidade virtual na qual existimos como primeira pessoa, como pilotos de nossos corpos.

Segue-se que a realidade criada por nossos cérebros não tem limites ou critérios definidos. Porém, como ela foi lapidada pelo critério da eficiência no lidar com a realidade, naturalmente que nossa representação do mundo tornou-se extremamente fiel. Tamanha é a uniformidade de nossa experiência sensorial do mundo que a maioria dos indivíduos usa substâncias psicoativas exatamente para, por alguns instantes, passar a ver o mundo sob outra ótica, na esperança de fugir do tédio. Podemos pensar que essa "uniformidade excessiva" é ruim, mas nos convenceremos do contrário se visitarmos um manicômio, ou seja, o lugar em que ficam isoladas as máquinas humanas com defeitos no sistema de virtualização da realidade. Em regra, isso as torna ainda mais miseráveis, pois em suas mentes há um mundo muito diferente da realidade exterior. Assim, elas tropeçam não apenas nas dores do mundo, mas também em suas próprias dores imaginárias.

Naturalmente, se nada impede que soframos, também nada impediria que fôssemos seres exclusivamente felizes, exceto pelo fato de que nunca sobreviveríamos em condições naturais. Seríamos tão felizes que não nos protegeríamos dos perigos da existência. Andaríamos como bêbados sorrindo para todos os lados, alheios a tudo o que poderia nos ferir. Cairíamos num buraco gargalhando. A hemorragia interna nos faria berrar de alegria. Em vez de chamar uma ambulância, ficaríamos brincando com as fraturas expostas. Em suma, seríamos lunáticos. Não deixa de ser uma perspectiva atraente, apesar de inviável — ao menos até que haja avanços mais consistentes na área de engenharia genética e, assim, possamos finalmente brincar de deus com resultados mais satisfatórios.

* * *

Podemos, então, ser felizes ou tristes com a mesma realidade objetiva, e isso dependerá apenas de nossa ótica, ou seja, da interpretação dos fatos feita por nossos cérebros. Pois o tédio, por exemplo, não é uma realidade em si, mas um estado mental entre outros tantos. Certo livro pode ser enfadonho para uma pessoa ou interessante para outra, e pode, para a mesma pessoa, ser interessante ou enfadonho, dependendo de seu estado mental. Em função de como uma pessoa dormiu, de estar ou não bem alimentada, de um simples café, sua postura frente à existência pode ser completamente diferente. Isso se deve única e exclusivamente às mudanças que ocorrem na fisiologia de nossos cérebros, já que a realidade exterior, objetiva, permanece sempre a mesma.

Um cérebro equilibrado e saudável e um corpo livre de enfermidades, ou seja, mente sã em corpo são, constituem os elementos fundamentais, os fatores mais importantes na determinação do grau de nossa satisfação ou insatisfação frente à existência. Ser saudável é muito mais relevante que, por exemplo, bens materiais, fama, prestígio etc. Não que tais coisas sejam desnecessárias, mas ocupam uma posição muito menos decisiva. É certo que a saúde, por si própria, não garante coisa alguma, mas sua ausência, por sua vez, garante que seremos desgraçados, independentemente de quão favoráveis forem as circunstâncias em que nos encontremos.

Ao nos enxergarmos como máquinas que, por um lado, são estruturas físicas e que, por outro, criam uma realidade própria através de processos físico-químicos, isso nos permite acessar os dois lados do nada. Essa visão é mais ou menos equivalente à de um programador. Ao observar um *software*, temos a interface gráfica, que seria a parte correspondente à nossa consciência. Mas, por detrás dela, encontramos códigos que determinam seu funcionamento, seu modo particular de interagir com o *hardware*, ou seja, aquilo que, em nossos corpos, equivale à organização física das estruturas que constituem nossos cérebros. Assim, quando utilizamos um *software* para fazer cálculos, podemos explicar o mesmo fenômeno sob suas óticas distintas. Em uma, o *software* exibiu o número 10 porque digitamos 5+5; na outra, dado um *input* 5+5, o resultado 10 é inevitável. De um lado, temos a ótica subjetiva e, de outro, a ótica objetiva a respeito do mesmo fenômeno.

Nossa consciência está para a interface gráfica de um *software* assim como os códigos que o constituem estão para os circuitos neurais de nosso cérebro. Mesmo que ambos sejam determinados pelas leis físicas da realidade objetiva, é o modo como estão organizados para cumprir uma função que faz com que se comportem segundo uma lógica própria. Somos máquinas, e podemos ver como isso, ao mesmo tempo em que nega o livre-arbítrio, não remove nossa liberdade enquanto sujeitos — pois são infinitos os modos como poderíamos programar uma máquina dentro dos termos impostos pela realidade física. Perceba-se também que, ao afirmar que somos máquinas, isso só parece uma visão limitada porque nos imaginamos como um sistema tosco de engrenagens semelhante a um relógio. Ao acrescentarmos que somos máquinas programáveis, isso nos fornece uma perspectiva muito mais satisfatória, pois, a partir das mesmas estruturas biológicas, podemos ter diferentes programações, e com elas miríades de comportamentos distintos.

Desse modo, temos nosso *DNA* como o manual de instruções para a construção de uma máquina com um computador de bordo; os *softwares* instalados nesse computador, por sua vez, foram programados pela seleção natural; e nós, que somos os usuários finais desse sistema, temos a consciência como a interface gráfica a partir da qual controlamos algumas funções de nossos corpos, e recebemos também informações, internas e externas, que nos permitem monitorar o *status* desse sistema. Em outras palavras, a posição de nossa consciência equivale, mais ou menos, a um cargo administrativo na empresa biológica que é nosso corpo — como um gerente-geral cuja função é inspecionar elementos internos, como a saúde e os processos em andamento no sistema, e externos, como a competição, as fontes de matéria-prima e as empresas vizinhas dispostas a negociar parcerias casuais.

A consciência, a partir de dados internos, pode constatar um problema em nossos níveis de energia e intervir com alimento; ou, a partir de dados externos, pode verificar a presença de perigo e intervir com agressão. Claro que há bem mais componentes em nossas máquinas que aqueles dos quais temos consciência, mas infelizmente estamos limitados à interface gráfica programada em nós pela evolução. Contudo, o próprio fato de estarmos pensando nisso já indica que a evolução deixou, propositalmente em certo sentido, uma área do programa reservada para colocarmos nossos próprios botões. Com isso, naturalmente, nos referimos ao aprendizado, que pode ocorrer com ou sem consciência. Nessa ótica, ainda estaríamos na posição de usuários comuns. O componente mais interessante da consciência humana é, sem dúvida, a capacidade de reflexão, pois ela permite que nos coloquemos na posição de um programador.

Um programador cego, entretanto, pois nosso único ponto de contato direto com o mundo exterior continua sendo a interface proporcionada pelos sentidos. O intelecto pode imaginar muitas coisas a respeito do mundo em si mesmo, mas ainda precisará dos sentidos para verificar a correção dessas suposições. Caso não haja esse critério de verificação independente, nos veremos ameaçados pelo relativismo imposto pela nossa condição de sujeitos. Até o momento, o melhor método que pudemos conceber para distinguir entre teorias reais e falsas é que apenas as verdadeiras funcionam.

De qualquer modo, trata-se de uma vantagem muito considerável, desde que saibamos usá-la com competência. Nessa situação, a consciência, através da reflexão abstrata, pode detectar problemas e intervir em áreas que não lhe são imediatamente acessíveis. Em outros termos, a reflexão é como uma interface estendida para usuários avançados. Os familiarizados com programação perceberão que a reflexão se assemelha a um *shell* dentro de um sistema gráfico pré-configurado. Ela permite, até certo ponto, que programemos em nós mesmos alguns novos *plug-ins* personalizados. Os humanos são, portanto, além de máquinas programáveis que aprendem, as únicas capazes de entender a linguagem da realidade objetiva e programar a si próprias enquanto máquinas subjetivas. Claro que não podemos alterar a programação determinada pela evolução biológica. Podemos, contudo, desenvolver códigos que atualizem seu comportamento e, ainda mais, que corrijam seus dolorosos *bugs*.

A área que nos proporcionou a formação necessária para agir como assistentes técnicos de nós próprios é aquilo que conhecemos como ciência. Nessa ótica, fica claro o motivo pelo qual ela exige tanta disciplina. Através da ciência, a proposta do homem, dos poucos homens sensatos dados ao pensamento racional, consiste em fundar uma universidade pública que torne os indivíduos competentes em lidar com a realidade objetiva a partir da realidade subjetiva. Não se trata, como na tradição, de seguir macetes prontos; não se trata, como na religião, de executar o *script* de outrem em nossas vidas. A ciência se propõe a ser um manual de programadores, uma fonte de recursos inestimável àqueles que desejam desenvolver novas tecnologias que nos permitam uma interação cada vez mais precisa e eficiente com o mundo.

O resultado final disso tudo é que, agora, quando a consciência detecta uma inconsistência no grau de ansiedade geral do sistema, pode intervir com um recurso completamente novo — *diazepam*, ou seja, um ansiolítico que resolverá o problema sem demora. São incalculáveis os benefícios potenciais proporcionados por uma visão de mundo baseada na ciência. Entretanto, nesse caso, a imaginação não é o limite, mas apenas uma fonte de inspiração. Os verdadeiros limites são impostos pela tecnologia, que para nossa satisfação anda bem rapidamente.

* * *

Assim, limitemos nossa imaginação ao assunto que aqui nos importa, isto é, a redução do sofrimento desnecessário. A melhoria na qualidade de vida proporcionada pela ciência é, de longe, muito superior a quaisquer benefícios decorrentes da sabedoria de vida pregada por sistemas filosóficos, morais ou religiosos — mesmo todos juntos e empilhados. É fato que nada se equipara à sua eficácia. Assim, podemos poupar nossos ouvidos dos infindáveis discursos sobre virtudes e vícios. Não precisamos de metáforas explicativas ou de testemunhos de vida, pois podemos ir direto ao assunto, à realidade em si mesma, sem quaisquer intermediários obscuros. O conhecimento está à nossa disposição.

Todos querem resolver seus problemas pessoais eficazmente. Entretanto, na posição de consumidores passivos, nos esquecemos de que, para resolver nossos problemas particulares, precisamos ter ao menos um conhecimento técnico suficiente para identificar, com alguma precisão, a causa real daquilo que nos incomoda. Nesse sentido, é bastante recomendável que tenhamos a prudência de depender apenas de nós mesmos nessa empreitada; do contrário precisaremos contratar os duvidosos serviços dos profissionais da psicologia humana que, em sua maioria, julgam que todas as nossas agruras do agora são resultado indireto de algum trauma metafísico ardilosamente ocultado pela misteriosa atividade mental inconsciente.

Sabemos que entender nossos próprios processos mentais cientificamente requer uma quantidade razoável de investimento em estudos técnicos. Leva algum tempo até nos familiarizarmos com o linguajar próprio da ciência, que à primeira vista não é algo muito acessível. Essa aproximação inicial pode ser um pouco frustrante, mas faz-se necessária como uma educação básica sobre nós mesmos, pois, se não tivermos condições de especificar, em termos técnicos, a causa particular de nossa infelicidade, tampouco saberemos onde procurar soluções adequadas. Sequer as reconheceríamos caso topássemos com elas por acaso.

Para tanto, é imprescindível que tenhamos uma visão sóbria e livre de pre-conceitos, que estejamos dispostos a estudar e a pesquisar bastante, pois

195

precisaremos reorganizar muitas ideias centrais a respeito da realidade. Somente então conseguiremos conceber o funcionamento de nossos corpos em termos físicos — inclusive nos assuntos mais importantes, íntimos e abstratos. Entretanto, como esse processo é árduo, muitos tentam tomar atalhos através de misticismos que prometem soluções mágicas para organismos físicos, como que encaixando um quadrado numa circunferência e achando isso perfeitamente normal. Nesse sentido, uma doutrina que está bastante próxima de nossa ideia central é o budismo. Segundo tal visão, viver significa sofrimento, e por isso devemos encontrar modos de nos desprendermos da vida e, assim, alcançar o que denominam *nirvana*, que é o estado espiritual mais elevado que o homem pode alcançar. Porém, de início, o homem não tem espírito; deixar de sofrer não nos tornará mais evoluídos, apenas menos desgraçados; o único modo de desprender-se da vida é o suicídio. São várias inconsistências.

Compreender o budismo é, pois, compreender um erro — desvia-nos da essência da questão. Não importa que ambas as perspectivas cheguem ao mesmo resultado. Queremos também saber como e por que esse resultado é alcançado, e isso o budismo não pode fazer, já que explica a realidade em termos de "reencarnações", "iluminações espirituais" e coisas do gênero. Adotar o budismo equivale a instalar em nossos sistemas um *plug-in* cujo código de programação não nos é acessível e, além disso, cuja linguagem a respeito do mundo não é compatível com a realidade que conhecemos. Enquanto nosso sistema biológico diz "neurotransmissor", o budismo diz "iluminação". São linguagens incompatíveis entre si, e só podem ser harmonizadas através da suspensão do pensamento crítico — a famosa fé. Na falta de um termo melhor, podemos designar a fé como uma gambiarra feita por aqueles que não sabem programar. Funciona, mas não se sabe por que nem como.

✳ ✳ ✳

Há diferentes modos de abordar a dor, dependendo de qual for sua fonte. Caso tenha sua origem em fatores objetivos e externos, teremos de atacá-la com armas de mesma natureza. Caso o incômodo seja causado por falta de dinheiro, por exemplo, será inútil adotarmos posturas abstratas de alheamento social. Precisamos comer, e comida tem preço. Não há como driblar esse tipo de inconveniente. Será necessário que tomemos medidas objetivas no sentido de anular uma fonte de moléstias exterior a nós, ou seja, precisaremos encontrar uma fonte de renda, um emprego. No caso de a fonte de sofrimento ser interna, isto é, proveniente de nosso próprio organismo, devemos abordá-la como tal, tendo em mente o mecanismo de funcionamento de nossos corpos. Como explicamos, temos duas óticas a partir das quais investigar o mesmo problema. Podemos abordá-lo intuitivamente, através da introspecção, que é uma ferramenta subjetiva pré-programada em nós pela própria evolução biológica, e também podemos abordá-lo intelectualmente, empregando o conhecimento científico a respeito dos mecanismos físicos de nossos corpos.

Sozinhas, ambas as abordagens são insuficientes para nossos propósitos; ficam algo perdidas em si mesmas. Somente quando observamos como cada uma repercute na outra nos tornamos capazes de intervenções eficientes e controladas sobre nós próprios. Para isso devemos, a todo custo, evitar a separação entre biológico e psicológico, entre mental e material, pois tal divisão sem sentido fatalmente termina na criação de duas realidades, e em seguida a única saída lógica consiste em reduzir uma delas a um fantasma. Então teremos de declarar a consciência como um fantasma subjetivo ou o materialismo como um fantasma intelectual. O que temos, na verdade, são óticas distintas sobre uma mesma coisa, não realidades independentes sobrepostas. Claro que apenas a ótica da ciência é objetiva, porém nossa condição de existência é a subjetividade. Reduzir o homem apenas à ótica objetiva equivale a esquecer de nós próprios — que somos, afinal, a parte mais dolorosa da equação. Queremos que o resultado final tenha algum impacto subjetivo, ainda que por procedimentos objetivos.

Podemos, portanto, entender a fome subjetivamente, como a sensação que traduz a necessidade de comer, ou objetivamente, como a falta de açúcar no sangue. Se, por exemplo, tivermos a estranha ideia de injetar insulina em nossos corpos, isso nos causará fome — teremos a impressão de que não nos alimentamos há dias. Se, depois disso, injetarmos glicose, ela passará. A fome, assim como o sofrimento como um todo, só existe em nossas mentes. Porém, declará-la um fantasma subjetivo não diminuirá nosso desconforto, assim como negar sua origem objetiva não fará com que a glicose deixe de surtir efeito.

Nosso cérebro está programado para traduzir a realidade em termos relevantes ao sujeito; a ciência procura descrever a realidade em função de si
mesma, numa ótica imparcial. Temos, portanto, as óticas subjetiva e objetiva
sobre a mesma coisa. Uma fala em primeira pessoa, a outra, em terceira; uma é
o sujeito, a outra é a razão; uma ótica é fruto da evolução biológica, a outra nós
mesmos desenvolvemos através da reflexão e da pesquisa. As duas óticas
empregam linguagens que não conversam muito bem entre si, pois nasceram
em função de diferentes pressupostos — a primeira visa a sobrevivência
enquanto a segunda visa o conhecimento. Considerando sua tarefa original,
ambas funcionam respeitavelmente bem. Porém, considerando que só há uma
realidade, é como se houvéssemos descoberto aquilo que existe a partir daquilo
que não existe.

* * *

Apenas agora chegamos à verdadeiramente grande questão: *e daí?* Daí que é
importante entendermos o mundo para viver. O conhecimento nos permite
lidar com o mundo mais eficazmente. Isso tudo foi exposto para compreendermos que, por exemplo, quando estivermos tristes, mesmo com bons
motivos, devemos ter em mente que a tristeza ainda pode ser reduzida à nossa
química cerebral, não havendo nisso qualquer reducionismo. Tal fato pode ser
demonstrado experimentalmente pela administração de alguma substância que
atue em nossos neurotransmissores. Com isso, podemos passar de tristes para
eufóricos, de melancólicos para desesperados, de suicidas para super-homens.
Com a simples alteração de nossa química cerebral, muda também o teor
afetivo de nossa visão subjetiva da realidade — e estranho seria se não mudasse.

Para nos convencermos disso, tomemos como exemplo a tristeza decorrente
daquilo que designamos como coração partido. Amávamos alguém, e esse
alguém nos abandona: ó mundo cruel. Sofremos imensamente, é verdade, mas
não costumamos ver nada de químico nisso. Pensamos tratar-se de alguma dor
metafísica inexplicável. Contudo, se tomarmos a louvável iniciativa de pensar
no assunto com objetividade, veremos que a dor de um amor malogrado

assemelha-se muito ao quadro de abstinência que dependentes químicos experimentam ao tentar abandonar o vício. Em ambas as situações, as dores são intensas, prolongadas e angustiantes. O sofrimento, de início, é terrível e esmagador, mas se atenua com o tempo. Se recuperarmos nosso objeto de desejo, o desconforto desaparece imediatamente.

Se existem muitas similaridades entre ambas as coisas, isso acontece por um motivo muito simples: em nosso cérebro, tudo é químico. O amor é tão químico quanto a cocaína, e igualmente viciogênico — ele pode tornar os indivíduos imprudentes, levá-los a realizar atos tão extremos quanto os motivados pelo uso abusivo de qualquer outra substância psicoativa, sendo responsável pela destruição de muitas vidas. Drogas potentes fazem isso, sejam elas endógenas ou exógenas. Logicamente, é incômodo pensar em nosso cérebro como um traficante. Quando ele nos vicia em algo, preferimos ser poéticos, dizer que fomos atingidos pela flecha do cupido. Porém, quando preferimos ser realistas, vemos que amar uma pessoa é estar viciado nela. Quando nos acostumamos a usar uma pessoa para satisfazer nossas necessidades, tornamo-nos dependentes dela, exatamente como um viciado que usa drogas para satisfazer-se.

Outra similaridade é que, quando usamos alguma droga pela primeira vez, o efeito é fortíssimo. Entretanto, com o tempo, tornamo-nos resistentes, e precisamos de doses cada vez maiores para sentir o mesmo efeito. Com o uso prolongado, fica mais difícil abandonar o vício, e configura-se um quadro de dependência. Tendo isso em mente, observemos os seguintes fatos. Quando nos apaixonamos, o sentimento é arrebatador, assim como uma primeira dose de narcótico. Ficamos efetivamente entorpecidos, nossa personalidade muda completamente. Que outra explicação poderia haver senão que estamos dopados, e pelo nosso próprio cérebro?

Como seria de se esperar, essa mesma paixão, sendo algo químico, deixa de ser tão intensa depois de algum tempo. Com o passar dos anos, tudo se esfria, e fatalmente chegamos ao ponto em que aquela mesma pessoa que outrora amávamos loucamente passa a ser um objeto de indiferença. Parece que não sentimos mais nada, que não precisamos mais daquela pessoa — e continuamos com essa impressão até que ela decida nos abandonar. Somente então experimentamos uma dor pungente que nos faz voltar a desejá-la desespera-damente. Pensamos nela o dia todo, todos os dias, coisa que comumente chamamos de "saudade", embora não seja mais que uma abstinência exatamen-te igual à de um viciado que não tem dinheiro para custear a próxima dose de narcótico.

Isso tudo, a princípio, parece bizarro e surreal; uma hipótese absurda. Até admitimos que tais fatos possam aplicar-se a animais, a algumas pessoas que odiamos, mas nunca a nós, pois nossos sentimentos são tão sublimes que transcendem a física, a química, a biologia, a sensatez. Podemos inventar quantas explicações quisermos para nos colocarmos à parte da realidade. O resultado será apenas que continuaremos ignorantes sobre aquilo que realmen-te nos move.

Quando explicamos o arco-íris, isso não remove a beleza de suas cores. Igualmente, quando racionalizamos o amor, isso não significa que deixaremos de senti-lo. A razão e a emoção são duas instâncias relativamente independen-tes em nossas vidas mentais. Entender sentimentos não muda coisa alguma quanto àquilo que sentimos, só quanto àquilo que sabemos. Podemos tomar um calmante racionalmente, sabendo que ele é químico, mas ele fará o mesmo efeito, sentiremos intimamente suas repercussões, do mesmo modo como sentimos o amor. Não há como justificar uma postura segundo a qual o amor é verdadeiro e a sedação é falsa, pois ambos os efeitos são igualmente verdadei-ros, isto é, reais. Gostemos ou não, a ciência já demonstrou que as coisas funcionam assim. Se quisermos mais detalhes sobre tais processos, basta consultar algum livro do ramo. Veremos tudo muito bem explicado, para o desespero dos românticos.

Vendo a questão dessa ótica, torna-se irrelevante se um vício ocorre natural ou artificialmente. O importante está em percebermos que podemos explicar ambas as coisas objetivamente, pelos mesmos mecanismos mentais. A maioria dos indivíduos não gosta de descrições objetivas de sentimentos porque nelas parece faltar a coisa mais "essencial", ou seja, o próprio sentimento e sua imensurável importância. Mas isso acontece apenas porque sentimentos só existem subjetivamente. Como, numa explicação objetiva, o sujeito fica necessariamente excluído, não poderia haver nela elementos que só dizem respeito ao contexto de suas mentes, como a sensação de tristeza. Contudo, tal fato não torna a explicação insatisfatória ou incompleta, pois aquilo que para nós parece faltar na explicação objetiva são exatamente os elementos subjetivos criados por nós mesmos, que nunca poderiam estar presentes numa descrição objetiva da realidade física.

Quando somos objetivos, o sujeito sai da equação. Passamos a vê-lo como um fato, não como um ser humano. Evidentemente, não há como conceber uma tristeza sem sujeito. Um laboratório pode analisar o cérebro de um indivíduo deprimido, mas não sentimos tristeza ao ler relatórios sobre seus padrões neuroquímicos. Porém, quando estivermos deprimidos, se formos ao mesmo laboratório e nos submetermos à mesma análise, veremos que os resultados serão os mesmos, ou muito parecidos, e dessa vez provavelmente compreenderemos a relação que existe entre uma coisa e outra.

Apesar do inegável desencanto que experimentamos, tudo fica mais claro quando compreendemos como a tristeza acontece objetivamente no cérebro do sujeito, quando entendemos a química desse processo. Se encontrarmos cobaias masoquistas, poderemos até reproduzir tal experiência subjetiva por procedimentos objetivos, tornando muito improvável a hipótese de estarmos errados nessa compreensão. Temos, pois, fatos concretos diante de nós, e isso basta para que sejamos capazes de compreender o fenômeno de modo satisfatório. Os poetas tentaram, mas foi apenas a ciência que finalmente conseguiu definir o amor.

✳ ✳ ✳

Como vemos, na mesma medida em que a vida é banal e sem sentido, também é mais compreensível do que comumente supomos. Os detalhes específicos do funcionamento de nossos corpos não são exatamente simples, mas, no todo, não há nenhum mistério quanto aos mecanismos responsáveis por nossas vidas, com todas as suas dores e meias-alegrias.

Nossas visões particulares da vida, e mesmo a milenar sabedoria dos antigos, podem então ser atualizadas para se beneficiarem da tecnologia moderna, esse presente caído da sensatez humana. Podemos ter perfeita consciência da nulidade da vida, mas isso não precisa fazer com que nos passemos por vítimas do acaso sob o pretexto da naturalidade. Podemos manusear nossa disposição frente ao mundo através da inteligência de modo a minimizar nossa exposição ao sofrimento gratuito. Isso não abrirá para nós as portas da felicidade. Porém, pode tornar a vida muito mais calma e suportável.

Assim, nosso ponto de partida para evitar o sofrimento consiste em garantir a saúde de nossos corpos. Depois, nos limitaremos a localizar os elementos que nos incomodem e a buscar modos de neutralizá-los pelos meios que julgarmos mais adequados. Quanto mais banais forem nossas dores, mais próximos estaremos do ideal de ausência de sofrimento. Até chegarmos ao ponto em que, virtualmente livres de moléstias, precisemos apenas de ocupações que nos distraiam para evitar o tédio. Isso é o mais próximo que podemos chegar de uma existência plena. Quem conseguir alcançar um estado no qual se encontre longe dos tormentos desnecessários da vida, provenientes, quase todos, de nossa ânsia irracional pela felicidade, já pode considerar-se um indivíduo infinitamente menos miserável que a maior parte da humanidade.

A felicidade poderia, nesse sentido, ser definida como um estado de satisfação perfeita, um ponto cujo valor equivale a zero sofrimento. Se representarmos tal estado por um ponto no espaço, todo distanciamento desse ponto será sentido constante e positivamente como dor, e toda diminuição da distância, apenas durante o movimento de aproximação, será sentido como prazer. Depois passaremos novamente a perceber apenas a dor causada pela distância ainda existente entre nós e o estado ideal. Quando próximos desse ponto, estaremos seguros, não felizes, e ainda precisaremos continuar nos movendo constantemente por meio de pequenas ocupações, como insetos em torno de uma lâmpada, a fim de evitar o tédio. Por sua vez, o tédio pode ser entendido metaforicamente como a apreensão da falta de sentido da vida em si mesma.

PESSIMISMO

Quando nos tornamos muito sóbrios, isso interfere no aspecto prático da vida, e não tardará para que sejamos rotulados de pessimistas. Mas isso nada tem a ver com a filosofia segundo a qual os aspectos negativos da existência superam os positivos, e sim com nosso gosto por alfinetar ilusões inflamadas e vê-las esborrachar-se na mais pura realidade. Vacas podem ser sagradas na Índia, mas aqui nós as comemos sem pedir desculpas. As ilusões dos demais nunca nos inspiram respeito — exceto no caso de recearmos alguma retaliação bastante real.

Então, considerando o quanto dependemos de ilusões para viver, não deveria surpreender que fôssemos reprovados por agir de uma maneira tão indiscreta em relação a elas. A realidade crua é inoportuna na maioria das vezes, e lançar uma verdade certeira contra alguém pode ser tão agressivo quanto esmurrá-lo.

Isso explica por que não somos chamados de pés-no-chao, mas de pessimistas ao adotarmos um realismo seco e cínico como postura. Se entrarmos em um banco e, contemplando a longa fila de indivíduos entediados, começarmos a rir descaradamente do belíssimo emprego que deram à sua existência ao resumi-la a carregar papéis em passo de tartaruga, não devemos esperar que o gerente nos abra um sorriso cordial. O realismo atrapalha a vida prática pelo simples fato de que esta necessariamente envolve ilusões, que nem sempre são fáceis de substituir.

É de se esperar, então, que o pessimismo seja considerado uma visão irracional e distorcida da realidade, segundo a qual viver resume-se a uma série de infortúnios que culminam numa tragédia; ou a uma série de piadas que culminam numa comédia. Contudo, vejamos: no que consiste essa chamada distorção? Uma resposta poderia ser esta: em deslocar o ponto central da visão de mundo para fora do alcance de nossos interesses pessoais. Nessa situação, o que resta? Uma mera descrição objetiva da realidade — uma descrição na qual

ANDRÉ CANCIAN

somos tão importantes quanto aquilo que não nos importa; na qual nossas próprias ilusões, agora vistas de uma grande distância, tornam-se dignas de riso, como as dos demais.

Nessa ótica, o pessimismo não incomoda por sua falsidade, mas por sua integridade cega e inútil, por nos tirar de nosso pedestal, tornar nosso próprio umbigo relativo e fazer com que duvidemos do altíssimo valor que atribuímos a nós mesmos e aos nossos sonhos que, não obstante, depois de dissecados, dificilmente se revelam algo além de uma medida preventiva contra o tédio. O problema é que o pessimista louva tanto a verdade que se esquece de si próprio e da importância da mentira.

Seja como for, é evidente que nos enganamos o tempo todo, e isso é algo que nos envergonha quando lançado à cara. Nós que, de tanto fingir, imaginamos ser super-heróis, nos vemos obrigados a reconhecer publicamente que não podemos voar: só queríamos nos sentir um pouco especiais. Seria doloroso admitir, por exemplo, que todas as ocupações às quais nos dedicamos são apenas um passatempo para suportarmos a vida.

No dia a dia, sempre precisamos cultivar um entusiasmo cavalar e ilusões de todos os tipos para conseguirmos a motivação necessária para manter a vida em seu rumo — em outras palavras, para nos mantermos alheios ao angustiante vazio da realidade. No fim, é certo que as expectativas lançadas sempre estão acima do resultado real. Por isso, de tempos em tempos, procuramos esconder nosso desconcerto através de grandes celebrações em que nossos conhecidos reservam um tempinho para nos elogiar, e isso faz com que não sintamos vergonha por nos enganarmos o restante do ano.

O que um corredor pensaria sobre si mesmo se, ao vencer as Olimpíadas e estabelecer o novo recorde mundial, não houvesse celebração alguma? Provavelmente que é um perfeito idiota. Porém, como todos o aplaudem, sente-se um admirável idiota. Abastecemo-nos em expectativas sempre irreais e, quanto maior a expectativa, maior a desilusão. E mesmo quando lançamos nossas esperanças para além de nós mesmos, isso não é senão um meio de garantir que não vivamos o suficiente para testemunhar nossa inevitável derrota.

No fim, não há qualquer lógica nisso. Precisamos supervalorizar nós mesmos e todos os nossos objetivos por uma simples questão de autopreservação.

A motivação humana sustenta-se nesse tipo de autoengano. Talvez isso não seja ruim, só é estranho, pois nos obriga a agir como se fôssemos idiotas — mesmo que esse não seja, todas as vezes, o caso.

Nesse sentido, o pessimista nada mais é que um indivíduo profundamente conhecedor desse lado patético de nossa humanidade, daquilo que gostaríamos de esquecer sobre nós mesmos, e o aponta sem a menor discrição, sabendo que não poderá ser refutado.

✳ ✳ ✳

Notemos que, ao ver as coisas desse modo, o pessimismo não se opõe ao otimismo se considerarmos também este em sua acepção vulgar, a saber, que tudo dará certo simplesmente porque existimos, porque o mundo conspira misteriosamente para nosso sucesso e que dele já nascemos merecedores. Nossa vida, que é um copo *pela metade*, não apenas está meio cheio, como ficará cada vez mais cheio até transbordar de alegria.

O otimismo, como se vê, faz com que nossa visão da realidade seja distorcida por uma positividade irracional, e isso o pessimismo não faz, pois a visão que pinta não está distorcida por um comprometimento em ser útil. Para que houvesse uma oposição real entre ambos, seria necessário um pessimismo que distorcesse a realidade negativamente, como dizer que, se rolarmos um dado, este cairá mais vezes no *um* apenas porque somos destinados ao infortúnio incontornável de uma vida desgraçada. Esse é o tipo de maluquice que o otimismo tem o direito de professar sem nenhuma censura.

O otimismo é uma ótica infantil e supersticiosa, que vê todas as coisas parcialmente: para ele, o copo está *meio cheio*. O pessimismo é lúcido e indiferente, e vê as coisas como são: para ele, o copo não está *meio vazio*, e sim *pela metade*. Deveria, portanto, ser chamado de realismo, não de pessimismo.

Nessa ótica, o verdadeiro pessimismo equivaleria à afirmação de que o copo está *meio vazio*, mas essa é uma posição que, por sua palpável incoerência, raramente vemos ser defendida na vida prática, sendo comum a usarmos como piada nas famosas *Leis de Murphy* — que são o que, de fato, se poderia chamar de pessimismo num sentido oposto ao otimismo.

O que se designa pessimismo, então, no dia a dia, não é um pessimismo de

ANDRÉ CANCIAN

fato, no sentido oposto de otimismo, mas apenas uma espécie de realismo impertinente, que se insere nas situações sociais simplesmente para avacalhá-las. Mesmo assim, a rigor, o pessimista não está errado naquilo que diz. Porém, como a verdade muitas vezes é inoportuna, ser honesto torna-se um desserviço, e o pessimismo nos parece algo ruim, não por nos prejudicar diretamente em qualquer sentido, mas porque nos impede de lançar mão da parcialidade que muitas vezes nos facilita a vida.

* * *

Como o universo da prática é considerado o mundo real por excelência, é compreensível que a veracidade, ou melhor, o valor das perspectivas seja mais pesadamente avaliado pelas suas consequências positivas que pelas suas evidências ou sua fundamentação lógica. Assim, se o fato de acreditarmos que "no fim, tudo dará certo" nos ajuda de algum modo, digamos, reduzindo nossa ansiedade quanto ao futuro, teremos um bom motivo para julgar a mentira preferível em termos de resultados finais positivos.

Quando temos como finalidade a motivação, mentir a respeito de questões que melhorarão nosso desempenho torna-se uma postura bastante lógica. A oração é um ótimo exemplo disso. Do ponto de vista da verdade, uma oração equivale a um procedimento placebo que consiste em acreditar, imbuído de um otimismo intelectualmente indecente, que tudo dará certo porque uma projeção pueril de uma providência beneficente paterna violará as leis naturais para ajudar um mamífero insignificante a conquistar seus objetivos igualmente insignificantes. Porém, do ponto de vista da prática, uma oração serve para melhorar nossas chances de sucesso através de uma postura confiante. Justifica-se por ser útil, não verdadeira.

Em defesa do otimismo, muitos poderão alegar que a visão de mundo esboçada pelo pessimismo é somente reflexo de uma personalidade depressiva e neurótica. Claro, não deixa de ser verdade. Porém, estamos discutindo fatos, não qualidade de vida, e o fato é que a interpretação da realidade colocada pelo pessimismo é a única compatível com a realidade que conhecemos através da ciência, e isso pode ser visto como uma comprovação independente da intuição pessimista. Obviamente, o pessimismo não justifica a depressão, mas também não é invalidado por ela — ou a ciência também seria pelas tétricas implicações de suas descobertas. O pessimismo, desde sempre, teve a realidade ao seu lado. Se, para suportar essa realidade, precisamos do otimismo, isso já é uma questão distinta. Em termos de verdade, é ridículo afirmar que há equivalência entre ambas as visões. Diferentemente do pessimismo, o otimismo não tem qualquer respaldo em evidências. Pelo contrário, é amplamente refutado por elas. O pessimista diz: *a vida não tem sentido.* A ciência encolhe os ombros: *realmente não há quaisquer evidências disso.* O otimismo continua tagarelando: *o importante é ser feliz!* Ora, mas quem estava discutindo sobre felicidade?

Ao longo dos séculos, os sábios sempre foram pessimistas, e sempre disseram o mesmo — e os tolos, o contrário. Por que deveríamos nos surpreender que apenas os primeiros estivessem certos? Já deveríamos ter adivinhado que há alguma relação bastante profunda entre pessimismo e inteligência, pois ambas as coisas sempre caminharam juntas. Porém, deixemos de lado esse particular e voltemos ao assunto principal.

* * *

Há, como se percebe, muita irracionalidade envolvendo essa controvérsia entre otimismo e pessimismo, pois cada lado usa pesos e medidas distintos, nunca admitindo que só defendem isto ou aquilo devido a alguma particularidade que só diz respeito a eles próprios. Contudo, podemos explorar o assunto racionalmente, sem nos envolvermos com crendices. Podemos investigar a função do pessimismo e do otimismo e tirar disso algumas lições interessantes. Vejamos como isso tudo funciona dentro de nossas vidas.

É prudente, por exemplo, pensar que, antes de agir, devemos considerar lucidamente que objetivos temos e que motivos os justificam. Apenas depois dessa fase poderemos inserir "mentiras motivacionais" na equação sem causar prejuízos. Essas deliberações racionais servem para decidirmos qual é a melhor estratégia a ser seguida, para anteciparmos os prováveis inconvenientes e suas soluções. A razão precisa vir antes porque, uma vez lançados à ação, não teremos mais tempo para pensar.

Assim, na fase de planejamento, temos a oportunidade de considerar o assunto quase impessoalmente, com grande calma e sensatez. Se, nessa situação extremamente propícia à reflexão, nosso plano de ação foi determinado, não será durante sua turbulenta execução que teremos a oportunidade de ver as coisas com mais clareza. Então, nesse segundo momento, o otimismo se justifica em sua superficialidade infantil porque já cumprimos o papel de adultos, e não há nada mais para ser pensado que possa nos beneficiar.

Assim, quando o objetivo visado é a realização de alguma tarefa, não importa a veracidade, mas a eficiência daquilo que nos leva do ponto *a* ao ponto *b*. No processo, não há tempo para repensar tudo sobre o assunto. A mente, imersa numa circunstância voltada à ação, torna-se incapaz de abordá-la intelectualmente. Se, por exemplo, nos dispusermos a participar de um jogo de futebol, fica pressuposto que, em sua duração, nos limitaremos a seguir as regras como se fossem verdades absolutas. Se passarmos o tempo todo tentando justificar nossas ações através de meditações sobre os fundamentos últimos de regras arbitrárias, isso nos tornará ineficientes em segui-las. O momento de pensar sobre isso é antes de o jogo começar. Igualmente, nenhuma linha de montagem teria futuro se seus operários precisassem justificar para si próprios a razão de cada parafuso que apertam.

A suspensão do pensamento crítico também é necessária para que sejamos capazes de realizar tarefas que possuem uma lógica própria, determinada em função de objetivos diferentes de nossas metas individuais. Ter consciência dessa alienação é importante para que não percamos de vista nossas próprias metas ao cumprir metas alheias.

Por vezes fazemos bem em não pensar muito, limitando-nos a desempenhar nosso papel, pois é comum que as cadeias de processos sejam tão amplas que não conseguimos sequer conceber uma imagem do todo; outras vezes essa visão nos torna tão pequenos que nos sentimos incomodados por nossa importância quase nula.

Seja como for, quando as circunstâncias nas quais nos encontramos exigem de nós uma ação firme, usar a inteligência para tentar justificá-la nem sempre é a opção mais acertada. Levar alguém a refletir nessa situação equivale a conversar com aquele que está lendo: mudaremos o foco de sua atenção, e isso fatalmente prejudicará seu desempenho, que nessa situação particular é o mais importante.

Nessa ótica, o otimismo consiste em supor que, se realizarmos bem a presente tarefa, o resto dará certo. Verdade ou não, isso é algo que independe de nós. Quando nossa visão não alcança longe o suficiente, julga-se razoável supor que aquilo que não vemos andará conforme o previsto, do contrário a ansiedade causada pela visão de tudo o que poderia dar errado nos paralisará. Então, em linhas gerais, a função do otimismo é, uma vez tenhamos feito o nosso melhor, suspender o juízo sobre todo o mais, sobre tudo o que não podemos mudar, e que poderia dar errado.

Assim, numa ótica esclarecida, o otimismo nada mais é que o resultado prático de aceitarmos nossas limitações, deixando de lado a angústia que isso nos causa. Pois parece óbvio que, se nossa determinação está estabelecida em função de um juízo que emitimos de antemão, tudo o que nos levar a repensá-lo num momento impróprio minará nossa firmeza. Devemos nos acalmar com o pensamento de havermos feito o máximo possível para prever e nos proteger das adversidades, pois o resto está fora de nosso controle. Preparados contra o pior, podemos apenas esperar pelo melhor.

Naturalmente, isso não quer dizer que o otimismo tenha tanta razão quanto o pessimismo — quer apenas dizer que a mentira e a irreflexão também têm seu valor. O otimismo é uma ingenuidade que precisamos adotar por questão de economia de recursos mentais. O pessimismo, por sua vez, toma as providências necessárias para nos proteger das consequências previsíveis dessa ingenuidade. Ambos são necessários. O pessimismo nos leva a fazer apostas sensatas, enquanto o otimismo evita que percamos o prazer de jogar.

* * *

Note-se também que, em geral, os que protestam contra o pessimismo são justamente os que têm consciência de não haverem se preparado bem o suficiente — do contrário o pessimismo não os ameaçaria. O excesso de otimismo nos torna vulneráveis àquilo que a sobriedade do pessimismo poderia facilmente ter evitado.

Então, quando reagimos com indignação ante uma observação cínica, isso apenas evidencia que não fomos completamente honestos para com nós próprios. Aquilo que nos irrita, na verdade, é ser confrontados com nossa própria irreflexão. Com aquela observação inegável, enxergamos uma verdade óbvia. Vemo-nos repentinamente expostos e vulneráveis a um fato evidente contra o qual não nos protegemos devido à nossa própria ingenuidade. Ficamos indignados, mas não conseguimos negar que aquela brilhante sentença ilumina nossas orelhas.

Todo esse desvario otimista se introduz na vida humana por diversas razões estranhas que, no fim, se resumem à necessidade de bem-estar ao custo de alguma simplificação ou mesmo falsificação. Num mundo onde poucos pensam, todo aquele que ousar apontar tais falsificações será imediatamente denominado pessimista, não realista. Se refutá-las, será visto como um criminoso que rouba a paz de espírito dos homens.

Por outro lado, como a função do otimismo está ligada ao bem-estar, não faria realmente sentido tentar abandoná-lo por completo. Aliás, quem poderia realmente levantar objeções ao bem-estar sem ser hipócrita? Mesmo os sacerdotes da realidade, que amam mais a verdade que a si próprios, fazendo dela uma extensão de sua felicidade, ainda precisam estar vivos para poderem se dedicar à reflexão. Mesmo quando imersos nas leituras mais profundas, precisam suspender o juízo sobre o valor da gramática. Ninguém escapa desse problema.

A questão não é *se* precisamos nos enganar, mas apenas tomar a precaução de nos enganarmos adequadamente, sem ultrapassar a linha depois da qual o autoengano deixa de oferecer benefícios práticos. A cegueira calculada pode nos tornar mais eficientes, mas por sua vez também nos torna mais ingênuos. Em regra, faz sentido vermos apenas aquilo que nos interessa, desde que tenhamos bons motivos para isso, desde que saibamos justificar por que fechamos os olhos. Porém, quando temos medo de abri-los, geralmente há motivos muito bons para isso — pois nos veríamos como parvos que se enganam até nos assuntos mais importantes, e depois se fazem de vítimas quando as consequências vêm à tona.

* * *

A motivação humana, como se vê, depende de um equilíbrio fino nessa arte de ser contraditório, de saber quando convém abrir ou vendar os olhos. Não faz sentido furá-los em nome do otimismo, tampouco cortar as pálpebras em nome do pessimismo.

Dosar a proporção correta entre ambos os elementos não é uma ciência exata, mas uma arte pessoal que pressupõe autoconhecimento. Em regra, devemos ser mais otimistas em relação ao que está longe de nosso alcance, e menos quanto ao que está perto. Assim nos distanciaremos dos extremos: da ingenuidade do otimismo e da estagnação do pessimismo, quando mal dosados.

Considerando que a maioria dos indivíduos, infelizmente ou não, pende predominantemente para um lado ou outro, assim como alguns são canhotos e outros destros, podemos concluir que pessimistas serão melhores filósofos e otimistas, melhores operários, já que um é mestre na arte de refletir e o outro, na de praticar.

Porém, além disso, podemos também constatar que não há nenhum antagonismo radical entre ambos se considerarmos que cada qual tem objetivos diferentes e que, para alcançá-los, adotam meios distintos. Nosso objetivo ao analisar a questão racionalmente foi vislumbrar a possibilidade real de nos tornamos ambidestros, mesmo sabendo que não poderemos usar ambas as mãos simultaneamente. Ainda que não simpatizemos com um dos lados, é sempre mais vantajoso ter duas cartas na manga, em vez de apenas uma.

✳ ✳ ✳

Podemos ilustrar da seguinte forma a distinção prática entre pessimismo e otimismo. Para se lançarem à batalha, os guerreiros precisam se inflamar com toda a determinação, com toda a sensação de poder que conseguirem obter. Sendo que o objetivo não é refutar o inimigo, mas esquartejá-lo, pouco importa de onde tirem suas razões, pois a verdade quem decide é o fio da espada. Para tal fim, adotam o otimismo. Em contrapartida, os estrategistas, que traçam os planos de ataque e comandam os guerreiros, não podem abandonar-se a um frenesi megalomaníaco, lançando-se com seu exército como uma manada de búfalos, pois isso seria suicídio caso as forças inimigas fossem equilibradas e minimamente inteligentes. Portanto, precisam não de bravura, como seus guerreiros, mas de circunspecção e de prudência, de astúcia e de agudeza de espírito para compreender a condição real de seus guerreiros, administrá-los e protegê-los de sua própria irracionalidade. Para tal fim, adotam o pessimismo. Naturalmente, nunca confessam aos guerreiros o que realmente pensam deles, pois isso os desmotivaria.

Fica claro que as duas óticas podem coexistir e retirar vantagem da especialidade da outra, mas não na mesma cabeça e ao mesmo tempo, pois o pessimismo refutaria o otimismo, e este responderia: *primeiro viver, depois filosofar*. O conflito seria interminável, com o previsível resultado da inação, pois tanto a compreensão da realidade quanto a ação na realidade são elementos que precisam estar sozinhos para realizar seu papel com maestria.

Nosso pessimismo é apóstolo da deusa Verdade; nosso otimismo segue a deusa Felicidade. Ambas são ciumentas e não suportam a presença da outra — brigam logo à primeira vista. Sabemos que elas nunca chegarão a se entender, e que o monoteísmo não é uma opção. Resta então a tarefa de nos tornarmos políticos de nossos próprios interesses, desenvolvendo estratégias para que essas aranhas briguentas e territoriais convivam pacificamente em nossas mentes. Isso muitas vezes significa que, ao invocar a presença de uma, devemos negar a existência da outra. Dependendo da situação, para obter benefícios específicos, cabe a nós bajular aquela que servirá melhor aos nossos propósitos. A sabedoria está em nunca deixar que a outra fique sabendo da heresia.

SOLIDÃO

A solidão é clara consciência de nosso isolamento, do intransponível abismo entre nós e todo o mais. Não se trata, portanto, do mero fato de estarmos sozinhos, sem ninguém com quem possamos nos comunicar. Trata-se de algo mais profundo, da compreensão de que não apenas estamos, mas somos sozinhos.

Considerando tudo o que um indivíduo pode ser, só poderá sê-lo por si mesmo, necessariamente. Não há como compartilhar sua existência pessoal com outrem, por mais que nos enganemos a esse respeito. Mesmo ao conviver, ao dividir experiências, as vivências pessoais de dois indivíduos caminham sempre em paralelo, como dois universos que, mesmo próximos um do outro, nunca chegam a se fundir. Como duas bolhas opacas: veem-se, tocam-se externamente. Porém, interiormente, permanecem sozinhas; seus conteúdos nunca se misturam.

No primeiro contato com a solidão, é normal termos a nítida impressão de que vamos morrer sem nunca ter efetivamente trocado informações com outro ser humano — informações no sentido subjetivo, não dados tabulares. Isso porque tudo o que é único parece estar fadado à incompreensão, e muito é único em cada ser humano. Por outro lado, tudo o que é convencionado para permitir a comunicação é de tal modo selado, registrado, carimbado, avaliado, rotulado se quiser voar que, no fim, não comunica nada além do que está espalmado entre páginas de dicionário.

Em essência, só conseguimos comunicar com fidelidade aquilo que foi feito para ser comunicado, que nasceu como uma definição dentro de sistemas convencionados. O restante, se quiser ser comunicável, deve submeter-se à condição de ser traduzido ao seu equivalente mais próximo dentro de tais sistemas. Assim, uma conversa interpessoal está muito mais para uma troca de expressões do que para uma troca de impressões. Trocamos símbolos em vez de realidades, como se déssemos uns aos outros embalagens sem qualquer conteúdo. Normalmente percebemos a grande diferença entre o que queremos e o que de fato conseguimos dizer, pensando que a distorção acaba aí — mas provavelmente ficaríamos pasmos se percebêssemos a enorme diferença entre aquilo que queremos dizer e o outro indivíduo, por fim, entende. A realidade original tem de atravessar tantas barreiras, tantas simplificações e conversões que chega ao destinatário numa forma irreconhecivelmente mutilada.

Nossa situação pode ser ilustrada na forma de dois eremitas que habitam ilhas distantes, separadas por um mar intransponível, de modo que nunca poderão se encontrar pessoalmente, tampouco se ouvir. Para mediar a comunicação entre os dois indivíduos há a linguagem, que pode ser imaginada na forma de uma terceira pessoa, só que esta é um navegador autista, absolutamente alheio a qualquer realidade exterior à sua própria, o qual nunca se aproxima o bastante das ilhas para que seja possível aos indivíduos embarcar. Esse viajante possui uma grande mala cheia de objetos que representam o mundo. Tais objetos foram feitos pelos próprios habitantes das ilhas, sendo que o viajante limita-se a recebê-los e organizá-los metodicamente. Assim, chegando a uma ilha, pede ao morador que escolha aqueles objetos que representam a mensagem que deseja enviar ao outro indivíduo. Feito isso, o navegador coloca os objetos escolhidos em uma embalagem, encaminha-os ao seu destinatário, faz a entrega e parte sem mais considerações. O receptor terá de contentar-se com decodificar o que se quis dizer com os objetos escolhidos e sua disposição, sem nunca poder verificar pessoalmente o que representam. Pode parecer frustrante, mas isso deixa claro como, num mundo onde todo ser humano é uma ilha, a linguagem é um substituto bastante precário para a realidade.

Para compreendermos melhor o quanto se perde no processo de comunicação, proponhamos uma segunda (linguagem–receptor) perda de informação semelhante à primeira (emissor–linguagem), na qual acompanhamos o processo todo. Representando nossas consciências, temos dois indivíduos que conversarão entre si, porém de costas um ao outro, e cada qual de frente a um espelho. Ou seja, podem ouvir um ao outro, mas só veem si próprios. Nessa situação, um deles tentará comunicar aquilo que sente, mas não baseado naquilo que sente, e sim naquilo que pode ver de si mesmo no espelho que tem à sua frente. O papel do outro será tentar entender o que primeiro está sentindo com base na autodescrição que ouviu.

Qual será o resultado? Algo como: estou vendo dentes, mas não todos; um olho está semiaberto; uma bochecha está contraída; os lábios estão curvados. E o que tais descrições significam? Só podemos imaginar. Nesse processo, usamos a intuição para tentar recompor o cenário completo com base naquilo que vemos em nosso próprio espelho, e isso é feito na suposição de que já nos vimos exibir feições semelhantes às descritas, e que portanto o sentimento deve ser semelhante também — mas, se realmente é, não há como saber. A única dica consiste no fato de que, para descrevê-lo, ambos recorreram às mesmas palavras de modo independente. Naturalmente, podemos pedir quantos detalhes quisermos, mas a comunicação sempre ocorrerá nesse estilo truncado e indireto, e o indivíduo nunca poderá ver com seus próprios olhos aquilo que tentamos descrever.

O exemplo acima nos dá uma ideia mais consistente do quanto nossa comunicação é frágil. Falamos de nós mesmos enquanto nos vemos, como se a pessoa que nos ouve estivesse nos vendo com a mesma clareza, mas não está. Ela só pode ouvir nossas palavras, e sua única alternativa passa a ser olhar para si própria e se imaginar fazendo o que descrevemos. Assim, se as descrições não comunicam a subjetividade, e se não podemos vê-la por nós mesmos, onde está a comunicação? Em grande parte, está em nossa imaginação. Nunca ocorrem trocas de ideias ou de sentimentos, apenas trocas de palavras que os descrevem — palavras nas quais nos vemos enganosamente refletidos. Talvez um bom termo para isso seja comunicação duplo-cego.

* * *

Portanto, quando dizemos que não há meios de escapar da solidão, não queremos dizer que isso é difícil, mas que é completamente impossível. O que as demais pessoas conhecem a nosso respeito são apenas nossas bocas movendo-se diante delas, e as ideias que constroem a partir disso. Em suas mentes, isso resulta numa visão de nós mesmos tão deturpada quanto a visão que temos delas, que parecem existir apenas do lado de fora — e não nos enganemos, nós passamos essa mesma impressão. Contudo, assim como elas, nós existimos primariamente num nível privado, que é inacessível, significando que todo contato precisará acontecer de forma indireta.

Apenas podemos supor que um contato direto com outro indivíduo seria agradável, mas isso é algo que imaginamos pelos verbos que vemos sair de outras bocas, que se assemelham ao que nós próprios murmuraríamos. Talvez fosse agradável ter um contato direto com a consciência de outra pessoa, e não apenas com seu vocabulário, mas isso é impossível. Em relação ao íntimo uns dos outros, somos todos estrangeiros vivendo seu exílio pessoal. Cada qual está trancado em si próprio, e só conhecemos o que os demais dizem de si, nunca eles próprios — assim como nós também nunca seremos conhecidos, apenas ouvidos sobre aquilo que dizemos de nós mesmos. Assim, a solidão é a consciência de que vivemos sozinhos em nossos corpos, e só podemos entrar em contato com outros indivíduos por meio de gesticulações que nossos corpos executam — exatamente como se cada qual morasse sozinho em uma casa, e só pudesse entrar em contato com outros indivíduos por meio de cartas, sem jamais conhecer o interior de outras residências.

É raríssima a capacidade de conceber a existência de outro ser humano por completo fora de nossas cabeças. A ideia que fazemos do outro, em geral, é apenas uma terceira pessoa, inventada por nossa imaginação. Mesmo assim, em conversas cotidianas, pensamos entender muito bem o que os demais dizem estar sentindo, mas é claro que não entendemos, pois para isso precisaríamos estar na pele desse outro indivíduo. Entender o que os demais dizem é uma coisa, mas entender o que sentem é outra completamente distinta. Nessa situação, nós apenas interpretamos, decodificamos as informações que recebemos, e depois tentamos relacioná-las ao nosso repertório de experiências pessoais compatíveis com a descrição fornecida. Evidentemente, caso nunca tenhamos passado por experiências semelhantes, as palavras do indivíduo nos serão perfeitamente incompreensíveis, já que não haverá como relacioná-las a qualquer realidade conhecida. Por exemplo, quem nunca teve episódios de depressão provavelmente concluirá que o indivíduo deprimido está apenas com preguiça — pois isso, em sua mente, é o elemento mais próximo que pode ser usado para tentar conceber, na forma de uma sensação, como é vivenciar um quadro depressivo. Analogamente, um indivíduo que nunca fumou não pode conceber a sensação de abstinência de nicotina. Seria inútil tentar explicá-la com gesticulações e analogias. Entenderá apenas que ficamos ansiosos, como quem está atrasado para o trabalho.

Podemos descrever fatos objetivos, mas fatos subjetivos só podem ser aludidos vagamente. Para ilustrar, consideremos o seguinte: tubarões conseguem extrair informações de impulsos elétricos. Claro que conseguimos entender como isso funciona objetivamente, mas não é possível conceber, em nossas mentes, como é estar vivenciando isso. Se tubarões falassem, poderiam descrever sua sensação o quanto quisessem, e ainda assim não conseguiriam nos transmitir uma ideia clara daquilo que se passa em seus cérebros. Situação semelhante seria tentar explicar para outrem qual é a sensação de uma cor completamente diferente de todas as outras. Chamemos essa cor de *verca*. O *verca* não é verde nem azul nem amarelo: é *verca*; outra cor completamente distinta. Se afirmássemos que gostamos dessa cor, o que isso informaria àqueles nos ouvem? Nada. Mesmo com o maior esforço, não conseguiríamos sequer descrever o azul a um cego de nascença. Poderíamos discorrer longamente sobre comprimentos de ondas, fazer analogias com outros sentidos, mas só seríamos compreendidos se eles pudessem de fato ver um objeto azul.

Essa é a nossa situação. Nossas experiências pessoais são incomunicáveis. Só podemos aludi-las, na suposição de que os demais também tenham vivido essas mesmas experiências independentemente. Como não há meios de transpor intelectualmente esse tipo de barreira, sempre damos preferência àqueles que tiveram experiências semelhantes às nossas quando queremos ser compreendidos. Nesse sentido, a convivência é o melhor meio de assegurar que indivíduos tenham, em sua bagagem de experiências, um maior número de pontos de contato, e assim consigam se entender com mais facilidade. A maior intimidade imaginável entre duas pessoas, entretanto, não garante mais que praticidade. Permanecerão para sempre inacessíveis entre si naquilo que não compartilham, que é quase tudo.

Já deve estar claro que nosso entendimento de uma descrição subjetiva alheia é sempre uma aproximação que fazemos baseados em nosso imenso, vasto eu-mesmo. A descrição mais rica será inútil àquele que não tem um repertório extenso o bastante para reconstituí-la; uma descrição pobre, por sua vez, será pura e simples perda de tempo, pois seria como ler uma tradução ruim e não ter acesso ao original para verificar os erros. Então, se alguém afirma que está triste, o que entendemos disso? Em essência, nada. Não vamos até a alma da pessoa e resgatamos seu sentimento e o transpomos ao nosso cérebro, tampouco ela o regurgita por palavras ao nosso entendimento. Apenas viramos ao nosso repertório pessoal de memórias e conhecimentos daquilo que entendemos por tristeza e, baseados apenas em nós mesmos, nas experiências que tivemos, fazemos a interpretação do que a pessoa provavelmente está tentando dizer. E é só isso. Para as miudezas da alma, cada qual é sua ilha, e só conversamos realmente por meio de lugares-comuns, de sistemas, de convenções, de *highways* do anonimato.

✳ ✳ ✳

Não importam nossos dotes para a poesia — a linguagem verbal é simplesmente incapaz de comunicar sentimentos com fidelidade. Se temos dúvidas quanto a isso, basta consultar um dicionário. Quase tudo se perde. Só ficam rastros muitos vagos do que se quis dizer, os quais só serão compreensíveis se já os conhecermos de antemão. Assim, desde o início, é preciso que haja uma sintonia muito fina entre o mensageiro e o receptor para que a comunicação seja minimamente decente. A situação é semelhante à de alguém tentando transportar água com as mãos: vendo essa pessoa à nossa frente com as mãos úmidas, podemos supor que lá havia água, mas isso é muito diferente de dizer que essa pessoa compartilhou água conosco, sendo também óbvio que esse mero resíduo jamais poderia matar nossa sede. Claro que, se já tivermos experimentado água no passado, conseguiremos imaginar algo relativamente próximo do que a pessoa está tentando dizer, mas isso é feito não com base naquilo que ela diz, mas naquilo que nós próprios diríamos se estivéssemos em sua situação. Nesse caso, como se vê, nossa experiência passada envolvendo água é a única chave para decodificarmos sua mensagem, sem a qual tudo se resumiria a ruído.

Naturalmente, as palavras que compõem uma língua devem possuir um caráter suficientemente genérico para que possam aplicar-se aos casos específicos mais diversos. Isso supera a barreira individual e permite a comunicação, mas acabamos nós próprios, enquanto sujeitos, excluídos da comunicação.

Aquilo que todos entendem, no fim, ninguém sente; aquilo que cada qual sente, ninguém entende. Como sentimentos particulares perdem-se ao ser convertidos para uma linguagem genérica, uma descrição precisa apenas funcionaria como uma dica sobre as circunstâncias em que sentiríamos algo parecido. Ou seja, falar sobre sentimentos é como mímica verbal: tentamos entendê-los intuitivamente, como quem vasculha sua própria casa em busca de um objeto que se adéque à descrição fornecida. Portanto, apesar de conseguirmos nos comunicar, devemos ter em mente que a linguagem é uma ponte entre nossos corpos, não entre nossas mentes.

Nessa ótica, a poesia poderia ser descrita como a arte de costurar abismos com palavras, sendo tão bela exatamente porque parece vir como uma ponte que comunica algo indescritível. Mesmo tendo consciência dessa impossibilidade, não deixamos de nos encantar com o consolo subjetivo que proporciona. Essa arte consiste em lapidar, com palavras, uma série de imagens nas quais há lacunas estrategicamente posicionadas, de modo que, ao interpretar um poema, nos inserimos nesses espaços subjetivamente e nos sentimos identificados, resultando na sensação de que escapamos de nossa solidão. É surpreendente como essa ilusão nos leva pelo nariz a acreditar em asneiras somente porque poetas sabem fazer truques gramaticais tão bem quanto mágicos tiram pombos da cartola, pois o fato é que a poesia funciona pelo mesmo princípio da astrologia, ou seja, a vagueza calculada. Se a poesia, em vez de subjetiva e vaga, fosse precisa e clara, ela simplesmente não funcionaria. Então, sabendo disso, não precisamos mais nos dar ao trabalho de esconder o que há em nossos corações. Ninguém vai descobrir, nem se quisermos.

Dado o modo como evoluímos, parece natural que assim seja, pois as sensações íntimas são coisas que só têm utilidade prática ao próprio indivíduo, servindo como fonte de informações sobre o que está acontecendo em seu organismo, ou seja, trata-se de uma espécie de metalinguagem biológica. Em termos de sobrevivência, não é importante que consigamos descrever nossa experiência subjetiva de fome. O importante é apenas fazer com que outro indivíduo, com sorte abastecido de alimentos, compreenda que queremos comer. Para tal fim, a linguagem é um recurso que cumpre sua função muito bem, já que consegue articular uma relação ágil entre nossas sensações privadas e a realidade pública, na qual estão os outros indivíduos. É uma ótima ferramenta para interações sociais, e isso é tudo. Devemos abandonar a esperança de que ela seja capaz de transpor diretamente qualquer coisa que sintamos.

* * *

Tendo explicado por que motivos nem a linguagem nem a convivência podem ser vistas como meios de superar a solidão, resta aprendermos a existir como somos: sozinhos e limitados a nós mesmos. Ademais, sendo nossa individualidade o único elemento que íntima e verdadeiramente nos acompanha durante todas as nossas vidas, é também o mais confiável. Aconteça o que acontecer, sozinhos ou acompanhados, continuaremos sendo quem somos. O resto nunca se sabe.

Quando, em nossas atividades cotidianas, não nos sentimos solitários, isso indica que já perdemos completamente o contato com nós mesmos. Nessa situação, nossas vidas estão voltadas ao exterior, aos que nos circundam: dedicamos-lhes todo o nosso tempo. Vivemos em função de algo que, ao mesmo tempo, não somos nós nem os demais, na medida em que também eles não entram em contato conosco.

Contentamo-nos com acreditar que todos são o que aparentam ser, inclusive nós. Escolhemos acreditar no mundo exterior para negar a distância entre nós e o outro, e também entre eles e si próprios. Todavia, na tentativa de entrar em contato com o outro, apenas nos tornamos também distantes de nós mesmos. Como só podemos entrar em contato com a fachada social dos demais, consideramo-nos também uma fachada.

Assim, mesmo que sejamos nossa única verdadeira companhia, preferimos abandoná-la acreditando na linguagem. Deixamos de existir para conviver sozinhos, falando para ninguém, e com isso pensamos escapar da solidão. Somos como telefones conversando entre si, sem que haja pessoas por detrás. Essa é a figura que melhor ilustra a socialização humana.

Resulta que vivemos do lado de fora de nós, onde não está ninguém, e achamos isso muito natural. A distância comum entre tudo nos acalma como se nos livrasse da responsabilidade de admitir que existimos. Vemos nós próprios como uma espécie de questão filosófica abstrata e distante. Nós próprios somos um assunto que não nos interessa: deixemo-lo aos estudiosos! Nossa preocupação está em viver no admirável mundo oco, na realidade que acontece por cima das pessoas, nas cidades, nos bares, nos jornais. Queremos existir às avessas, numa vida exterior comum, onde nosso interior é tão desconhecido que o chamamos de livre-arbítrio.

Somos um dentro viciado no fora, e a razão disso é muito simples: vaidade. Não vemos sentido em cultivar aquilo que os demais nunca poderão admirar. A solidão refuta nosso valor por falta de plateia. Achamos ridículo nutrir virtudes que ninguém poderá testemunhar, pelas quais não seremos reconhecidos. Sem a esperança de ser valorizados, não temos motivação. Só nos sentimos importantes na medida em que pudermos ser observados e considerados importantes. Assim, trancados dentro de nós mesmos, passamos o dia todo abraçados às grades das janelas para que alguém nos veja existir. Chutamos nossas portas para mostrar que estamos vivos, mas só acreditamos nisso depois de ouvir o testemunho dos demais. Chamamos isso de convivência. Vivemos nessa fantasia de uma realidade social com o único fim de podermos ser elogiados.

Como estamos condicionados a dar valor e atenção apenas ao que está fora, a solidão faz com que nos sintamos abandonados, como se houvéssemos deixado de existir. A ideia de passar poucas horas solitárias é suficiente para angustiar a maioria dos indivíduos; um mês de isolamento os conduziria à loucura. Sentimos como se estivéssemos encarcerados em nós mesmos. Fugimos da solidão como quem foge do espelho. Não gostamos de nos perceber com tamanha clareza. Por isso o *conhece-te a ti mesmo* é impossível a quase todos.

✳ ✳ ✳

Gostemos ou não, o isolamento nos coloca em contato direto com nós mesmos. Sozinhos, passamos a enxergar de forma bastante nítida a distinção entre nós mesmos e o mundo exterior. Assim, para descobrir se alguma atividade da qual nos ocupamos é realmente original de nossa pessoa, podemos imaginar como viveríamos se estivéssemos numa ilha deserta, sem nenhuma pessoa por perto, sem qualquer chance de vir a encontrar outro indivíduo pelo resto de nossas vidas.

Nessa situação, os quadros que pintamos, por que pintá-los quando não há ninguém para vê-los? Por que cultivar a beleza de nossos corpos se não haverá quem admirá-la? Por que sorrir ou chorar quando isso não prova nada? Cultivaríamos jardins se as flores fossem apenas para nossos olhos? Qual é o valor de grandes posses quando não nos permitem ser invejáveis?

Diante dessas perguntas ficamos perplexos e embaraçados. Sentimo-nos como um diamante que não é precioso porque nunca será encontrado. Isso ilustra que muitos dos esforços que imaginamos ser exclusivamente pessoais na verdade são a interiorização de objetivos alheios, ou seja, esforços que não são autossustentáveis, que não faríamos se estivéssemos sozinhos. As atividades às quais nos dedicaríamos caso fôssemos condenados a viver sozinhos pelo resto de nossas vidas seriam a expressão do que somos por nós mesmos, nosso lado mais original e independente. Mas que atividades seriam essas? Não sabemos dizer, e esperamos nunca descobrir.

Isolados, não sabemos que fim dar às nossas vidas, pois nunca as demos para nós mesmos. Durante a vida toda, nós nos ignoramos insistentemente. Agora, sozinhos, não sabemos sequer quem somos, não reconhecemos em nós aquilo que acreditamos ser. Nossa alienação é tamanha que, condenados à solidão, seríamos obrigados a nos tornar praticamente outra pessoa.

Entristece-nos perceber que esse indivíduo anônimo dentro de nós mesmos é aquilo que realmente somos. Parece quase surreal que sejamos capazes de nos ignorar tão completamente, mas é disso que nasce o horror à solidão. Quando dizemos que somos atores, não se trata de uma mera figura de linguagem. Sempre vivemos fugindo de nós mesmos — e aquilo que resta quando não estamos atuando é exatamente o que nos obstinamos em esquecer.

Para quem, afinal, temos preferências pessoais sofisticadas e custosas? Até nossos gostos nos são desconhecidos quando não sabemos a quem provar nossa fineza. A única distinção que alcançamos com isso foi termos nos tornado distintos também de nós mesmos. Quando percebemos que não conseguimos sequer definir quem somos quando ninguém está olhando, não temos palavras para exprimir o assombro de havermos nos esquecido.

O sentimento penoso que geralmente experimentamos diante dessa perspectiva testemunha em favor de nossa pobreza interna e dependência dos demais. Apesar de podermos nos voltar ao exterior, interagir com outros indivíduos, nada disso passa a fazer parte de nós. Pelo contrário, apenas alimenta nossas expectativas e nossa dependência, direcionando nossos recursos cada vez mais para fora de nós próprios.

* * *

Mesmo assim, o fato de sermos inerentemente solitários não significa que vivamos num deserto, mas apenas que nossa morada nunca poderá ser visitada por outrem. Nossa ilha particular pode ser um palácio suntuoso ou um depósito de lixo, e isso dependerá somente de nosso empenho em cultivar em nós próprios um mundo agradável o suficiente para que, sozinhos, nos sintamos em casa.

Um mundo interior precário nos fará vítimas do tédio de sermos, nós próprios, áridos e insípidos. Fará com que lancemos mão de todos os recursos possíveis para nos esquecermos de nós mesmos, de nossa miséria, de nosso abandono, e disso nascerá uma necessidade desesperada de socialização. Por tal motivo os indivíduos mais vulgares costumam ser os mais sociáveis. A carência provocada pela pobreza de suas individualidades os torna extremamente dependentes de recursos externos, de modo que seu único prazer na existência consiste em fugir de si mesmo.

Indivíduos brutos são mais sociáveis porque os únicos prazeres que podemos cultivar sozinhos, sem que haja dor envolvida, são os de natureza intelectual — significando que nossa capacidade de desfrutá-los estará determinada pela grandeza de nossa inteligência. Diferentemente dos prazeres físicos, cuja satisfação sempre se mistura à dor, os prazeres intelectuais realizam-se sem qualquer sofrimento. Uma mente eminente é, por si só, uma fonte inesgotável de prazer.

Entretanto, quem não possui dotes intelectuais consideráveis não pode encontrar prazer em atividades que envolvam o emprego da inteligência, pois, como lhe falta capacidade, não pode sentir tais atividades como um interesse pessoal, assim como um indivíduo fora de forma não consegue encontrar prazer em atividades físicas. O único inconveniente de uma inteligência elevada consiste no fato de que, com o aumento geral da sensibilidade, nos tornamos capazes de grandes prazeres, mas também nos expomos em maior grau às dores do mundo. A inteligência aumenta a amplitude e a intensidade de nossas experiências pessoais, e isso significa que, quanto mais elevada é a inteligência de um homem, mais sofre — porém, no mesmo grau, mais capacidade tem de encontrar prazer e consolo em si próprio.

Assim, quanto maior sua inteligência, mais interessante será o conteúdo de sua imaginação, mais fantásticas as viagens de seu pensamento. Uma inteligência bem exercitada pode encontrar distração nos objetos de seu pensamento exatamente como se estivessem diante de seus olhos, exatamente como alguém que, buscando distrair-se, em vez de ler um livro, escreve-o em pensamento, experimentando em primeira mão todas as emoções e sutilezas da estória, ou toda a profundidade e brilhantismo das reflexões. Porém, é evidente que, se não tivermos dons nesse particular, dar atenção à nossa imaginação enquanto tentamos exercitar qualidades que não temos será apenas uma forma silenciosa de alcançar o tédio.

Homens com mentes brutas, por outro lado, são insensíveis aos prazeres abstratos: um poema não os comove; uma teoria não os fascina; a filosofia não os instiga; a ciência não os instrui; a arte não os toca; a música não os inspira. Seu intelecto não tem tato, sua imaginação não tem asas. A única utilidade de seus cérebros é reagir a estímulos externos. O ambiente condiciona completamente sua atividade, tanto que sequer conseguem rir quando estão sozinhos: precisam observar cenas concretas porque sua capacidade imaginativa os acorrenta ao presente imediato.

Assim, aborrecidos por não encontrarem nada de interessante em seu interior, voltam-se ao exterior, às distrações e aos gozos dos sentidos: festas, sexo, jogos, apostas, competições etc. Buscam a socialização para fugir de si mesmos, e unem-se pelo seu propósito comum de não pensar; entediam-se em grupo. É comum que o sentido mais elevado de suas vidas seja acumular dinheiro e conquistar prestígio social. Porém, uma vez alcançados, não sabem como empregá-los. Tornam-se fins em si próprios, e suas vidas resumem-se à acumulação de riquezas e de reconhecimento público. Trabalham incansavelmente e, em seus períodos de lazer, socializam-se. Não têm liberdade de explorar outras atividades.

Repudiar a solidão, portanto, não passa de um meio indireto de admitir que não suportamos nossa própria companhia, que somos uma ilha inabitável. Apesar de todas as qualidades que julgamos possuir, das quais nos vangloriamos constantemente, muitas vezes somos a última pessoa com a qual gostaríamos de conviver solitariamente. Talvez os demais acreditem em nossas encenações cotidianas, mas nós nos conhecemos bem mais para crer nessas imposturas.

Naturalmente, se vivemos para propagandear uma imagem que não reflete o que somos, é claro que, sozinhos, sentiremos que viver não tem sentido — mas o fato é que a ausência de plateia só incomoda atores. A solidão só rouba de si mesmo aquele cuja vida se reduz ao que os demais pensam a seu respeito. Os que, por outro lado, buscam a solidão, são os que não precisam dos demais. Quando o valor de nossas riquezas não depende do testemunho alheio, nunca nos importaremos muito em exibi-las. Só quem se acredita rico sem realmente sê-lo precisa dos demais, pois precisa fingir que é rico — e seu prazer passa a consistir da ideia de riqueza que cultiva na mente dos demais, sendo essa a razão pela qual a solidão o reduz a um indigente.

Tais considerações ilustram que o fato de alguém amar ou odiar a solidão é um ótimo indicador da riqueza ou pobreza de sua individualidade, pois somente sozinhos estamos em contato com o que realmente somos. Aquele que é interiormente rico precisa de menos elementos exteriores para viver, e isso significa estar menos sujeito às mudanças de um destino sempre disposto a nos passar a perna. Quanto menos dependermos de fontes exteriores de prazer, que são extremamente incertas, mais fácil será que nossa vida siga sem grandes turbulências e infortúnios. Por isso há muita sabedoria em concentrarmos em nós aquilo de que precisamos, pois é onde estamos, onde ocorre tudo o que há de mais importante — nossas vidas, nossos pensamentos, nossos prazeres e dores.

Se colocarmos em celas dois indivíduos anteriormente ricos, um vulgar e estúpido, outro culto e inteligente, com apenas o bastante para sobreviverem, não há dúvida sobre qual será mais desgraçado. Um deles continuará como sempre foi, apenas sem alguns dos confortos com os quais está acostumado, pois sua maior riqueza consiste naquilo que é em si mesmo. Ainda que encerrado numa cela miserável, poderá conceber as teorias mais profundas, meditar sobre questões filosóficas, dedicar-se à arte, escrever obras magistrais, e assim por diante. Encontrará muitos modos de entreter-se sem a ajuda de elementos externos. Mesmo sozinho, estará em ótima companhia. O outro também se sentirá como verdadeiramente é, mas isso, pelo contrário, não o agradará nem um pouco, já que sua vida sempre foi voltada ao exterior e, agora, reduzido aos seus próprios recursos, tornou-se um indigente. É provável que o tempo todo se limite a brincar com todos os objetos que lhe caírem à mão, atento a tudo o que passa em seus arredores, ansioso para encontrar alguém com quem conversar, num esforço constante de esquecer-se de si próprio pelo tédio terrível que causa ter uma mente completamente insípida num ambiente também insípido. Sempre preferiu comprar títulos em vez de merecê-los: agora se despreza porque, nunca tendo investido em si mesmo, não pode sequer dar-se esmolas, não consegue ver nada de útil no fato de ser ele próprio. Entedia-se porque sua mente é incapaz de movimentar-se a si mesma — como um cata-vento, só funciona quando as circunstâncias exteriores induzem sua atividade. O indivíduo sucumbe como uma vítima de sua própria inutilidade.

* * *

Isso deixa clara a importância de nos considerarmos o empreendimento essencial de nossa existência. Quando somos a matriz, administramos nossos recursos para que nossos investimentos nos retornem benefícios de fato, não meras representações de benefícios na ideia dos demais sobre nós. Como só somos reconhecidos publicamente por nossas fachadas, ou seja, por aquilo que está fora de nós, não são nelas que devemos investir nossos esforços. Todas as filiais que estabelecermos fora de nós mesmos serão prejuízo certo, pois até seus lucros serão apenas representações sociais de lucros. Evidentemente, fachadas são necessárias, mas devem ser vistas apenas como pequenos investimentos sociais, estratégias que asseguram as condições que nos permitem desfrutar de nosso verdadeiro tesouro, do qual nunca poderemos ser subtraídos.

Quando decidimos viver para nós mesmos, guardamos o ouro para enfeitar nossas vidas, não nossas roupas. Não o queremos em barras, para trocar por dinheiro: queremo-lo para as obras de arte que nunca nos cansaremos de contemplar. Assim, em vez de ricos, nos tornamos inestimáveis. Em qualquer momento ou circunstância, sempre encontramos em nós próprios o motivo de nossa satisfação, pois somos aquilo pelo que vivemos. *Onde estiver teu tesouro, estará também teu coração* — é como se diz, e nós também o dizemos. Sentimos que o sentido de nossas vidas é nos tornarmos nós mesmos, cada vez mais.

Queremos boa disposição para desfrutar de nosso intelecto e ócio para podermos trabalhar livremente. A boa disposição depende de nossa saúde, enquanto o ócio depende de nossa riqueza. Ambos são necessários para que possamos colher os benefícios da inteligência. Observe-se, então, que o dinheiro só tem uma utilidade parcial dentro de nossas vidas. A importância da riqueza é inegável, mas ela só pode nos proporcionar a metade menos importante daquilo de que precisamos. Quando somos ricos, temos à nossa disposição não toda a felicidade, mas todo o tempo que quisermos. Por isso não precisamos de muita riqueza, mas apenas o bastante para que tenhamos a liberdade de escolher a atividade à qual nos dedicaremos.

Naturalmente, não buscamos o ócio porque odiamos o trabalho, mas porque queremos trabalhar apenas naquilo que nos interessa. Mesmo as tarefas mais árduas, quando feitas por vontade própria, não são sentidas como um incômodo. Mas isso exige que deixemos que nossa natureza as dite, não as circunstâncias sociais. Nessa situação, por nos doarmos completamente, fazemos nossas vidas conspirarem em favor da realização de nossos objetivos. Por termos boa vontade e interesse pessoal, damos atenção aos detalhes: dormimos bem, alimentamo-nos adequadamente, exercitamo-nos na medida exata, estudamos o funcionamento de nossos corpos. Tudo isso para cumprir nossa tarefa com maestria, pois é aquela que escolhemos para nós mesmos, da qual seremos o resultado.

Ademais, ao trabalharmos para nós mesmos naquilo que nos interessa, quando e enquanto interessa, não queremos férias, não entendemos como se podem desejar férias: somos os primeiros a chegar e os últimos a sair, e isso nos parece natural como respirar. Entretanto, nada é mais detestável que trabalhar como um mercenário que vende seu esforço a um fim alheio. Somos forçados a mentir o tempo todo numa atividade que compete com nossa inteligência — por conseguinte, o pensamento cessa quando começa o horário comercial. Em vez disso, escolhemos o caminho oposto: trabalhamos porque não conseguimos pensar em nada mais interessante. Não separamos vida e trabalho porque escolhemos existir para nós mesmos.

✳ ✳ ✳

Quando trocamos uma solidão dessa espécie por prestígio social, fazemos um mau negócio. Damos nossos tesouros aos demais para que nos admirem, comprando sua bajulação ao custo de nossa própria indigência. Como palhaços, atiramos tortas às nossas caras pensando que isso conquistará seu respeito. Não porque gostamos de nos prostituir, porém tampouco por dinheiro: fazemos isso tudo apenas pela honra de dormir junto à sarjeta de suas vidas. Se nos prostituímos em troca de algo tão ínfimo, não tardará para que sejamos desprezados por isso, pelo nosso valor ser algo que tomamos emprestado da opinião alheia como quem vive de migalhas.

Acrescentemos também que, ao nos apresentarmos aos demais com roupagens esplendorosas, seu juízo favorável a nosso respeito ainda não será suficiente para nos livrar do tédio e da miséria de sermos um deserto vestido como um oásis. No melhor caso, seremos reconhecidos pelo que não somos, como impostores que usam relógios falsos, sem importar-se em saber as horas, ou como quem permanecesse imóvel a noite inteira, apenas para convencer os demais de que dorme muito bem.

Aquele que finge esquece-se do mais importante, de que o essencial em possuir uma qualidade consiste em desfrutar do benefício de tê-la sempre à sua disposição como algo que conta em seu favor. Qualidades só constituem fardos àqueles que precisam fingir possuí-las. Por isso, quando sabemos possuir uma qualidade, nunca nos ocorre demonstrá-la gratuitamente. Um juízo contrário não a tirará de nossas mãos, tampouco interferirá em nossas chances de sucesso. Visto que independe de opiniões alheias, geralmente não fazemos sequer questão de saber o que se pensa sobre ela.

Então, como não faz sentido defendermos nossas qualidades, é exatamente isso que incrimina os que tentam esconder suas fraquezas com exageros na direção oposta. As qualidades que um indivíduo demonstra desnecessariamente testemunham contra ele próprio, de modo que encontraríamos em seu interior justamente o contrário daquilo que aparenta ser: seu constante esforço em provar seu valor indica que não possui nenhum.

Essa é a razão pela qual toda ostentação pode ser vista quase como uma confissão de incompetência: os que se esforçam em parecer sábios são tolos; os que lutam para ser humildes são orgulhosos; os que vivem para demonstrar bravura são covardes, e assim por diante. Basta acrescentarmos um sinal negativo às qualidades que ostentam para chegarmos ao que verdadeiramente são.

Daí que, ao buscar no exterior dos demais aquilo que nos falta interiormente, estamos cometendo o erro de nos deixarmos guiar justamente por aqueles que menos entendem do assunto. Faríamos melhor em buscar orientação daqueles que demonstram externamente as características opostas àquelas que desejamos, pois nisso são mestres natos — tanto que precisaram inventar toda uma fachada social simplesmente para dissimulá-la. Podemos, por exemplo, estar certos de que ninguém domina melhor a arte de ser estúpido que quem finge ser inteligente.

Pelo contrário, ao sermos autênticos, estamos investindo no desenvolvimento de nossas próprias virtudes, em vez de desperdiçar energia mascarando vícios para conquistar a boa opinião dos demais. Sendo que nunca nos tornaremos mestres naquilo que nos falta, só faz sentido compensar nossas fraquezas através do exercício de nossas verdadeiras qualidades, do contrário possuiremos apenas vícios blindados e virtudes anêmicas.

✷ ✷ ✷

Fica claro que, quanto mais tivermos em nós mesmos, tanto menos precisaremos do mundo exterior para suprir nossas carências. Bens materiais e prestígio social serão elementos secundários em nossas vidas. Não que tais coisas sejam desimportantes. Porém, sozinhas, nada podem fazer por aquele cujo maior desgosto é ser ele próprio. Precisamos apenas de riqueza suficiente para viver. O excesso também será prejudicial, pois nossos esforços serão desviados ao trabalho de manter nossos bens.

Com razão um indivíduo sábio se distanciará da sociedade quando esta, em troca, não puder oferecer-lhe nada que esteja à altura daquilo que encontra em si próprio. A convivência, aliás, só o empobreceria, pois indivíduos dados à socialização são, em regra, falidos. Buscam a convivência apenas porque não têm mais nada. Ao entrar em contato conosco, não podem oferecer em troca algo que nos indenize pelo tédio que nos causam. Estão de bolsos vazios e só querem jogar tempo fora, tanto o deles quanto o nosso.

Como só há vantagens na independência, é quase inevitável que indivíduos independentes tornem-se insociáveis. Não precisam da sociedade e são muito gratos por isso. Todos os dias percebem como têm sorte por viverem sozinhos, e não em companhia de indivíduos vulgares, de caráter perverso e inteligência obtusa. Quando os demais não veem em nós qualquer utilidade, quando não conseguem encontrar um modo de nos explorar em seu benefício, nos chamam de insociáveis como se isso fosse um insulto. Na verdade, é o maior elogio que poderíamos esperar receber: ser inútil a indivíduos baixos, vulgares e ignorantes é algo que nos honra profundamente, é quase uma prova de que estamos no caminho certo.

São sempre redes de interesse pessoal que nos levam a entrar em contato uns com os outros. Se os homens bastassem a si mesmos, a sociedade não existiria. Os homens se detestam, todos, sem exceção: são rivais não-declarados. Não perdem uma oportunidade de pilhar uns aos outros quando sabem que sairão impunes. São seres sociais, mas agrupam-se por necessidade, como porcos-espinho no inverno. Suportam-se apenas porque não têm escolha, porque sozinhos morreriam de frio, do contrário dariam as costas sem pestanejar. Por isso a socialização é uma necessidade aos ineptos, mas uma desgraça aos sábios.

Sabemos que, a não ser que nossas entranhas sejam feitas de ouro, ninguém terá o mínimo interesse naquilo que há em nosso interior. A nosso respeito os demais só querem saber que proveitos podem tirar, mais nada. Talvez digam o contrário, mas não somos ingênuos o bastante para acreditar em favores gratuitos. Nenhuma boa intenção, por ser boa, deixa de esperar compensações.

Então, se somos solitários, se bastamos a nós mesmos, devemos, com toda a justiça, ignorar o chamado do rebanho e trilhar nosso próprio caminho, sabendo que ser egoísta num mundo movido pelo egoísmo não é mais que sinal de inteligência.

TÉDIO

O tédio é uma sensação aflitiva de vazio, de desgosto, de fastio. Todos o conhecem, poucos realmente o entendem. Quando entediados, é comum afirmarmos que a causa disso é o fato de não termos nada interessante de que nos ocuparmos. Contudo, essa é uma interpretação superficial, que confunde causas e efeitos. Na verdade, acontece o contrário: não temos nada interessante de que nos ocuparmos porque estamos entediados. Tão logo o tédio nos abandonar, encontraremos várias ocupações interessantes, que muitas vezes serão exatamente aquelas nas quais não enxergávamos valor algum enquanto estávamos entediados.

Um indivíduo entediado vê as possibilidades que se apresentam diante dele como um anoréxico vê um farto banquete. Esperar que alguém entediado tenha motivação é tão ridículo quanto esperar que um anoréxico tenha apetite. Entediados, todas as possibilidades nos enojam, tornando-nos positivamente avessos a quaisquer ocupações. Sabemos que alimentar-se é necessário, e que pode também ser prazeroso, mas sem apetite não há nada a ser feito.

O tédio é penoso porque nos paralisa e nos torna insensíveis a quaisquer impressões prazerosas, reduzindo tudo a uma penumbra cinzenta e insípida. Não importam quão longos sejam os períodos durante os quais o experimentamos: nele é tudo irrelevância, e tais vivências simplesmente desvanecerão de nossas memórias. Tudo se converte em fantasmagoria. Esse estado mental que solapa nossa motivação, desmonta nossos objetivos, podendo tornar a vida tão mórbida quanto a depressão ou a privação de sono.

Suponha-se que estivéssemos entediados. Ocorre-nos, por um motivo qualquer, ler o livro x ou terminar o projeto x. Nessa situação, a ideia de levar qualquer x adiante nos parecerá simplesmente despropositada — e isso mesmo que tivéssemos o costume de nos dedicar a tais atividades x cotidianamente, por vontade própria.

Imersos no tédio, nenhum x nos incita a curiosidade, não vemos qualquer

232

motivo para alcançar objetivos. Sentimos que o resultado, seja qual for, será irrelevante. Vemo-nos impedidos de usar nossas próprias forças, incapazes de encontrar satisfação até naquilo que comumente nos agrada. Sabemos o que queremos fazer, mas, até que o tédio passe, nada pode ser feito quanto a isso.

Fazendo uma analogia, nossa situação é semelhante à de um assalariado que não aprecia seu emprego em si mesmo, levando-o adiante apenas em função do dinheiro que recebe pelos seus esforços. Em regra, num emprego, dedicamo-nos a tarefas que, senão pelo salário, nos pareceriam absolutamente detestáveis. Podemos estar certos de que, sem tal compensação, ruiriam praticamente todas as carreiras profissionais como as conhecemos.

Nessa ótica, quando entediados, somos como empregados conscientes de que não receberão recompensa alguma por seu esforço — sendo esse o motivo pelo qual não fazemos nada. Vemo-nos subtraídos exatamente daquilo que nos motivava a trabalhar. No caso, a diferença consiste no fato de que o patrão chama-se cérebro e o pagamento são doses regulares de prazer.

Entediados, estamos numa situação na qual nosso patrão não vê qualquer utilidade em nos pagar pela realização das tarefas que temos diante de nós — numa espécie de desemprego neuroquímico. Queremos, muito desesperada-mente, continuar alimentando nosso vício. Porém, colocados nesse impasse, vemo-nos obrigados a mudar nossa estratégia profissional, sendo o problema central o fato de não sabermos muito bem como isso pode ser feito.

A equação do tédio, como vemos, é bastante simples: para que não nos entediemos é preciso que nos mantenhamos ocupados; para que nos mante-nhamos ocupados é preciso que encontremos satisfação naquilo que fazemos. O círculo vicioso sustenta-se ou rompe-se em função do valor que enxergamos nessa ocupação. Dentro disso, a natureza da ocupação, em si mesma, é irrele-vante — basta que ela nos mantenha em movimento, e estaremos protegidos do tédio.

✳ ✳ ✳

Como o tédio evoca a consciência muito real de nossa nulidade, ocupações que insuflem nossa vaidade, nosso sentimento de importância, são algo muito útil para afastá-lo. Nesse sentido, seria obviamente inútil apenas nos elogiarmos: sabemos que isso é trapaça. Não podemos simplesmente imprimir nós mesmos as cédulas com que se compram os prazeres da vaidade. Apenas os elogios genuínos, provenientes do reconhecimento público, nos dão o pagamento de nos sentirmos elogiados.

Acreditamos, quase sempre sem razão, sermos dignos de elogio, mas nosso cérebro é prudente nesse particular — nunca compra louvores de procedência duvidosa. Promessas e palavras de honra são irrelevantes à vaidade: sem plateia, o cérebro sequer se dá ao trabalho de negociar. Ele soube, desde sempre, desconfiar de nossa honestidade.

Queremos gotas de prazer, e nisso nossos cérebros são mananciais, oceanos bioquímicos de deleites inconcebíveis, mas teremos de merecê-las, cada uma delas. As negociações estão em aberto, mas as condições são rigorosas: não há possibilidade de empréstimos, e nunca o certo será trocado pelo duvidoso. Também no tráfico de drogas biológicas reconhece-se a regra de ouro: aceitam-se somente pagamentos à vista.

Isso significa que nossa vaidade nunca será insuflada gratuitamente, sem quaisquer critérios. Para tanto, será necessário que apresentemos testemunhos de sujeitos dignos de confiança. Vindos de nós mesmos, testemunhos favoráveis não valem nada. Testemunhos de amigos, por sua parcialidade, são similarmente desprovidos de valor. Para sermos bem pagos, precisamos arrancar o elogio de nossos inimigos: a garantia provém do fato de nos odiarem.

Isso deixa bastante claro o grau de sensatez de nossos cérebros nesse tipo de questão. Sabendo que elogios gratuitos são nozes ocas, e possuidor de um profundo sentido de realidade, nosso cérebro só permite que nos enganemos a nosso respeito na exata medida em que pudermos enganar os demais sobre isso.

Nesse contexto, como se vê, não é suficiente que sejamos indivíduos bem-sucedidos: é preciso também que sejamos *reconhecidos* por isso, para que então nos *sintamos* reconhecidos. É por isso que riquezas, por si mesmas, não compram prazer algum. Não só ricos, precisamos também nos colocar em situações que nos engrandeçam por isso, do contrário nos veremos mergulhados no tédio de um sucesso nulo e insípido.

234

Assim, não somos fisicamente, mas apenas psicologicamente dependentes uns dos outros — exatamente devido a essas recompensas de prazer que buscamos uns nos outros. Disso decorre nossa natureza social. Com que fim interagimos, senão a esperança de convencer os demais de nosso valor, de sermos elogiados, e assim nos sentirmos bem? Imagine-se, por exemplo, como seria desastroso se houvesse à nossa disposição cápsulas de elogio: destruiriam os alicerces da sociedade.

Isso significa que, em rigor, não são importantes os demais, mas apenas que eles nos elogiem, para que assim nos distanciemos do tédio. Mentiras, uma vez refletidas nos demais, bastam para nos convencer e motivar: eis o princípio que move a sociedade como um todo.

* * *

Se formos dados à filosofia, não serão necessários muitos anos para que a vida logo tome o aspecto de uma brincadeira insossa. Porém, para nossos cérebros, ou ao menos para a porção inconsciente dele, não se trata de brincadeira alguma. Ele ainda acredita nessa tarefa com uma seriedade da qual só conseguimos rir. Seja como for, isso significa que não seremos recompensados com fins recreacionais. Seremos recompensados apenas por aquilo que, de algum modo, contribuir à satisfação dos itens que constam na lista oficial de necessidades biológicas.

Nesse contexto, nosso cérebro — um educador com a ingrata tarefa de cultivar uma consciência funcional —, emprega o tédio como uma punição bastante modesta, ao menos se comparada às demais formas de sofrimento que possui à sua disposição. Ele não é um sinal de perigo iminente; o tédio se assemelha a um luto em miniatura, a um convite amigável para repensarmos nossas prioridades — antes que a gravidade da situação se converta em algo capaz de nos esmagar.

Assim, ao lado da dor, o tédio toma o aspecto de uma advertência preliminar, de uma repreensão amistosa e bem-intencionada. O tédio é calculado a partir de um esboço rápido de despesas biológicas, representando apenas um alerta para não perdermos de vista aquilo que tem importância. Não há, para além disso, qualquer cobrança imediata, senão que façamos nossa parte assim que houver ocasião. Porém, se não dermos atenção ao tédio, logo nossa atenção será dada à dor — e isso nos despertará muito rapidamente. A lucidez nasce da dor.

* * *

O tédio surge, então, quando não temos motivos para acreditar que seremos aplaudidos ao levar adiante quaisquer das possibilidades que temos diante de nós, evocando a consciência da nulidade de nosso valor. Como isso se explica? O mundo é um palco de competições incessantes. Nossos cérebros fazem-nos vítimas do tédio com a finalidade de nos proteger da bancarrota.

Naturalmente, quando falamos de nosso próprio cérebro em terceira pessoa, na verdade nos referimos aos instintos. Não obstante, designá-lo como o "patrão" de nossas consciências ainda é algo bastante acertado. A consciência, dotada de uma perspectiva bastante limitada do organismo como um todo, tem o aspecto de uma serviçal dos instintos. Abandonada a si própria, não sabe que rumo tomar: precisa de um mestre para guiá-la. Assim, embora relativamente independentes, a consciência e os instintos são duas forças feitas para trabalhar em conjunto.

Os instintos, encerrados em seus grandiosos, porém primitivos gabinetes, não lidam diretamente com a realidade prática, limitando-se a estipular ordens e prazos. Cabe à consciência, seu único empregado, encontrar soluções e resultados aceitáveis. Assim, no traçar objetivos, a consciência em geral tem pouca voz, limitando-se a distinguir os melhores meios de alcançá-los.

Muitas vezes, em virtude dessa hierarquia, nós nos sentimos como que espezinhados por ordens incoerentes. Não obstante, é justo que a consciência não tenha muita escolha, pois sua vista é curta e seus motivos, em regra, são mesquinhos. Sua preocupação é sempre a mesma: a próxima dose de prazer — ignorando todo o restante da equação. Podemos estar seguros de que a consciência, sozinha no controle de nossas vidas, seria a morte certa.

A natureza, como vemos, estabeleceu essa estrutura dual e hierárquica de nossas mentes, e isso sempre nos guiou. Há, contudo, uma alternativa moderna à satisfação de nossos vícios: mudar de fornecedor. Aprendemos a cunhar moedas falsas, e com elas ludibriamos o cérebro — isto é, recompensamo-nos artificialmente injetando valor falso em nossos sistemas.

Por sua evolução cega, a natureza não poderia antever essa possibilidade — do contrário ela nos seria vedada. Como nossos cérebros pensam ser os únicos fornecedores de narcóticos aos quais temos acesso, isso nos abriu uma janela de possibilidades interessantes, porém perigosas. Por exemplo, suponha-se que, para burlar o tédio, tenhamos realizado uma fraude química. Qual será o resultado? Acreditando tratar-se de cédulas emitidas por ele próprio, o cérebro faz as contas e, vendo o lucro repentino, mostra-se satisfeito: inundar-nos de prazer é o mais justo pagamento. Resulta a sensação de que os problemas, todos, estão resolvidos.

Como a fraude é um atalho sedutor, contraímos dívidas cada vez mais vultosas. A realidade, seja qual for, é ignorada — pois nossos instintos estão a celebrar. Não tarda, contudo, que nossas empresas tornem-se extremamente instáveis, pois, em vez de nos esforçarmos a fim de consolidá-las legitimamente, dedicamo-nos simplesmente ao ócio, sem que nos tenha sido garantida qualquer segurança por meio do trabalho. Nessa situação, o vício nos transforma rapidamente em empresas de fachada. Os incontáveis casos de vidas destruídas pelo vício deixam claro que nossos cérebros estavam com a razão ao não nos permitir manusear diretamente as notas com que se compram os prazeres.

Na empresa de nossos corpos, a natureza nos fixou o justo cargo de secretários. A consciência, com apenas algumas décadas de experiência e visão limitada, não tem competência suficiente para tomar decisões importantes quanto ao corpo em que está instalada. Posta ao lado dos instintos, a consciência é uma criança — não possui maturidade para quase nada, menos ainda para compensar-se com prudência.

Nossos instintos, por outro lado, embora algo desatualizados, são altamente qualificados na tarefa de administrar corpos, pois isso vêm fazendo há bilhões de anos. Seu diploma são nossos genes, emitidos pela seleção natural. Instintos podem não enxergar o agora com clareza, mas aquilo que conhecem reflete as necessidades mais universais no tocante à sobrevivência — e dentro disso os modismos da consciência são irrelevâncias.

* * *

Já descrevemos suficientemente bem, do ponto de vista da introspecção, a natureza do tédio, e o modo como este embota nossa sensibilidade. Tentamos discernir, ainda que vagamente, a relação do tédio com nossas necessidades biológicas. Embora isso tenha exigido o emprego de uma linguagem predominantemente subjetiva, passaremos agora a uma postura mais objetiva.

Sintetizemos tudo o que foi dito até agora da seguinte forma: tédio é uma aflição de natureza química. Numa palavra: abstinência. Partindo disso, voltemo-nos àquilo que a compreensão do tédio nos revela numa ótica mais ampla: a natureza química de tudo aquilo que nos move.

Para evitar confusões, já que são muitos os tabus envolvidos, primeiramente vejamos a questão do seguinte modo: nosso *DNA* tem a receita para a construção de um cérebro capaz de sintetizar estimulantes, calmantes, analgésicos, alucinógenos, anti-inflamatórios e tudo o mais que pudermos imaginar nesse sentido. Trata-se, de fato, de uma completíssima farmácia biológica à nossa disposição. Tais substâncias, conforme necessárias, são produzidas pelo organismo, fazendo circular em nossa corrente sanguínea um verdadeiro coquetel de drogas naturais.

Sabemos da utilidade disso tudo à sobrevivência, mas qual é a função de tais elementos à consciência? Permitir o ajuste de nossa sensibilidade às circunstâncias particulares, fazendo com que nossa percepção da realidade se ajuste às nossas necessidades. Isso, por sua vez, tem a óbvia função de adaptar nosso comportamento às situações em que nos encontramos.

Para ilustrar a prática, suponhamos o seguinte: estamos caminhando por um lugar qualquer e, repentinamente, topamos com a imagem de um leão. Como é que sabemos, diante dessa imagem, o que devemos sentir ou pensar? Para vê-la, usamos os olhos — e para julgar seu significado? Usamos a sensibilidade, usamos as emoções e os sentimentos — os quais são regulados pela química cerebral. A mera imagem do leão, por si mesma, não nos diz nada sobre o que devemos sentir — mas o medo nos diz que correr é exatamente o que devemos fazer.

Assim, dada uma situação qualquer, é a configuração específica das substâncias químicas presentes em nossos cérebros que determina de que modo vamos sentir essa situação, em que sentido vamos pensá-la, em que informações focaremos nossa atenção. É a química cerebral aquilo que nos permite sentir as situações, assim como os olhos nos permitem vê-las. Trata-se daquilo que dá cores ao nosso mundo afetivo. Nesse sentido, assim como podemos ter diferentes versões de uma mesma canção, nosso maquinário mental, sob influências químicas específicas, cria diferentes "versões" a partir dos mesmos fatos.

Tracemos um paralelo para entender melhor tal processo. Sabemos que, quando a realidade estimula nossos sentidos, isso cria um sinal, como um instrumento de cordas ao ser tocado. O sinal de áudio, por sua vez, pode sofrer vários tipos de processamento, mas só ouvimos o resultado final, aquilo que os alto-falantes produzem: vibrações sonoras que, uma vez ordenadas, ganham sentido, tornam-se música. O mesmo ocorre em nossos cérebros. Nossa percepção da realidade é modulada por uma orquestra química, e vivemos apenas o resultado final disso, que é o que nos permite experimentar o sentido, a "música de fundo" da situação.

No dia a dia, quando estamos motivados, perseguindo nossos objetivos, estamos sob a ação de constantes recompensas de prazer. Então, quando estamos desmotivados, sentindo o peso do tédio, o que estamos experimentando? Um quadro de abstinência natural. O tédio, nessa ótica, poderia ser entendido como um sintoma de abstinência química, e não fazemos tal afirmação num sentido vulgar, referindo-nos à dependência de drogas sintéticas, mas à nossa dependência de drogas naturais, criadas por nosso próprio organismo.

Drogas artificiais, sejam quais forem, só funcionam porque nosso cérebro está arquitetado para responder a drogas naturais similares. É evidente que, se não houvesse em nossos cérebros receptores para tais substâncias, elas simplesmente não funcionariam. Assim, devemos ter em mente que drogas naturais são parte da "linguagem" que constrói nosso mundo afetivo.

Nosso cérebro pode criar naturalmente tudo o que sentimos com drogas sintéticas: basta saber como manipulá-lo. Similarmente, tudo o que sentimos naturalmente pode ser reproduzido com drogas sintéticas: basta saber qual

ANDRÉ CANCIAN

injetar. Assim como o amor pode ser causado por uma pessoa, pode ser também causado por um comprimido de *ecstasy*; assim como um desafio pode nos motivar, também pode uma cápsula de anfetamina.

Uma sensação induzida por drogas sintéticas não é "falsa", assim como outra, induzida naturalmente, não é "autêntica". Sensações são fatos concretos, fenômenos neuroquímicos — e nessa equação não há espaço para considerações morais. Entre vícios naturais ou artificiais a única diferença tangível está no fato de que o cérebro, enquanto fornecedor, costuma ser mais honesto e confiável que a maioria dos indivíduos, dopando-nos na medida certa e somente com substâncias de boa procedência, pois ele próprio as sintetiza.

Assim, drogas são elementos que a própria natureza desenvolveu com a finalidade de orquestrar nossas vidas afetivas. Elas não são "opcionais". Sem tais substâncias, não seríamos, como se pensa, indivíduos socialmente responsáveis, mas vegetais inertes, insensíveis a qualquer experiência dotada de sentido.

* * *

Agora podemos, com toda a calma, afirmar todos dependem de drogas. Não há como escapar do fato de que, por natureza, e sem exceção, somos todos viciados. Torna-se, nesse sentido, irrelevante o fato de certo quadro de dependência haver se estabelecido natural ou artificialmente. São igualmente viciados os que buscam euforia saltando de paraquedas, jogando *videogame* ou usando estimulantes. São igualmente viciados os que buscam a paz através da meditação, do exercício físico, do uso de derivados de ópio.

Nessa ótica, acreditar que o uso de drogas seja imoral torna-se tão despropositado quanto acreditar que haja algo imoral no fato de alguém se exercitar ou se apaixonar. A moral só pode ser inserida na equação para julgar as consequências sociais desses fatos, sendo que dar nomes diferentes aos vícios naturais e aos artificiais é uma questão meramente política. Se o fazemos, é apenas por conveniência, pois quem consegue governar a vida dependendo somente de drogas endógenas costuma ter um comportamento mais estável e previsível. A realidade incontornável de nosso vício, entretanto, permanece a mesma.

Tendo isso em vista, não espanta que vícios naturais possam acarretar consequências tão desastrosas quanto os artificiais; não espanta que possamos suprir carências naturais artificialmente, ou *vice versa*. Sejam as substâncias de origem interna ou externa, os mecanismos cerebrais de recompensa e punição ativados são os mesmos.

Aquilo que, por exemplo, chamamos de "saudade", não costuma ser mais que tédio romantizado. Senão, vejamos: a saudade diz respeito à ausência de algo que nos dá prazer. Acostumamo-nos a usar certa pessoa como fonte de satisfação e, na ausência dessa pessoa, ficamos ansiosos, às vezes desesperados, buscando de todas as formas reencontrá-la, sem conseguir por um momento tirá-la de nossas mentes. Claro que, uma vez a encontremos, a saudade desaparece. Não acontece o mesmo com qualquer outra droga?

Basta substituir "saudade" por "abstinência" e "pessoa amada" por "maço de cigarros" para compreender que ambos os casos se reduzem ao mesmo processo. Aliás, quando encaramos a saudade como um quadro de abstinência, fica óbvio o motivo pelo qual o melhor meio de superar a ausência de uma pessoa é substituí-la por outra. Sabemos, por experiência, que isso funciona, mas apenas agora entendemos o porquê.

✳ ✳ ✳

Tendo isso em mente, retomemos o caso do tédio. Parece-nos que o melhor meio de driblá-lo naturalmente seria adquirir a capacidade de nos manipularmos voluntariamente, de nos valermos da inteligência para encontrar meios práticos de levar nossos cérebros a reproduzir os estados mentais que nos agradam. Isso porque, se nosso cérebro é capaz de produzir naturalmente todas as sensações que experimentamos, bastaria desenvolver técnicas que nos permitissem controlá-lo com precisão, e a felicidade estaria diante de nós como uma possibilidade real e gratuita.

De início, parece uma ideia promissora, mas isso funciona? Ora, claro que funciona. Aliás, na arte de controlar-se há muitas opções, e todas funcionam. Não apenas técnicas práticas, mas também o autoengano dá resultados; sabemos disso. Trata-se de um fato inegável que o efeito placebo, apesar de basear-se em crenças falsas, libera substâncias muito reais. Porém, ao levar tal ideia aparentemente revolucionária à prática, não estaríamos realizando nada de novo, pois isso a religião já faz há milênios. As "ciências divinas" são especialistas nesse particular: basta ligarmos os pontos para percebê-lo.

Religiões sempre estão envolvidas com o "transcendental" e com "realidades paralelas". Valorizam a autoridade, a confiança e o além. Por quê? Sabemos que, ao nos doparmos por meio de procedimentos artificiais, induzimos uma alteração em nossa química cerebral, nossa visão da realidade é distorcida rapidamente. Para indivíduos simplórios, sem qualquer noção de como a mente funciona, qual é o resultado? A impressão de haver ingressado em "outra" realidade, ou de ter captado certas "energias ocultas". O além pode, nessa ótica, ser entendido como uma interpretação simbólica dessas experiências alucinatórias, sendo a teologia a área que teoriza em cima desse tipo de fantasia.

Parece evidente que a religião existe como uma sabedoria popular envolvida no emprego desses vícios calculados, todos indiretamente vinculados aos benefícios do efeito placebo, e nada disso nunca teve relação com a origem do universo, com o mistério da existência, com deuses ou espíritos. Tudo isso são planos de fundo. Nossas ideias religiosas tradicionais como salvação, bem-aventurança, iluminação, relação com Deus, verdades reveladas, intervenções e inspirações divinas são apenas alegorias que giram em torno da utilização do placebo com fins sociais, recreacionais e motivacionais.

A história da fé, das religiões, da metafísica, quase poderia ser resumida aos métodos que inventamos ao longo do tempo para nos doparmos naturalmente. Assim, se a fé consola, se a meditação acalma, isso ocorre pura e simplesmente porque rezar e meditar são meios de induzir estados mentais que consideramos agradáveis, arrancando recompensas específicas de nossos cérebros. Dentro disso, Deus nunca passou de um grandioso pretexto, pois o fato é que verdades reveladas não nos revelam nada — só nos dão "boas sensações". Invejamos nas catarses místicas dos santos o mesmo que invejamos em *junkies* com agulhas espetadas nas veias: prazer gratuito. E quando viciados superam sua dependência por meio da fé, não se trata de milagre algum: apenas mudaram de traficante.

Isso tudo pode parecer uma argumentação delirante. Porém, se o objetivo da religião não fosse dopar os indivíduos, alucinações, experiências místicas, paz na alma, sucesso e felicidade pessoal não seriam vistos como argumentos em favor da veracidade da religião. Ninguém, ao buscar religiões, está em busca da verdade, e sim de felicidade, e isso deixa perfeitamente claro que ter fé se trata de maximizar as possibilidades de sucesso no emprego do efeito placebo. Como a eficiência do placebo está intrinsecamente ligada à nossa capacidade de acreditar — não de saber —, a veracidade da crença religiosa torna-se irrelevante nesse particular. O conteúdo da crença é simplesmente gratuito, pois não passa de uma metáfora, de um simbolismo à qual a convicção pode fixar-se para alcançar o resultado desejado — coisa que será um benefício prático qualquer, pois é óbvio que, se almejassem conhecimento, se dedicariam ao estudo.

Muitos criticam, não sem razão, a cegueira causada pela fé. Porém, tendo em vista que a eficiência do efeito placebo depende exatamente da firmeza da convicção, faz perfeito sentido que a fé não dê importância aos fatos, pois sua função não é conhecer, mas exercer controle sobre nosso mundo mental. Apenas por isso na religião a dúvida é um pecado, e também por isso se prega "desprendimento" em relação ao mundo material, bem como submissão à autoridade. Quem acredita quer resultados, não explicações.

Basta ter fé: compreende-se agora o que isso significa? Deus existe para tornar a fé possível, e não o contrário. Milagres são os casos em que o efeito placebo deu resultados, e isso é prova suficiente da existência de Deus. Chorem os ateus, mas a crença funciona, do contrário não haveria tantos viciados em fé. Observemos apenas que, assim como usuários pesados de *LSD*, aqueles que utilizam muita fé dificilmente retornam à realidade. Incapazes de administrar seu vício, a depender de seu caráter, tornam-se santos ou fanáticos.

✳ ✳ ✳

Feitas tais observações, entendemos melhor o quanto a química cerebral governa nossas vidas cotidianas. Conseguimos distinguir como, na vida prática, nossas ações e crenças giram em torno de uma compreensão vaga e intuitiva de como podemos extrair recompensas de nossos cérebros, usando suas potencialidades em nosso favor por procedimentos indiretos, sendo a religião um ótimo exemplo disso. Contudo, antes de encerrarmos o assunto, façamos mais alguns comentários, não sobre os tolos, mas sobre os sábios.

Ficamos algo perplexos ao perceber como é frequente os grandes sábios declarem sentir inveja dos ignorantes. Entretanto, ao nos tornamos sábios, descobrimos que isso ocorre porque ilusões otimistas são entorpecentes simples, baratos e eficientes. Em maior ou menor grau, sabemos que, quando destrinchamos uma ilusão racionalmente, quando deixamos de acreditar e passamos a entender, isso dissipa muito do conforto que proporcionava.

Nessa ótica, considerando o quanto dependemos de ilusões, é natural que o niilismo, ao proceder em sua sóbria e inflexível fiscalização da realidade, tome o aspecto de uma postura extremamente ameaçadora aos que dependem do narcotráfico divino. Sabemos como é aflitivo ver a razão jogar nossas crenças na privada, pois sem elas resta-nos apenas uma lamentável e oca existência. Assim, nosso aferro apaixonado às ilusões não se trata realmente da necessidade de acreditar no conteúdo de nossas convicções, mas de nossa incapacidade de permanecer indefinidamente sóbrios diante do nada.

Gostemos ou não, iludir-se é necessário, e é notável como discussões sobre o assunto erram o alvo. A crença ou descrença em deuses, por exemplo, não tem relação alguma com nossa curiosidade a respeito da origem do universo. Se Deus não houvesse criado o mundo, isso pouco importaria. Então, se tivermos o cuidado de analisar os motivos pelos quais, sem qualquer evidência, se aceita a existência de Deus como um fato, isso deixará claro que Deus provém de nossa necessidade de acreditar, de efetivamente dependermos dessa ilusão para levar a vida adiante, como quem tem na fé o princípio ativo, nos dogmas o excipiente e na sua religião particular o frasco de pílulas para as misérias da existência.

Não importa realmente qual a superstição: nenhuma crença sustentada pela fé tem seu valor medido por quanto faz sentido ou por seu caráter explicativo, mas por quanto conforta. Tanto isso é verdade que religiosos trocam de crença sem nenhuma dificuldade, pois muda a cor das pílulas, mas o princípio ativo permanece o mesmo. O importante é ter fé, não importa em qual deus.

Certos religiosos são, embora outros não, tolerantes em relação aos demais tipos de crença. Contudo, todos são intuitiva e uniformemente intolerantes em relação aos descrentes. Espanta grandemente aos que dependem de crenças que se possa viver sem nenhuma, e que pessoas assim não sejam monstros. Viver sem fé parece-lhes tão absurdo quanto viver sem amigos — mas essa ótica é algo perfeitamente compreensível, até mesmo previsível. Sabemos que Deus é um pretexto para nos iludirmos com firmeza, não uma fonte de esclarecimento, e sabemos que viciados crônicos não têm a opção de abandonar o vício voluntariamente, tampouco a de ser imparciais quanto àquilo a que se agarram para viver. Na prática, não importa realmente ao que se agarram, desde que permaneçam agarrados a algo. Isso é ter fé.

Tal perspectiva ficará ainda mais clara se tivermos o cuidado de observar que a religiosidade, bem como o ateísmo, não é efetivamente uma escolha voluntária que se faz. O ateísmo só se torna possível quando a crença em Deus torna-se desnecessária. A solidão, pelo mesmo motivo, só se torna possível quando amigos tornam-se supérfluos. Claro que, uma vez ateus, parece-nos inconcebível que se acredite nesse tipo de coisa — ao menos até percebemos que entre crer e descrer não se tem escolha alguma. Assim como o tabagismo, a religiosidade não faz sentido algum, mas ambos são vícios adquiridos que dão prazer, e são igualmente difíceis de abandonar.

✳ ✳ ✳

Indivíduos racionais nunca escolheram ser incapazes de se dopar com ilusões infantis, bem como religiosos nunca escolheram ter fé. Nenhum dos dois tem a liberdade de mudar voluntariamente o modo como seu cérebro desde sempre se habituou a funcionar. Porém, como precisamos de ilusões para viver, cada qual, de acordo com sua inteligência, se vê obrigado a empregar métodos diferentes para suportar a existência.

É inútil insistir: não conseguimos ter fé. Nossa única alternativa passa a ser buscar consolo no esclarecimento, mas como? Só causa miséria a lucidez diante de um mundo miserável. Então, se não conseguimos contornar esse problema nos envolvendo com ilusões absurdas, passamos então a nos envolver com ilusões sensatas, que satisfazem nossa inteligência.

Mentiras simplesmente não nos cativam — nos enojam. Assim, como não conseguimos nos iludir com falsidades, iludimo-nos com o seu oposto: a verdade. Encontramos no conhecimento o que os tolos encontram na fé, buscamos na honestidade o mesmo que os demais no engano, entendemos de olhos abertos como se consolam os vendados.

Aprendemos a suportar a vida à nossa maneira. Se hoje temos uma consciência tranquila diante do fato de não precisarmos ter fé, isso ocorre porque nos bastam farmácias e bibliotecas. Nossos milagres estão em *blisters*. Concluímos em vez de acreditar, refletimos em vez de suplicar.

O fato é que nunca teríamos aceitado tão tranquilamente a morte de Deus se não dispuséssemos de meios seguros de substituí-lo. No lugar do jardim do Éden, colocamos o jardim da filosofia, e tanto um como o outro servem apenas para nos distrair, para esconder o desfiladeiro niilista. Sabemos que, em nossas vidas, a filosofia, a reflexão abstrata, cumpre o mesmo papel que a religião, e ambas as coisas não passam de meios de fugir da realidade.

Reconhecemos que nem a filosofia nem a religião nos levarão a lugar algum — apenas nos distrairão do tédio. Parece pouco, mas basta. Somos humanos, e uma existência decente é tudo o que esperamos. Como temos farmácias, o autoengano tornou-se dispensável. Como temos inteligência, encontramos consolo na reflexão, e sentimo-nos plenos por podermos levar adiante nossa inclinação natural à honestidade.

Nessa perspectiva, a filosofia seria como uma "irmã ateia" da religião. Religiosos e filósofos, cada qual ao seu modo, têm seu consolo onde o encontram — na contemplação mística ou na intelectual. Isso deixa claro o motivo pelo qual, embora racionais, considerações filosóficas sobre a realidade costumam ser vazias e irrelevantes.

Assim como religiosos, filósofos em grande parte perdem-se da realidade — e gostam disso. A filosofia nos diverte, mas dificilmente nos esclarece sobre o mundo, pois é apenas um exercício vazio de pensar com clareza, como jogar xadrez. Por isso, com razão, diz-se que ela é a ciência com a qual ou sem a qual o mundo continua tal e qual — nada poderia ser mais acertado. Foram apenas os cientistas os que melhor souberam se proteger desse tipo de extravio, pois tiveram o esclarecimento de unir o útil ao agradável por meio de um método que mantém seus pensamentos com os pés no chão.

A conclusão é a seguinte: a fé conforta indivíduos vulgares; a reflexão conforta indivíduos inteligentes. A diferença é que apenas os últimos podem confessá-lo: a busca pela verdade é o pretexto dos intelectuais. Nessa situação, como a condição de nosso bem-estar é o pensamento, em vez de fé, precisamos cultivar a dúvida: é nossa salvação manter nossos cérebros em atividade, sendo a filosofia a área que melhor cumpre essa função.

Portanto, não de acreditar, temos necessidade de duvidar: crentes às avessas, qualquer certeza nos asfixiaria. Pensar perigosamente pode ser encarado como um esporte radical, como uma terapia, como uma fuga — isso depende do ponto de vista. Só não podemos negar que seja prazeroso e um ótimo sentido para a vida — do contrário não haveria tantos que compulsivamente se dedicam à atividade.

Imersos em reflexões, gostamos de pensar perigosamente, e dúvidas nos parecem irresistíveis. Porém, com o tempo, em vez de apenas nos distrairmos com leituras, contemplando as aventuras intelectuais dos demais, partimos às nossas próprias: arriscamo-nos diariamente problematizando a existência. E como os problemas intelectuais são os mais urgentes aos pensadores, buscar sua solução passa a ser uma tarefa importantíssima — e assim nos distanciamos do tédio.

O prazer da reflexão é semelhante ao de colocar o pé para fora da coberta num dia de inverno. Feito isso, dedicamo-nos a encontrar um meio de aquecê-lo sob o manto da verdade. O desafio está em conseguir fazê-lo a tempo e racionalmente, sem permitir que a dúvida nos mantenha descobertos por muito tempo. Assim, uma vez descobertos, pensar torna-se urgente, e passamos a buscar soluções, ainda que provisórias, para o problema que nós mesmos inventamos — mesmo porque soluções finais seriam desastrosas, o ponto final de um jogo que não conseguimos abandonar.

Nesse processo, só precisamos de duas coisas: da dúvida e de um pretexto para superá-la. Nisso consiste a busca pela verdade, uma aventura inútil à qual nos lançamos voluntariamente a fim de nos distrairmos do tédio.

✳ ✳ ✳

Como vemos, faz bastante sentido ver a busca da verdade como uma alternativa sensata à crença em Deus. Pois, incapazes de nos enganarmos, substituímos o placebo pelo fármaco. Incapazes de acreditar, iludimo-nos com conhecer. Esse é o sentido da vida dos intelectuais. Conhecer é apenas um pretexto. A tecnologia é apenas uma consequência. O objetivo sempre foi ter algo interessante para fazer.

Portanto, se nossa natureza nos conferir afinidade para tal, o estudo e a reflexão mostram-se um modo bastante promissor de nos tornarmos viciados autossustentáveis. Dispondo de um quarto vazio, de uma biblioteca cheia, de um cérebro curioso e criativo, teremos diante de nós a oportunidade de buscar o aprazível vício da intelectualidade.

Uma vez alcançado esse estado de dependência de reflexão, ficará em nossas mãos a manutenção do círculo vicioso que nos livra do tédio. Estaremos fora de seu alcance enquanto formos capazes de manter nossos cérebros em atividade, coisa que, de início, podemos fazer facilmente com leituras.

Nessa situação, em vez de conversar sozinhos e de recitar superstições ignorantes, conversamos com filósofos esclarecidos e cientistas instruídos que cativam nossa inteligência, e com isso estará garantida nossa dose diária de vacina antitédio. Quando precisarmos de milagres, não haverá necessidade de nos enganarmos: bastará irmos à farmácia.

O único problema da intelectualidade consiste no fato de que esse hábito costuma conduzir à solidão, e isso nos causará tédio devido à fase inicial de abstinência de elogios. Há, entretanto, vantagens consideráveis em submeter-se à reeducação artificial da vaidade que torna a solidão possível, pois assim poderemos substituir dois vícios por apenas um: teremos livros como amigos e reflexões como atividade. Apenas assim, ainda que sozinhos, nos sentiremos acompanhados em nosso vício intelectual.

Claro que, a princípio, tal postura talvez pareça impraticável, mas não é. Sabemos que a vida é injustificável. Porém, sem vícios, ela se torna também insuportável. Para suportá-la, precisamos de vícios, sendo a vaidade apenas mais um deles — um vício que, como qualquer outro, pode ser substituído. A convivência não é uma necessidade, apenas um vício que temos o hábito de suprir usando outras pessoas. Trata-se de algo natural, porém não necessário. Recorrer a amizades quando não sabemos que fim dar às nossas vidas é tão arbitrário quanto recorrer a cigarros quando não sabemos que fim dar às nossas mãos. Em ambos os casos, tudo o que temos é um padrão de dependência difícil de ser quebrado.

Em todo caso, se quisermos ter amigos, podemos tê-los; porém, se não quisermos, não precisamos. Também não precisamos de cigarros; porém, se quisermos fumá-los, podemos. A intelectualidade não nos tornará misantropos, incapazes de quaisquer amizades, assim como não nos tornará alérgicos a tabaco. Cultivar amizades sempre será uma possibilidade. Porém, se não as tivermos, simplesmente não farão falta. Nesse sentido, o ponto a ser salientado é que um vício que independe da opinião alheia nos faz independer dela, uma vantagem muito considerável do ponto de vista da sustentabilidade de nosso bem-estar.

✳ ✳ ✳

Talvez compreendamos essa postura com maior clareza se traçarmos uma distinção entre o que precisamos de fato e o que apenas sentimos que precisamos. A ideia é a seguinte: há necessidades que possuem realidades por detrás, como a fome, a sede, o sono, a respiração; e há necessidades que são apenas representações de realidades, como o sexo, a amizade e o lazer. A fome, por exemplo, não pode ser driblada em circunstância alguma, pois ela reflete uma necessidade real — nossos corpos não funcionam sem energia, e não há sequer sentido em considerar a possibilidade de vivermos sem nos alimentarmos. Então, mesmo se suprimíssemos o sinal da fome, vivendo num agradável estado de constante saciedade, eventualmente morreríamos de inanição.

Agora pensemos nas necessidades que são meras representações. Se suprimirmos o lazer de nossas vidas — ou o sexo, ou as amizades —, de tal forma que essa carência não seja sentida por havermos suprimido esse sinal — no mesmo sentido em que se pode suprimir a fome —, não haveria quaisquer consequências. Nessa situação, com tais necessidades satisfeitas, viveríamos com a sensação de que somos "turistas", e nunca nos ocorreria pensar que talvez precisássemos de lazer. Igualmente, não faríamos sexo porque já nos sentiríamos sexualmente satisfeitos o tempo todo. Então, se já vivemos satisfeitos, que falta tais coisas fariam? Nenhuma, pois não são necessidades de fato. Pelo contrário, são necessidades que nosso próprio cérebro cria, e que nosso próprio cérebro decide quando foram satisfeitas.

Tendo isso em mente, podemos concluir que, exceto em seus primeiros anos de vida, o homem não precisa da sociedade, não literalmente. Mas então por que as pessoas buscam a socialização? Para satisfazer algum tipo de carência, evidentemente. Tentemos ilustrar a ideia com uma visão prática. Imagine-se que estamos nos sentindo solitários. O que isso significa? Nada; uma sensação de mal-estar; uma angústia. Na esperança de resolver o problema, saímos à rua. Conversamos com alguns conhecidos e, certo tempo depois, passamos a nos sentir bem. O que isso significa? Nada; uma sensação de bem-estar; um prazer.

Imagine-se agora que, em vez de sairmos em busca de companhia, houvéssemos ido ao cinema. Sentamo-nos na poltrona, assistimos ao filme e, eventualmente, passamos a nos sentir bem. O que isso significa? Nada; uma sensação de bem-estar; um prazer. Nessa situação, podemos perceber que nossa satisfação na verdade não depende das pessoas em si, mas meramente do fato de elas se prestarem como um objeto do qual possamos nos ocupar, assim como podemos nos ocupar de livros e de filmes. Então, se temos essa necessidade de nos ocuparmos, pessoas são um meio, filmes e livros são outro meio. Se temos amigos cultos porque gostamos de debater ideias, e se livros nos dão esse mesmo prazer, dá no mesmo se usamos livros ou pessoas.

Socializar-se é ocupar-se de pessoas, e gostamos disso não pela companhia, mas pelo alívio do tédio, que é exatamente o mesmo prazer que intelectuais encontram na reflexão — sendo essa a razão pela qual ambas as coisas tendem a ser mutuamente exclusivas.

Será inevitável pensarmos que, apesar de funcional, essa é uma visão destituída de significado. Porém, a falta de significado é uma coisa com a qual já deveríamos estar familiarizados: significados são crendices. Nossas necessidades sociais são todas puramente psicológicas. Então, se pudermos satisfazê-las sozinhos, a solidão se revela uma possibilidade perfeitamente tangível e emocionalmente equivalente à socialização.

✷ ✷ ✷

O percurso que fizemos parece ter sido bastante esclarecedor, permitindo-nos alcançar algumas conclusões certamente dignas de nota. Haveria, claro, muitas outras possíveis ramificações a serem exploradas. Porém, para nossos fins, isso seria estendermo-nos desnecessariamente sobre detalhes pequenos. A partir da ótica que esboçamos, é mais sensato deixar que cada qual trace, segundo seus interesses, as relações que julgar mais pertinentes.

Como vimos, a natureza sempre nos forçou a conquistar nossas pequenas doses de satisfação por meio do trabalho duro. Porém, ao longo do tempo, descobrimos que podemos encontrar doses adicionais em religiões, em plantas alucinógenas, em esquinas escuras, em farmácias, e até mesmo em sistemas filosóficos. Parece óbvio que a humanidade sempre viveu para se dopar, ainda que prefiramos chamar isso de "busca pela felicidade", de "viver intensamente", de "sonhar alto".

Ao encontrar, por exemplo, um indivíduo inflado por devaneios românticos, percebamos o curioso fato de que o "sentido" de sua vida se assemelha à tortuosa jornada de um viciado em busca de uma droga perfeita cujo efeito nunca acaba. Tal fato sempre nos iludiu, e disso nasceu nossa crença no "amor verdadeiro", na "fé verdadeira", no "conhecimento verdadeiro" etc. Acreditamos como tolos que, se encontradas, tais coisas nos dariam a satisfação eterna, ignorando que o fato de que satisfações eternas são biologicamente impossíveis.

Assim, apesar de gostarmos de nos confortar com sonhos impossíveis envolvendo satisfações eternas, é inegável o fato, é incontornável a realidade de que nossos sonhos, uma vez satisfeitos, não nos satisfazem. A constatação filosófica segundo a qual não devemos esperar que nossos sonhos, uma vez realizados, nos tornem seres eternamente satisfeitos é análoga à constatação farmacológica segundo a qual não devemos esperar que uma dose de narcótico, uma vez injetada, nos torne seres eternamente dopados. Só em contos de fadas se vive feliz para sempre. A satisfação, natural ou não, só dura alguns instantes, pois drogas, estejam em ampolas ou em cérebros, possuem todas uma meia-vida limitada. A dose de hoje não nos livrará da abstinência de amanhã, e essa é a razão pela qual precisamos continuar sonhando, mesmo que nossos sonhos já tenham se realizado.

Diante dessa realidade, não podemos ver como algo ruim o fato de que viver é um vício, pois é em função disso, e apenas disso, que vivemos. O fato de tudo ser química, em vez de ser encarado negativamente, deveria, pelo contrário, nos dar alguma esperança, pois talvez futuramente haja uma tecnologia suficientemente avançada para que consigamos controlar tal química com resultados muito mais satisfatórios que os atuais.

Assim, se formos capazes de colocar de lado nossos preconceitos, veremos como é esclarecedor perceber que nosso comportamento é, e sempre foi, norteado pelas guloseimas químicas que nosso cérebro nos oferece em ocasiões especiais. Considerando que nossa consciência nasceu e vive trancada no sótão de uma fábrica de narcóticos, o resultado não poderia ter sido outro.

V

SOBRE A INUTILIDADE DE EXISTIR

<small>RODOPIAR ATÉ CAIR NUMA SEPULTURA</small>

SUICÍDIO

O fato de alguém se matar não é errado, da mesma forma como alguém não se matar também não é errado. Isso pode parecer confuso, mas decorre do simples fato de que moral não existe. Isso pode parecer estranho, mas pode ser explicado facilmente da seguinte forma: valores não existem. Isso pode, agora, parecer ilegal, mas não se pode alegar a inexistência das leis, visto que estão concretamente registradas em blocos branquinhos de celulose ecologicamente correta, todos fatiados em dimensões e gramaturas oficiais. Podemos lê-las na forma de símbolos linguísticos tradicionais da cultura vigente naquele determinado espaço geográfico dominado por certa população de hominídeos civilizados. Livros dessa natureza dizem, baseados em valores que não existem, o que não podemos fazer se nós, que não somos livres, quisermos permanecer livres, isto é, obedecer do lado de fora da cadeia. Sua finalidade última é determinar, geralmente em *Times New Roman* tamanho 12, os parâmetros para a vida em sociedade, para a moral... *inutilia truncat* ...enfim, para o bem de todos. O raciocínio circular para aqui. Se alguém quiser continuar rodopiando legalmente em filosofias relativistas até induzir o vômito, *nihil obstat*.

Isso pode parecer insolente, mas podemos negar sua existência com um porém concreto: não existem leis, mas somente comportamentos legislados. O que a lei, afinal, tem a ver com o assunto? Em essência, nada. Basicamente, o fato é que se matar não é errado, mas está errado, e isso se explica assim: um macaco manda, o outro treme. A lei precisa comportar-se desse modo, pois que general permitiria que seu exército se matasse antes da guerra? Só aquele que não tem o poder de sê-lo, visto que é impossível um general sem exército. A lógica da moral contra o suicídio, do ponto de vista legal, consiste no fato de que os líderes o proíbem para poderem continuar no controle, como sempre foi, visto que, mesmo depilados, permanecemos uma macacada hierárquica. Não se trata de bem-estar social. Toda vez em que alguém enche a boca para falar do grande bem-estar comum está escondendo alguma outra mentira igualmente grandiosa, seja em nível pessoal ou nacional. Ninguém acredita nessas baboseiras, muito menos aqueles que as defendem. Assim como os padres estão muito mais próximos do ateísmo que os fiéis, os legisladores e os advogados acreditam muito menos nas leis que os cidadãos comuns.

Em si mesma, a morte não é moralmente condenável apenas por ser biologicamente inevitável. Se morrer fosse uma opção, não uma necessidade, a morte natural também seria proibida. Morrer ou se matar, apesar de corresponderem à mesma realidade objetiva, são coisas distintas subjetivamente, ao menos aos espectadores, do ponto de vista moral. Para o defunto isso não faz diferença alguma, pois já está bem longe da questão, com seu nirvana garantido para todo o sempre. Seja como for, devemos ser gratos pelo fato de não poderem nos punir depois de mortos. Contudo, se pudessem providenciar um mandado de prisão metafísico, puxariam os pés do suicida que ascendia aos céus, trazendo-o de volta ao mundo apenas para trancá-lo numa cela. Quem duvida que nossa perversidade possa alcançar tamanha proporção, consulte alguns livros sobre reencarnação; verá que somos vingativos até espiritualmente.

O fato é que punições legais não provam nada, somente que os líderes têm interesse em que continuemos vivos. Mas por que os controlados, cotidianamente, anonimamente, seguramente, proíbem-se uns aos outros o suicídio? Porque são maus e egoístas, assim como seus líderes. Quando a morte do indivíduo não os prejudica diretamente, isso pode ser explicado pela mesma lógica das denúncias anônimas de roubo de chocolate em supermercados: inveja dos que são mais egoístas, mais livres, mais imorais que eles próprios, dos que teriam saído impunes senão por terem caído na mira de um cidadão ressentido. Em suas explicações, afirmam temer que essa anarquia possa um dia vir a prejudicá-los, eles, que são ordeiros e seguem todas as leis impecavelmente. Isso, entretanto, não é bondade de um cidadão de bem, e sim ressentimento de um macaco invejoso. Por sua denúncia, quer ser tido como um herói do cotidiano, visando melhorias em sua imagem social. É fácil ver as razões disso: como são proibidos, mas não podem vingar-se da opressão de seus líderes, uma impotência que os corrói, a vingança se desvia para seus iguais gratuitamente, para os que não têm nada a ver com seus interesses particulares. Seu discurso é "punam todos os imorais, todos os criminosos de si mesmos, todos os monstros covardes que fazem o que não posso fazer, que realizam a paz que não posso ter". Não importa o que digam: no fundo, não passam de dedos-duros.

Na prática, podemos entendê-los como formigas orquestradas, dividindo a labuta de carregar folhas de civilização ao formigueiro: querem que todas compartilhem a mesma desgraça, pois nenhuma tem o direito de ser livre do sofrimento do qual são vítimas obrigatórias. Assim, se houvesse três formigas carregando uma folha e uma delas a soltasse, aumentando o esforço das outras duas, estas encarnariam prontamente, cheias de rancor e inveja, aquilo que mais detestam, sua própria sujeição, e a oprimiriam até que se tornasse tão desgraçada quanto elas próprias, e continuasse a carregar a folha indefinidamente, rumo a uma morte natural.

✶ ✶ ✶

Digam o que disserem, o suicídio, assim como a morte em geral, não é um erro, mas um fato biológico. Mesmo que seja ilegal, ver o assunto sob essa ótica não o esclarece em nada. Encaremo-lo então do seguinte modo: se o suicídio fosse errado em si mesmo, ao cortarmos os pulsos, o sangue, em vez de jorrar,

ANDRÉ CANCIAN

nos daria uma lição de moral. Como isso não acontece, temos de admitir que matar-se é uma possibilidade perfeitamente tangível.

Para iniciar nossas reflexões numa ótica mais sensata, comparemos as palavras de um suicida e as de quem tenta convencê-lo do contrário:

— Viver não vale a pena. Desde que nasci, a vida sempre foi uma série de desilusões. Nenhum sonho me tornou feliz, nenhuma conquista me satisfez. Teria dito *não* se me perguntassem se queria nascer e, no entanto, sem nenhuma permissão, fui jogado no turbilhão do mundo. Tudo o que faço desde então é correr em círculos, e percebi que sabedoria de vida nada mais é que um modo de evitar calos e bolhas. Meu único consolo é que a vida tem um fim. Sem isso, já teria enlouquecido.

— Claro que vale, não seja louco! A vida é uma experiência maravilhosa que só teremos chance de aproveitar uma única vez. Claro que, depois disso, todos morreremos, mas não é certo deixá-la incompleta. Há tantos mistérios a serem desvendados, tantas experiências inesquecíveis a serem vividas, um mundo tão curioso e cheio de possibilidades. Como pode abrir mão disso tudo? Naturalmente, há dificuldades, mas devemos nos empenhar para superá-las. Nisso está o prazer de viver. A vida pode não ser só feita de flores, mas também não é puro sofrimento.

— Deixe-me tentar ilustrar exatamente a situação em que me encontro. Talvez isso o ajude a compreender por que tais palavras são inúteis. Certas pessoas gostam de matemática, outras não. É o seu caso?

— Não, acho um assunto maçante.

— Pois bem, se a sua vida, em vez de ser prática, fosse feita somente de equações matemáticas, o que diria? Seu almoço, uma fórmula; seu amor, outra. Faria sexo através de simulações numéricas. Seus amigos, todos, conjuntos de símbolos matemáticos. Seus sonhos, equações a serem desenvolvidas. O que diria de levar uma vida dessa espécie, na qual toda a existência se resume a números, e a luta, entre quatro paredes, é travada na lousa com um giz nas mãos?

— Preferiria a morte!

— Exatamente, e nem mesmo o maior matemático do mundo poderia convencê-lo do contrário.

Isso ilustra suficientemente bem a questão. Se quisermos, será fácil encontrar argumentos contra o suicídio, mas nenhum deles se baseia na inteligência. Baseiam-se, todos, numa espécie de compaixão hipócrita, no carinho boçal de quem não tem nada a dizer, mas mesmo assim nos enche de conselhos inúteis. Ninguém sofre mais com a compaixão dos demais que o suicida. Descarregam nele todas as mentiras que contam a si próprios. Em tudo o que afirmam, nunca encontramos um motivo contra o suicídio que não esteja infectado de falácias óbvias e ridículas. Alguém que simplesmente emudecesse diante da questão seria muito mais digno de respeito e, talvez, ainda representasse uma última esperança na vida, já que ao menos demonstraria ter compreendido que abrir a boca significaria trair a verdade e insultar seu interlocutor.

Quanto mais se fala contra o suicídio, mais isso deixa óbvio como a maioria dos indivíduos se sente à vontade em mentir *prolongadamente* — imaginando que suas razões íntimas estão acima de qualquer suspeita. Nesse sentido, devemos escolher suportar as desgraças da vida com compostura ou partir logo à ação, pois nada é pior que ser vítima da compaixão gratuita dos que se dispõem a amar nossas vidas quando nós próprios já não conseguimos. Não há o que dizer, já que só perceberão a inutilidade daquilo que dizem quando estiverem, eles próprios, na mesma situação, e se virem completamente incapazes de encontrar consolo nas sábias palavras que nos dirigiram.

Frente à óbvia falta de argumentos, a acusação final contra o suicida é de "covardia", apesar de não ficar exatamente claro o que se quer dizer com isso. Onde há covardia quando alguém não quer mais dar continuidade a um esforço no qual não enxerga nenhum valor? Isso equivale a dizer que, se fôssemos comerciantes, deveríamos escolher morrer de fome em vez de declarar falência e abandonar o negócio. Tal acusação pode claramente ser interpretada como um *ad hominem* daqueles que não conseguem firmar uma posição baseados em uma argumentação lógica e consistente. Trata-se de um insulto, não de um argumento. Todavia, caso o indivíduo suicida esteja blefando, é muito comum que morda a isca. Assim, diante desse ataque, precisa provar que não é um covarde, e o único modo de fazê-lo é continuar vivo. Pessoas desse gênero não querem realmente morrer, embora o fato de continuarem vivas em função de motivos tão pífios também não nos leve a crer que suas vidas mereçam ser vividas.

Em geral, isso acontece porque muitos pensam em suicídio apenas por não terem coragem para levar a vida que realmente desejam. Todavia, logo percebem que a morte não é o que procuram. Aquilo que buscam, na verdade, é uma solução para seus problemas. Nesse caso, o indivíduo, ao colocar o cano da arma em sua cabeça, abandonará imediatamente a ideia de suicídio. Sentirá com perfeita clareza como seus medos são pequenos diante de uma perspectiva tão radical como a morte, perceberá as inúmeras possibilidades que a vida como um todo lhe oferece. O vislumbre dessa liberdade será suficiente para sobrepujar os temores que o levaram a considerar o suicídio — que requer muito mais coragem do que na verdade possui. Talvez sua bravura repentina possa ser atribuída à liberação de adrenalina ante um perigo iminente, mas demonstra como seus motivos são facilmente contornáveis por meio da farmacologia moderna.

Como matar-se, em essência, é algo extremamente simples, não podemos realmente acreditar que tantos indivíduos falhem nessa empreitada por mera falta de inteligência. Uma tentativa de suicídio não é um fracasso, mas uma patetice. Se quisessem realmente morrer, tentariam de novo assim que abrissem os olhos, mas isso quase nunca acontece. Por sua vez, aqueles indivíduos que se sentam à beira de edifícios e põem-se a choramingar não são suicidas, mas idiotas em busca de atenção. Tal teatrinho é o que se denomina "tentativa de suicídio", que deveria ser denominado sucesso em ridicularizar-se.

O sinal característico dos suicidas autênticos não é uma revolta espalhafatosa, mas a discrição de um profundo desprezo pela vida. Matam-se sem hesitação alguma, num piscar de olhos, sem deixar margem para que outro indivíduo possa impedi-lo. Não ficam fazendo hora, choramingando enquanto coçam a cabeça com o cano da arma. Quem está decidido a tirar sua própria vida não se detém diante de nada, não perde tempo com rituais ou bilhetes de despedida. Morrer torna-se um interesse pessoal. A decisão já foi tomada de uma vez por todas e, com a frieza calculada de um *serial killer*, procura apenas o modo mais conveniente de concretizar sua vontade, sem que ninguém desconfie.

✳ ✳ ✳

Os defensores da vida permanecem firmes em sua conclusão de que o suicídio é um "erro". Porém, diante de posições tão firmes baseadas numa argumentação tão capenga, já deveríamos ter imaginado que a verdadeira questão nunca é trazida à tona, pois isso revelaria que a proibição não está baseada numa profunda compaixão pelo sofrimento alheio, nem numa crença no valor da vida, mas única e exclusivamente no egoísmo, na tentativa de preservar o próprio bem-estar. Na melhor hipótese, tenta-se aliviar a aflição do suicida potencial porque sua morte faria com que sua dor se convertesse em um problema nosso, e não queremos isso. Mesmo que não tivéssemos um pingo de afeto pelo defunto, teríamos no mínimo de cumprir a tarefa ingrata de enterrá-lo com todas as cerimônias que se exigem nessa ocasião.

Ninguém está realmente preocupado com a vida de outrem, mas apenas com as consequências da morte desse indivíduo às suas próprias vidas. Temos aqui a chave para compreender os motivos puramente egoístas envolvidos nessa questão — isto é, os verdadeiros motivos. Ninguém, por exemplo, se preocuparia caso alguém no outro lado do mundo pulasse de um penhasco. Há bilhões de pessoas sobre o planeta, e não temos tempo suficiente para nos tornarmos próximos senão de um punhado delas. Não causa nenhum espanto perceber que só nos revoltaríamos contra o suicídio desse restrito grupo de indivíduos que nos diz respeito pessoalmente. O motivo disso pode ser reduzido ao fato de que só nos importamos com as pessoas nas quais investimos alguma coisa. Todo o restante nos é perfeitamente indiferente. Não fosse esse o caso, como pessoas morrem a cada segundo, passaríamos a existência toda agonizando em lamúrias e convulsões.

Quando há uma morte, o prejuízo real é dos vivos. O morto não perdeu nada, mas simplesmente saiu do jogo, caindo na caçapa do esquecimento. Quem terá de viver com as consequências e as dores disso são os que choram sobre o caixão — significando que velórios não são realmente para os mortos. Nessa ótica, podemos compreender que a proibição do suicídio nada mais é que uma tentativa de proteger os investimentos que fazemos uns nos outros na vida em sociedade. Não se trata realmente de uma questão "moral" no sentido

ANDRÉ CANCIAN

de estarmos realmente preocupados com o "valor da vida", mas econômica, relativa ao custo da manutenção da sociedade.

Claro que, se tivermos família, amigos, eles sofrerão com nossa morte. É normal que aqueles que nos eram próximos se sintam culpados ou responsáveis. Entretanto, sentem-se realmente culpados não por terem ignorado nosso sofrimento, mas por não terem nos impedido a tempo. Somente agora, porque estão sofrendo, culpam-se pela imprudência de não haverem protegido seu investimento. Nossa dor, nosso verdadeiro motivo para o suicídio, é algo que não lhes alcança a alma. Nenhuma lágrima será derramada pela dor que consumia o suicida. Choram, todos, pelas explicações que inventam em suas cabeças, pelo que perderam em suas vidas, não pela vida perdida.

Isso deixa perfeitamente claro por que ninguém tem boas razões contra o suicídio: contra o suicídio há apenas os interesses pessoais. Como se vê, os verdadeiros motivos são tão mesquinhos que, se revelados, constituiriam, pelo contrário, um convite ao suicídio. Na forma de um argumento, poderíamos colocá-lo do seguinte modo: "seu sofrimento não é e nunca será suficiente para justificar o suicídio porque *eu* sofreria com isso". Muito comovente.

Não deixa de ser irônico que, depois de tantos discursos inflamados sobre o valor da vida, da coragem, sobre a importância de suportarmos nosso próprio sofrimento, os verdadeiros covardes se revelem aqueles que, com nossa morte, não suportariam o seu próprio. Portanto, por bondade, pela mesma compaixão que eles próprios não conseguem ter em relação à nossa dor, devemos permanecer vivos.

✳ ✳ ✳

Compreendida a razão pela qual os indivíduos opõem-se ao suicídio, voltemo-nos à questão do ponto de vista pessoal para investigar os motivos em seu favor. Primeiramente, devemos entender que o suicídio não é uma "solução" para os problemas da vida, mas apenas o fim, uma carta de demissão entregue à existência. Se não gostamos da experiência de viver, podemos simplesmente abandoná-la.

A pergunta é simples: quero continuar vivo? As respostas são *sim* ou *não*, sem meios-termos, sem motivos, explicações ou condições. A existência não tem ouvidos para nossas condições. Viver é isso, ou nada. Ruminemos o assunto com calma, pelo tempo que julgarmos necessário. Feita a escolha, partamos à ação. De uma vez por todas, escolhamos apenas viver, ou apenas morrer. Não há nada mais patético que a chantagem covarde dos que flertam com a morte sempre que topam com uma dificuldade. E não há nada mais triste que quem está morto por dentro e não tem firmeza suficiente para assumir-se como tal.

Em maior ou menor grau, todos temem a morte. Em termos lógicos, isso não faz sentido algum, pois depois de mortos não haverá nada — assim como não havia nada antes de termos nascido. Muitos se perguntam "para onde vamos depois da morte?", e a resposta é simples: provavelmente para o cemitério mais próximo.

Nosso medo inventa coisas incoerentes como "paraísos celestes", "imortalidades espirituais", pensando que a negação da morte resolveria alguma coisa. Porém, se fôssemos eternos, isso não mudaria nada. A vida continuaria sendo o que sempre foi, só que indefinidamente. Em regra, quem busca segurança através da ideia de eternidade espiritual não considera realmente as implicações dessa visão — só quer um pretexto para deixar o assunto de lado até que a outra vida comece. Não querem morrer pelo mesmo motivo que não querem ser multados ou presos. Veem a morte como uma espécie de interrupção inconveniente de suas atividades cotidianas, que ficarão incompletas, como se morrer equivalesse a ser alvejado com um dardo de tranquilizante e depois teletransportado para o além.

Na verdade, se pensarmos a sério, é difícil acreditar que alguém realmente gostaria de ser eterno, ao menos neste mundo em que estamos. Muitos afirmam o contrário porque nunca pensaram no assunto com honestidade, como uma possibilidade real, mas apenas como uma fuga poética. Viver eternamente mais parece a definição de inferno. Se uma existência efêmera já é amarga, uma eterna seria aterradora — em desespero, cortaríamos nossas cabeças repetidamente, somente para vê-las renascer *ad infinitum*.

Aquilo que nos impede de morrer voluntariamente não são as leis, não é a moral, não é a nossa consideração pelos demais: é o instinto de sobrevivência. Enchemos nosso futuro de sonhos impossíveis para que esse pretexto nos mantenha vivos, escondendo o fato de que, embora a vida não valha a pena, somos covardes demais para morrer. Inventamos mil desculpas para deixar o suicídio para amanhã: só o levaremos adiante depois que nossos sonhos impossíveis se realizarem por inteiro, detalhe por detalhe, na ordem imaginada. Antes, nem pensar.

Nós nos enganamos com muita criatividade. Não desistimos fácil da vida. É necessário um motivo extraordinário para que consigamos ver a morte como a opção mais desejável, e isso explica por que a maioria dos suicídios é cometida em períodos de crise. Por exemplo, um indivíduo passando por uma fase depressiva sente claramente que sua vida não merece ser levada adiante. Naquela situação, não vale mesmo. Entretanto, caso não esteja vivenciando sua primeira experiência de náusea existencial, terá consciência de que tal sensação é passageira, apesar da clara impressão de que tudo será assim para sempre. Mesmo nas crises depressivas seguintes, o sentimento presente contradiz a experiência passada: sempre parece que, desta vez, a dor nunca passará. Mas o indivíduo sabe que, na verdade, isso não tem relação alguma com o valor da vida. Não foi a existência que deixou de ter sentido, mas seu cérebro que provavelmente se encontra quimicamente desequilibrado, tanto que sua depressão pode ser curada rapidamente com remédios. Problemas com neurotransmissores são grandes motivos para o suicídio.

A dor neuroquímica, contudo, dói como qualquer outra. O que desespera nessa situação não é o sofrimento presente em si, mas a perspectiva esmagadora de uma vida inteira imersa nessa situação deplorável. A ideação suicida situa a morte como a única saída viável porque, naquela circunstância, realmente é o caso. Ninguém escolheria viver se aquela fosse a única condição de existência. Porém, o fato é que, num dia, o mundo todo desabou. No outro, dançamos sobre os destroços.

Sabemos que o drama todo se desenrola dentro de nossas mentes. Contudo, isso não o torna menos real ou digno de consideração, pois, afinal, tudo ocorre em nossas mentes — onde mais haveria de ocorrer? Mesmo que nosso sofrimento seja proveniente da situação em que nos encontramos, o que nos faz sofrer são as repercussões disso em nossas mentes, o modo como sentimos esses fatores externos.

Assim, não importa se o sofrimento vem de condições adversas internas ou externas: chega um ponto em que as dores da vida simplesmente suplantam os terrores da morte — e nenhuma palavra nos convencerá de que toda a aflição que sentimos é uma ilusão. Seja qual for o argumento que empreguemos para alegar que o sofrimento é ilusório, tal abordagem reduzirá, com ainda mais razão, também a felicidade e todo o restante à mesma existência fantasmagórica, na qual a vida é uma dolorosa fantasia.

Ainda mais ridículo que negar a realidade da vida é supor que sua existência seja condicional: torna-se real quando estamos contentes e imaginária quando estamos tristes. Não faz sentido negar o valor de apenas um lado da questão, imaginando que isso equilibrará os pratos da balança de nossa satisfação. É indiferente se consideramos a vida um teatro real ou imaginário: é nele que existimos, sem qualquer garantia de que estaremos fazendo a melhor escolha ao permanecer vivos.

* * *

A vida é uma questão pessoal, não pública. Sabendo que, nesse particular, ninguém terá de prestar satisfações a outrem, temos aqui a consciência de nossa plena liberdade de resolver o assunto por nós mesmos. Podemos decidir se, em nosso ponto de vista, que é exclusivamente nosso, a vida merece ser vivida ou não. Pouco importa a posição dos demais quanto a isso, pois seria uma petulância da parte deles, e uma estupidez da nossa, acreditar que tenham o direito de opinar nesse assunto. Na vida em sociedade, podemos dever satisfações em vários assuntos, mas esse não é um deles. Como apenas nós sabemos em primeira mão o que nossa vida significa, é somente nossa a responsabilidade de decidir quanta dor estamos dispostos a suportar até o ponto em que dizemos *basta*.

Trata-se de uma decisão íntima e pessoal. Sabemos por que queremos morrer, e também o que ainda nos prende à vida, e as únicas pessoas que se importam com isso somos nós. Ninguém está em condições de fazer essa escolha por nós. O problema é nosso, solitariamente nosso, e temos de resolvê-lo sozinhos. Colocar tal escolha nas mãos de outrem equivaleria a colocar um bisturi nas mãos de um açougueiro que, além de incompetente, ainda tem interesse em que continuemos vivos — não há como esperar que a cirurgia seja imparcialmente bem-sucedida. O resultado, seja qual for, será grosseiro perto do que poderíamos realizar com nossas próprias mãos.

Mesmo do ponto de vista pessoal, a questão do suicídio não está relacionada ao "sentido" ou ao "valor" da vida: sabemos que ela não tem nenhum dos dois. Viver é um grande esforço que não paga o investimento, nunca pagará. Por mais que sorriamos, aquilo que recebemos nunca será suficiente para nos indenizar. Sendo a vida uma iniciativa privada sem fins lucrativos, a questão é apenas quanto prejuízo estamos dispostos a tolerar antes de desistir. Não há por que sofrer gratuitamente, não existe nenhum mérito nisso. Contudo, como podemos escolher a morte, quando continuamos vivos, perdemos o direito de levantar a voz com o discurso da injustiça. Mesmo sabendo que as chances estavam contra nós, foi apenas nossa a escolha de nos submetermos a essa espécie de existência e levá-la adiante. Os fatos estão diante de nós, as condições estão dadas. Sabemos o que a vida quer de nós. Se assinamos seu contrato, comprometemo-nos a suportá-la sem abrir a boca. Não podemos alegar ignorância. Já é uma grande coisa que tenhamos escolha, coisa que nenhum outro animal parece ter.

* * *

Em certas circunstâncias, nossas vidas parecem valer a pena. Em outras circunstâncias, não. Enquanto, no geral, acharmos que vale, continuemos. Desde que nossas condições de vida não sejam algo deplorável, viver não é uma vergonha, só uma irracionalidade. Contudo, quando o desgosto pela vida toma tamanha proporção que nada desperta nosso interesse, quando cada passo é uma dor e cada fôlego é uma angústia, e tudo o que queremos, honestamente, é a bênção de dormir e nunca mais acordar, o suicídio pode muito bem ser o que desejamos.

Nessa situação, não queremos atenção dos demais, não queremos que sofram, não queremos destruir o mundo nem salvá-lo, tampouco a publicação de algum bilhete suicida. Não queremos sequer ver nosso próprio velório. Não damos as costas à vida esperando que ela nos peça desculpas. Apenas gostaríamos de desaparecer, como se a vida fosse algo que nunca houvesse acontecido.

Então, se quisermos viver, vivamos; se quisermos morrer, morramos. Isso não tem relação alguma com aqueles que nos circundam. O suicídio não é uma crueldade para com os demais, pois, ao morrer, não infligimos dor alguma, apenas deixamos de satisfazer as necessidades daqueles que se apoiam em nós. Faremos falta apenas nesse sentido. Aos demais, somos importantes por fora, como postes, não por dentro, como seres humanos. Ninguém se importa com nada além de seus próprios umbigos. Então, se o nosso pede a morte, demos a ele o que quer: é o melhor que podemos fazer por nós mesmos.

* * *

Suicidas não estão delirando. Pelo contrário, ao morrer, provavelmente sabem muito melhor o que querem do que nós, ao permanecer vivos. Conscientes de sua condição, apenas declaram precocemente a falência inevitável de suas vidas, e talvez a verdade de suas alegações seja simplesmente algo do qual todos tenhamos de nos proteger para continuar vivos.

Se concordássemos em ser ao menos razoáveis na questão do suicídio, teríamos de deixá-los partir e, além disso, ficaríamos tentados a ir também, já que seus motivos também se aplicam a nós. Não há sentido em levar adiante uma tarefa na qual não se sente nenhum prazer, e é injusto e cruel exigir que as vítimas dessa frigidez existencial finjam que a vida é um orgasmo múltiplo até que alguma fatalidade natural as arrebate de modo socialmente aceitável.

Abordando a questão nessa perspectiva, conseguimos entender perfeitamente a ótica daquele que não deseja mais viver. Talvez seja difícil conceber tudo aquilo que sente, mas seus motivos são mais que evidentes. Somente um tolo não preferiria morrer se se visse forçado a levar uma vida que lhe parece absolutamente detestável, ainda mais quando a experiência já foi suficientemente clara em demonstrar que não há nenhuma perspectiva de melhora.

FELICIDADE

Passamos pela vida atabalhoados, ansiosos, sem saber o que buscamos — ou, se o sabemos, dificilmente conseguimos responder *por que* sem gaguejar. Em nenhum instante paramos nosso fluxo existencial num *flash* presente e dizemos "isto é o que busco na vida — realmente tudo o que busco". No melhor dos casos, nossos momentos de felicidade são apenas uma boa dose de hormônios bem calibrados que nos leva a pensar *que beleza, não*? Esses momentos felizes ficam gravados em nós, mas não por uma bondade do destino. Tal fenômeno pode ser explicado pelo fato de que um dos principais critérios para que nossas memórias sejam fixadas consiste de *overdoses* naturais, ou seja, enxurradas de substâncias liberadas pelo próprio organismo em circunstâncias emocionalmente relevantes ao sujeito, garantindo que nossa existência as tenha eternamente como referenciais, que sejamos sempre a versão em escala real dos ratos que criamos em laboratório.

Considerando que a manutenção do bem-estar é uma das metas mais importantes dos organismos, faz sentido que nos lembremos das estratégias, dos comportamentos que se mostraram positivos nesse particular. Memorizamos os momentos felizes para que possamos repeti-los, não em nome da felicidade; memorizamos aquilo que nos causou dor para que possamos evitá-la futuramente, não em nome do sofrimento. Nesse esquema, vemos que o objetivo não é o prazer nem a dor, mas a simples manutenção do indivíduo. Essa é a razão de não nos lembramos dos longos períodos de tédio, que constituem a maior fatia de nossas vidas. Não ficam gravados porque não nos ensinaram nada de importante.

O interessante aqui é perceber o ponto em que ambas as coisas — a felicidade e nossas vidas — se interceptam: memória. Ou seja, a alegria só cruza nosso caminho quando não há mais nenhuma possibilidade de toparmos com ela. O próprio fato de acreditarmos que *overdoses* endógenas tenham algo a ver com o sentido da vida já deixa claro como fomos levados pelo nariz nessa questão. Assim, na falta de filme fotográfico, se quisermos nos lembrar de algum momento pelo resto de nossas vidas, e depois chamar isso de felicidade, só precisamos fazer algo que o rato dentro de nós nunca ousaria. Ganharemos uma memória para toda a vida, uma dose de narcóticos para alguns instantes. Isso é tudo o que podemos esperar do presente.

Do futuro esperamos coisas impossíveis, como a existência conspirando para erigir nossos ideais ou o cessar da vontade na realização de algum sonho imaginado como importante — que será um marco divisor entre o agora angustiado e o longo e próspero futuro cheio de coisas fantásticas que nos tornarão felizes. Coisas que não sabemos quais são porque isso nunca aconteceu, apesar de insistirmos na crença de que um dia, inevitavelmente, acontecerá e será bom como um dia sabemos que saberemos.

O problema é que não reconhecemos a chegada desse futuro até que já tenha se tornado uma velha memória. Isso porque nossos sonhos podem ser imaginados como imensos mosaicos: de longe, são muito belos, compondo figuras fabulosas que cativam nossa imaginação. Entretanto, à medida que nos aproximamos, os detalhes se tornam cada vez mais grosseiros, até que, ao alcançá-los, já não reconhecemos neles a imagem que nos seduzia. Só passaremos a ver a figura novamente quando se tornar um passado distante, enchendo-nos de nostalgia e cãibra.

Buscar felicidade diretamente nesses locais é uma impossibilidade óbvia que gera frustração. Por um lado, toda a felicidade que exigimos do mundo não cabe no presente. Por outro, quando o futuro chega, nunca encontramos nele a felicidade que esperávamos. Precisamos, entretanto, viver com alguma sensação de dignidade em nossos cérebros cheios de voltinhas especiais. Qual é o "pulo do gato" para burlar esse desencontro? Falsificamos a memória. Ninguém tem mais felicidade que no passado: é onde imaginamos que toda a alegria que fomos colhendo como migalhas durante a vida fica armazenada, pronta para ser evocada e justificar mais alguma idiotice insípida que, futuramente, será motivo de lembranças saudosas.

Na dúvida, sempre ficamos com uma *interpretação* dos fatos, nunca com a memória crua desses fatos: nós os reinventamos, colorimos, recheamos de coisas gordurosas. Depois vomitamos essa memória adulterada à nossa consciência presente, e isso prova que somos felizes. Essa é a única razão pela qual pensamos na infância como uma época feliz. Sendo a coisa mais distante e vaga da qual conseguimos nos lembrar, a falta de dados nos faz supor que não sentíamos todo o peso da existência ao comer um doce estragado. Claro que, se pudéssemos visitar nossa própria infância numa máquina do tempo e nos perguntarmos diretamente a respeito de tais coisas, o testemunho contrário *ainda* não nos convenceria, em geral sob o pretexto de que nossa imaturidade não nos permitia reconhecer a felicidade quando a víamos, deixando-a passar despercebida — mesmo que, nesse sentido, continuemos tão imaturos e cegos quanto sempre fomos.

* * *

A felicidade de nossas vidas é sustentada por uma ótica constantemente falsa. Sonhamos com o futuro e dizemos: "ah!, como serei feliz..." Olhamos para trás e suspiramos: "ah!, como fui feliz..." Agora, lamentamos: "ah!, como sou desgraçado..." No presente, somos seres infelizes rodeados de grandes felicidades, todas elas distantes, mas perto das quais o sofrimento atual parece desprezível. É como se vivêssemos numa ilha de infelicidade rodeada por um mar de alegria — mas o fato é que nunca mergulharemos nesse mar, pois ele é apenas uma ilusão que inventamos para justificar nossa miséria.

Mesmo que nunca a sintamos, vivemos absolutamente convictos de que a felicidade existe — e, esteja onde estiver, está à nossa espera. Não importa que, nesse particular, nossas vidas resumam-se a uma série de desenganos: nunca admitimos que tudo é areia. Podemos estar certos de que, se a felicidade fosse uma pessoa, ela estaria presa — mas isso não nos prova nada. A felicidade nos sorri como uma miragem, e nós acreditamos que dessa vez pode ser real: *acreditemos naquela que sempre nos tapeou!*

O presente sempre nos parece infeliz. O futuro, por sua vez, nos parece belo pelos mesmos motivos que o passado: não conseguimos prever detalhes do futuro nem nos lembrar dos detalhes do passado. A vida, então, passa a ser algo tão simples como a ideia que temos dela, sendo o presente apenas um estado provisório de ansiedade. A diferença é que já estivemos no passado e, como o tempo não anda para trás, não há chance de sermos desmentidos, sendo, portanto, o local mais seguro para depositarmos nossas mentiras pessoais mais preciosas.

Caso tenhamos dúvidas quanto a isso, façamos um teste prático. Num momento qualquer em que estivermos profundamente infelizes, tiremos uma foto de nós mesmos sorrindo e a guardemos por algum tempo. Podemos até anotar atrás dela exatamente o que estávamos sentindo naquele instante. Quando já houvermos nos esquecido dos detalhes específicos das circunstâncias em que nos encontrávamos ao tirar a foto, sem uma ideia clara daquilo que nos entristecia, observemos a foto sorridente. Vendo-a, lembramos que pensávamos estar infelizes naquele momento. Entretanto, temos a clara impressão de que, no fundo, um fundo, qualquer fundo, estávamos felizes, não é? Pois é.

Na juventude, toda a infelicidade das gerações passadas não nos prova nada, senão que foram incapazes de aproveitar a vida — e nós, obviamente, seremos a primeira exceção na história da humanidade. Na velhice, limitamo-nos a devanear quantas vezes fomos felizes mesmo nos sentindo miseráveis. Entretanto, a vivência, muitas vezes erroneamente interpretada como sabedoria de vida, não nos dá o direito de empurrar nossas mentiras aos que ainda nada sabem da vida, como se o mero fato de sermos velhos tornasse o autoengano respeitável. Muitos juram que, se retornassem à sua juventude, dessa vez seriam felizes, mas isso é só mais uma das inúmeras mentiras que contamos a nós mesmos quando o futuro já está curto demais para acomodar nossas ilusões de realização. É difícil imaginar quantas vezes um indivíduo teria de viver para confessar algo tão óbvio — e talvez isso apenas resultasse em teorias ainda mais descabidas sobre a felicidade do centésimo renascer.

✶ ✶ ✶

Há diversos meios de justificar para nós mesmos que, num balanço geral, somos felizes, mesmo não sentindo felicidade alguma.

Um deles é dizer que há inúmeras pessoas que sofrem mais que nós e que, portanto, pelo mero fato de não sermos ainda mais miseráveis, deveríamos nos dar por satisfeitos. Se tivermos uma unha encravada, há aqueles que não têm pé; se não tivermos pés, há os que não têm pernas; se não tivermos pernas, há os tetraplégicos; se formos, ainda há os tetraplégicos com câncer terminal; se formos tetraplégicos com câncer terminal, há ainda os tetraplégicos com câncer terminal e um maldito cisco no olho. Logo, uma unha encravada é insignificante.

Claro, não deixa de ser. Contudo, é algo apenas relativamente insignificante e, além disso, o parâmetro que permite a comparação é uma dor que não nos diz respeito. Como o sofrimento alheio não diminui o nosso, dá no mesmo. Não nos sentimos reconfortados pelo fato de sofrermos apenas uma parcela de todos os males que poderíamos sofrer, pois também não somos tão felizes quanto poderíamos ser. Esse tipo de raciocínio, em geral, é apenas um modo de fazer com que paremos de importunar os demais com lamúrias. Ninguém o leva realmente a sério.

Outra estratégia consiste em alegar que o momento em que estamos nos sentindo infelizes é apenas uma "fase passageira" da vida. Crianças pequenas só não expressam sua infelicidade porque não sabem falar coerentemente, embora seu choro constante seja um bom indício disso. Entretanto, pouco tempo depois, começam os queixumes explícitos. O maior anseio das crianças, então, é atingir determinada idade, confiantes de que nela poderão desfrutar de certos benefícios que as tornarão felizes. Assim, digamos, um menino quer tornar-se adolescente para poder divertir-se na vida noturna. Vendo que isso não satisfez, imagina que, ao tornar-se maior de idade, será feliz porque poderá consumir bebidas alcoólicas e dirigir. Tal liberdade, pensa, o salvará de sua miséria; erro. Frustrado, imagina que será pleno depois de conquistar sua independência financeira. Porém, vendo que não houve mudança alguma, supõe que, com o tempo, receberá reconhecimento profissional, ocupará altos cargos. A cadeira presidencial, entretanto, não o consola. A seguir, imagina que deve casar-se e ter filhos; outra desilusão. Envelhece, torna-se doente, e chega à fase derradeira.

Apenas nesse momento se arrepende de não haver aproveitado as pequenas chances que teve, pois considerou todas as épocas de sua vida como uma "fase passageira", pensando que, depois de alguma dessas fases, surgiriam as "grandes chances" e as "grandes alegrias". Passou pela existência em branco, aguardando que a "verdadeira vida" começasse com tambores e trombetas. Deixou as oportunidades escorrerem de suas mãos porque não soube reconhecer que o sofrimento e a insatisfação são intrínsecos à vida.

A ansiedade causada pelo sonho de uma felicidade positiva nos leva a apressar a vida, a ver o presente como algo desprezível em relação ao que o futuro nos reserva. Imagina-se que a infelicidade passará quando atingirmos determinada idade, em que os problemas atuais não nos afligirão — e isso de fato acontece. Entretanto, novos problemas surgirão, fazendo da infelicidade a única constante da vida.

A ideia de que a vida é feita de "fases" não pode, portanto, ser usada como pretexto para ignorarmos o presente. Aquele que não sabe reconhecer os benefícios e as moléstias de sua própria idade sofrerá ainda mais por não viver de acordo com sua condição atual. Com os olhos fixos no porvir, tropeça no agora. Desse modo, seu presente será ainda mais desgraçado, e no futuro uma desilusão o aguarda.

Nesse processo contínuo de autoengano, consideramo-nos felizes, não porque nos sintamos felizes, mas porque damos como certa a promessa de uma felicidade futura que, entretanto, nunca chegou. Nunca chegará. Tudo não passou de um sonho.

Temos também o entretenimento como um meio muito duvidoso de tentarmos alcançar a fantasmagórica felicidade. Consiste basicamente na ideia de que, ao nos distrairmos em eventos públicos, estamos aproveitando a vida, e isso significa ser feliz. Por exemplo, imaginemos que o entretenimento seja comparecer à apresentação de uma de nossas bandas prediletas. Claro que, em nossas residências, sentamo-nos em nossas poltronas, ligamos o aparelho de som e, relaxados, apreciamos a música. Todos comparecem ao evento convictos de que a situação será ainda melhor, pois terão os artistas à sua frente, numa magnífica performance ao vivo. Vejamos, entretanto, como as coisas realmente acontecem.

Compramos ingressos antecipados e viajamos até a cidade em que será realizado o *show*. Cansados da viagem, com dores nas costas, precisamos enfrentar filas quilométricas. Horas depois, agora também com dores nos pés, entramos no recinto. Caso não tenhamos comprado ingressos especiais, com direito a cadeiras reservadas, esperamos em pé, ou sentados no chão, até que o evento se inicie. Enquanto isso, ouvimos uma série de outras bandas iniciantes que não nos interessam, as quais provavelmente tiveram a oportunidade de realizar a abertura do *show* porque são camaradas de algum dos integrantes da banda principal que, por piedade, decidiu dar-lhes uma chance de se tornarem conhecidas. Agora, também com dor de cabeça, mal conseguimos parar em pé, mas temos de afastar o cansaço porque finalmente começará o evento.

A multidão se aglomera desesperadamente, espichando as cabeças na esperança de ver seus ídolos palhetarem os instrumentos a dezenas de metros. No processo, somos espremidos por todos os lados por uma massa de indivíduos suados e bêbados, que sobem uns sobre os outros e gritam ininterruptamente, acompanhando as músicas com a voz mais desafinada possível. Quanto mais nos aproximamos do palco, mais a situação se torna extrema. Infelizmente, quando estamos quase conseguindo ver alguma coisa, nossas bexigas nos fazem sentir o chamado da natureza. Temos de cortar a multidão às pressas. Aliviados, refazemos todo o percurso até o ponto em que estávamos. Com dores nas costas, nos pés, nos ouvidos, na cabeça, não escaparemos das cotoveladas, e ainda teremos de suportar ter o pé pisado dezenas de vezes. A não ser que tenhamos comprimidos de morfina no bolso, não conseguiremos ignorar todos esses incômodos e aproveitar a música como fizemos em nossas residências. Os fatores negativos suplantam qualquer possibilidade de apreciação estética.

Como nós, cada indivíduo está cheio de expectativas de realização, ansioso para vivenciar a felicidade que imaginou para si naquele evento, mas não consegue. Suas expressões exageradas de entusiasmo não revelam prazer, mas desespero. Olham-se uns aos outros entediados, gesticulam na tentativa de atrair atenção, cantam em altíssima voz as músicas mais desconhecidas, certos de que estarão demonstrando aos demais seu profundo conhecimento dos aspectos mais irrelevantes da carreira musical de seus astros. Pulam ao comando do vocalista, levantam os braços, batem palmas. Todo esforço é válido, pois se obrigam a aproveitar aquele momento, custe o que custar. Serão felizes, e não importa quanto precisem sofrer. Findo o evento, despedaçam-se na tentativa de agarrar uma miserável palheta lançada pelo músico, como quem visse nela o santo graal da felicidade.

Por fim, voltam para suas residências e, quase mortos, imundos, cheios de hematomas e cãibras, enchem-se de analgésicos, tomam banho e dormem como quem entrou em coma. No dia seguinte, quando perguntados sobre a experiência, suas vozes roucas dizem: *o show foi fantástico, ouvi minha música preferida!*

Em viagens turísticas temos basicamente a mesma situação, não sendo necessário descrever outros modos pelos quais nos tornamos ainda mais miseráveis na esperança de ser felizes. Basta dizer que, se houvesse um lugar tão maravilhoso que apenas estar nele nos tornasse felizes, a humanidade inteira estaria concentrada nesse único ponto, e nunca pensaria em sair dele.

* * *

Há, por outro lado, os que, em vez de buscar a felicidade, culpam o mundo por sua infelicidade. Rebeldes, revolucionários ou simplesmente idiotas, elaboram teorias extremamente sofisticadas a respeito de organizações predatórias que se dedicam a nos tornar miseráveis e cegos. Devido a essa "conspiração global", ficam escondidas de nós as "realidades verdadeiras" nas quais poderíamos encontrar a felicidade. No seu entender, todos são manipulados como marionetes, e o único modo de superar tal condição consiste em nos engajarmos em lutas sociais utópicas nas quais combateremos o que se designa vagamente pelo termo "poder". Isso para que as próximas gerações sejam felizes — nós já estamos condenados.

Assim, temos, por exemplo, os socialistas, que culpam o capitalismo por tudo o que há de errado na sociedade, como se as empresas de refrigerantes multinacionais fossem vilãs que corrompem nossas vidas através do engarrafamento de xaropes gaseificados. Confortam-se pensando que foram vítimas de políticos inescrupulosos que os inculcaram ardilosamente necessidades falsas, contra as quais agora se levantam. Adoram pintar-se como pobres-diabos crucificados pelo sistema. Lamentam que tudo, hoje em dia, seja movido pelo dinheiro, que nossas vidas sejam descartáveis como latas de sardinha. Falam da infame "obsolescência programada", sem desconfiar que ela funciona porque a aceitamos como uma medida contra o tédio. Copos plásticos não são, como dizem, o resultado de mentes diabólicas. Nossas necessidades é que são descartáveis. Foi nosso modo leviano de viver e de consumir que criou e alimenta essa indústria da obsolescência. Não foram os produtos que nos tornaram assim, nós é que criamos indústrias assim com nossas necessidades vulgares. Saibamos ao menos admiti-lo: adoramos comprar lixo.

A ânsia pelo lucro, por sua vez, não é a causa da ganância humana, mas exatamente o contrário. Se o lucro fosse abolido, encontraríamos outro modo de explorar uns aos outros. Considerando que antigamente isso era feito com clavas, estamos muito bem. Caso o capitalismo fosse derrubado, não nos tornaríamos "irmãos", como dão a entender pelos apelidos carinhosos com que se tratam entre si. Num mundo onde tudo é movido pela competição, sempre haverá os que perdem, e isso não é injustiça, mas a natureza da vida, mesmo a civilizada. Se o capitalismo funciona, se resiste obstinadamente a todas as investidas do igualitarismo, é porque incorpora pelo menos algumas das regras do jogo que nos move enquanto seres vivos.

Mesmo com muito incentivo, o socialismo sempre falhou. O capitalismo, por sua vez, sempre funcionou por si só, quase naturalmente. Não que a natureza humana corrobore o capitalismo, pois até onde se sabe, não corrobora nenhum lado, mas há uma grande diferença entre um sistema que funciona mal e outro que simplesmente não funciona. Além disso, essa paz que socialistas pregam não passa de um sonho infantil. Nunca nos tornaremos "irmãos" ou "companheiros", a não ser que tenhamos em mente a inclusão de *diazepam* nas cestas básicas. Fala-se muito de justiça, mas, na prática, a justiça é uma teoria cujo melhor emprego que conseguimos encontrar consiste em nos engravatarmos para decidir solenemente se vamos ou não enjaular os macacos que nos desobedecem. Os discursos que proferem podem ser inspiradores, mas são apenas isto: discursos. Discursos cuja prática implica uma contradição gritante com tudo aquilo que nos constitui enquanto seres humanos — são uma piada aos nossos instintos mais básicos e um insulto à inteligência que os guia.

Outros apontam o desequilíbrio ambiental, a poluição, o desmatamento e a extinção das espécies como a fonte central de todos os males que acometem a humanidade. Propõem uma vida em harmonia com a natureza como solução para problemas que nada têm a ver com isso. Mesmo depois de o cristianismo ter demonstrado, de todos os modos imagináveis, que a compaixão gratuita não funciona, querem ainda nos fazer acreditar que a piedade voltada aos animais ou ao planeta nos trará algum benefício.

A questão não é, e nunca foi, a importância do verde, da natureza, das plantinhas coloridas e das baleias cantarolantes que nossos netos nunca verão. A questão não é que o planeta está ficando quente ou frio e as calotas polares vão derreter ou aumentar. Nada disso é novidade. O que chama a atenção é a devoção com que os seguidores desse ambientalismo reinventado defendem suas ideologias, sempre com aquele tom de politicagem misturada a ameaças de um futuro apocalíptico. A irracionalidade verde, que antes se restringia a poucos "escolhidos", agora se alastrou até o *couch potato* voluntário que precisa de um dicionário para explicar o que é vida, mas que se dá o direito à pregação por ter plantado um pé de limão no quintal.

Não é difícil perceber a similaridade desse movimento com uma espécie de panteísmo militante instalado em gente revoltada contra o tédio de suas próprias vidas, e que querem alguém para culpar por seu próprio infortúnio. Como qualquer grupo religioso, são ambiciosos. Salvar espécies em perigo de extinção para poderem sorrir à câmera tornou-se coisa pequena demais. Com seguidores fanáticos pelo mundo todo, por que contentar-se com tais mixarias? Podem constranger todos a respeitar qualquer porcaria que porte uma molécula de *DNA* e chamar isso de "reconhecimento da tradição biológica", ou algo que o valha, pois todos os filhos da Natureza têm o mesmo direito, apesar de direito algum ter existido por 3,5 bilhões de anos.

A moda *retrô* desses orgulhosos descendentes de ameba é estender a baboseira humanitária da dignidade — que nunca funcionou nem em humanos — até os sentimentos íntimos do capim, tão verdinho, que alimenta as vaquinhas que não merecem sofrer para virar hambúrguer na boca dos terríveis, horríveis seres humanos que chegam ao absurdo de manifestar sua natureza predatória em vez de virar adeptos resignados do *verdismo*, comendo carne de soja, mas não sem antes pedir perdão também às plantinhas, prometendo avanços na pesquisa genética para um dia também possuírem cloroplastos que geram energia limpa e, assim, acabar com a matança indiscriminada de vegetais plantando seres humanos, que não valem nada.

275

Se dependêssemos desse tipo de mentalidade conservacionista, que levanta a bandeira da natureza e finge que ela evoluiu na *Disneylândia*, os continentes ainda estariam amarrados para conservar a Pangeia — cuja desintegração, de alguma forma, também deveria ser imputada ao homem —, e conviveríamos com os dinossauros que, depois de protegidos da extinção, foram moralizados ao ponto de se tornarem répteis afeminados, envergonhados de seus dentes afiados, lamentando por vestirem couro, comendo tofu e tratando-se com pesados antidepressivos para suportar a inaturalidade doentia desse estilo de vida justificado por ideais tão ocos que só encontram paralelo no Evangelho.

Esse assistencialismo humanista que age como o representante moral do planeta — do qual a vida nunca precisou — tirou das espécies o direito de desaparecer com alguma dignidade, vítimas de sua própria incompetência adaptativa, que sempre foi o princípio fundamental da manutenção da vida. Permitir que um bando de fanáticos alucinados pelo ideal de um altruísmo impraticável coloque espécies doentes e fadadas ao fracasso em primeiro plano porque se sentem culpados pela interferência humana no planeta é a receita para o desequilíbrio mais ridículo que jamais existiu, com a Terra parecendo uma enfermaria onde ficam os passarinhos que caíram do ninho, mas que foram resgatados pela inconsciência ambiental de nossa espécie.

Somos muitos criativos, às vezes quase épicos, quando a questão é esquivar-se da responsabilidade por nossa insatisfação pessoal. Nesse caso, a estratégia foi até original: percebendo que a felicidade humana é impossível, transferiram seus sonhos inúteis aos animais que, coitados, agora têm de carregar o fardo de ser felizes por nós.

Há também os que culpam os meios de comunicação modernos pela extirpação de nossa "verdadeira natureza" — seja lá o que isso signifique —, pois nos reduzem a meros fantoches comerciais incapazes de pensar por si próprios. Ao assistir filmes, por exemplo, nossas personalidades deformam-se a tal ponto que nosso ideal passa a ser uma vida dentro de aparelhos televisores. Mais ainda, a influência televisiva invade nossa mente e subverte as noções de realidade e ficção, de modo que passamos a considerar o super-homem real e o padeiro, imaginário. Isso tem consequências muito reais. Muitas pessoas saltaram de prédios pensando que *Clark Kent* estaria lá para salvá-las. Quando ligamos o rádio, abrimos mão de nossas individualidades e abraçamos um estilo de vida massificado, imposto pela seleção musical do locutor e pelos comerciais de cremes dentais que nos sugestionam sobre ter de escovar os dentes. Ora, qualquer indivíduo subversivo que se preze sabe que o mau hálito é um mito inventado pelas elites dominantes. Também, ao comprarmos produtos pela *internet*, perdemos contato com a realidade social, pois deixamos de interagir fisicamente com os lojistas. Nossas almas tornam-se progressivamente vazias na medida em que deixamos de enfrentar filas e ouvir besteirol de vendedores sorridentes. Claro que, aos nossos olhos, nada disso parece uma perda. Porém, como estamos alienados pelo frenesi tecnológico, não conseguimos perceber o quanto estamos perdendo.

Lentamente, sem nos darmos conta, perdemos o contato com nós mesmos, deixamos de "nos constituir criativamente enquanto indivíduos originais" — outra ideia incompreensível —, e aceitamos ser construídos segundo modelos impostos pelo mundo ficcional forjado pela mídia de entretenimento. Quem diria que assistir ao desenho animado *Tom & Jerry* traria consequências tão devastadoras à nossa autenticidade existencial! O aviso está dado: quem tiver ouvidos, que ouça. Não fica claro, entretanto, que espécie de felicidade alcançaríamos após abandonar nossos meios de comunicação modernos. Talvez só compreendamos a relação da felicidade com isso tudo quando voltarmos a nos comunicar usando sinais de fumaça.

Gastar o dinheiro que ganhamos com trabalho honesto, por sua vez, é "consumismo", através do qual perdemos de vista as coisas que "realmente importam", embora não saibamos dizer que coisas são essas nem por que elas nos tornariam felizes. Devemos aplicar todas as nossas economias apenas no absolutamente necessário. O restante deve ficar guardado embaixo de nossos colchões ou ser doado a instituições de caridade. Estamos errados ao gastá-lo em coisas supérfluas, com o único propósito de nos entreter nos momentos de lazer.

A necessidade de nos divertirmos comprando aquilo que nos agrada é alienação, resultado de nossa imersão numa cultura consumista. Por que comprar roupas se podemos nos vestir com sacos de batata? Ora, a ânsia pelo luxo e pela ostentação foi implantada em nós artificialmente, pelo contato com *outdoors* e folhetos promocionais. Quem compraria sapatos se descobrisse que pode substituí-los pelos retalhos de couro descartados pelos curtumes? Ninguém. Mas isso o "sistema" não quer que saibamos. Nossa impulsividade consumista, como se vê, foi construída ideologicamente pela indústria da propaganda, que instalou necessidades fictícias em nossas mentes, sendo esse o único motivo pelo qual compramos espremedores de laranja. Que o destino nos guarde de — ai de nós! — comprar com nosso próprio dinheiro coisas que facilitem nossas vidas!

Deixando a ironia de lado, sabemos que, livres dos perigos naturais, a essência do ser humano resume-se a sonhar besteiras e divertir-se com inutilidades — tanto que os índios brasileiros ficaram imediatamente fascinados pelas bugigangas trazidas pelos portugueses, e isso sem qualquer "propaganda insidiosa" para manipular suas mentes. A regra principal que norteia as indústrias é atender às necessidades de seus consumidores. Se nossas necessidades estendem-se à imbecilidade, não seria mais digno simplesmente admiti-lo? Continuamos infelizes após comprar coisas das quais não precisamos, e deixar de comprá-las não faria diferença alguma, exceto que precisaríamos manufaturar nossos próprios adereços supérfluos, pelos quais certamente também seríamos criticados.

Tais exemplos bastam para ilustrar nossos pretextos. Claro que, quando nos deixamos iludir por engodos óbvios, por promessas impossíveis, sabemos muito bem disso. Queremos apenas ter alguém para culpar por nossa infelicidade. Colocamos nossos sonhos nas mãos dos demais e os amaldiçoamos por não poderem realizá-los.

Nossa busca pela felicidade é um poço sem fundo cavado por nós mesmos. Só largaremos as pás quando nossos braços sucumbirem à exaustão. Até que isso ocorra, continuaremos insistindo que ela pode estar logo adiante. A única coisa certa é que não está conosco.

✶ ✶ ✶

Já ridicularizamos nossos motivos suficientemente bem. Voltemo-nos agora à felicidade em si mesma. Qual é sua essência? Propriamente analisada, a felicidade tem o aspecto de um conceito teológico, como a onipotência — algo possível apenas a anjos. Podemos, sem muita dificuldade, perceber que se trata de uma ficção destilada do prazer, a versão idealizada de uma satisfação qualquer, multiplicada por mil quantas vezes forem necessárias para que a dor, em contraste, pareça insignificante. Basta coçar uma picada de inseto e multiplicar o alívio decorrente milhões de vezes: teremos diante de nós uma concepção bastante exata da felicidade que se busca. Nessa ótica, lembra um remédio homeopático: basta uma gota dela dissolvida no oceano de nossas vidas para que passemos a acreditar, mas não a sentir, que nossas existências são um mar de alegria.

Assim, não importa que todos se digam felizes em uníssono: não são, nenhum deles, pois ser feliz é impossível. Felicidade é uma palavra oca que não tem realidade por detrás. Quem se diz feliz afirma algo tão absurdo quanto alegar que pode voar abanando os braços. Diante dessa impossibilidade, não faz sentido redefinir o significado da palavra "felicidade" conforme nos apraz, como um sinônimo supérfluo para aquilo que nos agrada pessoalmente. Se pensamos que felicidade é prazer, se pensamos que é paz, por que não a chamamos prazer ou paz? Parece que gostamos mais dessa palavra que de nossas vidas. Felicidade como prazer, por exemplo, é um beco sem saída. Um copo totalmente cheio é satisfação — felicidade seria enchê-lo mais ainda sem que transbordasse. Felicidade como paz, por outro lado, é o mesmo que matéria inanimada, o mesmo que estar morto. Não parece haver saída.

Se investigarmos a questão do ponto de vista prático, veremos que o único argumento materialmente plausível em favor da felicidade é o sorriso. Então, se quisermos ser felizes, só precisamos injetar morfina em nossas veias, cortar fora nossos lábios e sair pelo mundo espalhando alegria. Não nos sentiremos felizes, mas talvez convençamos algum lunático disso, levando-o a sofrer para alcançar a felicidade que imaginou ver em nosso sorriso ininterrupto. Quando convencermos um grande número de indivíduos de que alcançamos a felicidade, estaremos a um só passo da alegria: bastará batermos a cabeça numa pedra.

Nessa ótica, a felicidade passa a ser uma questão de utilidade pública, não pessoal. Um sinal que exibimos exteriormente para demonstrar que estamos sadios, dóceis, aptos a viver em sociedade. Para tanto, o sorriso forçado de um atendente basta: isso é felicidade. Ter disposição para fingir, para atuar, para fazer tudo o que for necessário para levar a vida adiante, dançando conforme a música.

Sabemos que, por detrás de nossos sorrisos, não há felicidade alguma. Se não encontramos felicidade em nosso próprio sorriso, por que deveríamos acreditar que a encontramos no dos demais? Sua felicidade é uma fachada sorridente, assim como a nossa. Ser feliz é apenas um profissionalismo social, uma habilidade de fazer-se agradável, uma arcada dentária em constante posição de sentido. Vale tanto quanto saber digitar, calcular impostos ou vestir-se bem. Fora do ambiente de trabalho, essa farsa nos rende amigos, isto é, parceiros informais que dão segurança aos nossos investimentos.

Em nossa sociedade, não acreditar na felicidade é um tabu, assim como não acreditar em divindades. Não significa, entretanto, que tais coisas existam. Deus está para o mistério do universo como a felicidade está para o sorriso. Acredita-se em ambas as coisas pela fé, não pela experiência de vida. Só conhecemos a felicidade de vista, só o que se diz a seu respeito. Ninguém, por exemplo, acredita que um atendente noturno de postos de gasolina sinta-se maravilhado ao fazer-se de capacho a todos os que queiram encher o tanque em plena madrugada. Mesmo que tal indivíduo não se sinta feliz, ele sorri e diz: *volte sempre!* Parece feliz: é o que importa. Não fica a noite inteira sentado à espera de clientes porque isso é um prazer imenso, mas porque quer dinheiro, e isso se consegue sorrindo e fazendo a vontade dos fregueses. Ele se mostra feliz por dinheiro, como uma prostituta, como todos. Entre amigos, a diferença é que não se cobra à vista.

✳ ✳ ✳

Nunca sentimos, na vida real, a felicidade que acreditamos existir — nossa crença nela é justificada pela fachada sorridente dos demais, assim como eles acreditam na nossa. Por isso é comum tantos viverem em função da felicidade alheia. Todos sempre sorrindo, todos sempre infelizes. Enganam-se e vivem uns pelos outros em nome de uma felicidade que ninguém sente. Como pensamos que a felicidade é a única coisa capaz de justificar a vida, tornamo-nos obcecados em ser úteis. Buscamos acreditar que os demais são felizes para que isso justifique nossas vidas miseráveis — ao menos como um meio para a imortal felicidade que de nós sempre se esconde. Por isso insistimos que a felicidade existe. Nunca confessaríamos o caráter universal da infelicidade, pois isso nos implodiria.

A felicidade, então, nunca está em nós, nem no outro, só no modo como *pensamos* o outro. Trata-se da projeção de nossas expectativas nos demais, e esse é o motivo pelo qual a felicidade sempre se encontra "do lado de lá" — pensamos que só os demais podem ser felizes como nós gostaríamos de ser. Sabendo disso, voltamo-nos aos demais, fazemos-lhes um favor qualquer, e eles nos sorriem uma prova de que a felicidade existe. Dela fazemos parte porque de nós veio o favor. Nossas mentiras, umas vez refletidas nos demais, tornam-se verdades.

Pensemos em alguma pessoa feliz: ela não existe. Seja ela quem for, está apenas em nossa imaginação. Se quisermos uma prova disso, bastará nos dirigirmos à pessoa em questão e a inquirirmos a respeito da ideia que fazemos dela: abrirá imediatamente um sorriso de compaixão, comovida por nossa inocência. Mesmo as pessoas que admiramos, cujas vidas nos parecem absolutamente fabulosas e dignas de inveja, na verdade são como nós, e o fato de ignorarmos essa verdade é o único motivo pelo qual acreditamos que a felicidade é possível. Para percebê-lo, basta pensarmos em como certos indivíduos admiram em nós coisas que muitas vezes sequer existem e, mesmo quando existem, não nos trazem qualquer felicidade — mas eles invejam isso em nós, realmente invejam, e imaginam que, quando a conseguirem, serão felizes como nós não somos. No fim das contas, se admiramos uma pessoa, isso só prova que a conhecemos mal. Podemos estar certos de que abandonaríamos imediatamente nossa admiração se pudéssemos, por um minuto somente, viver em sua pele.

Recapitulando: sentimo-nos miseráveis, nossas vidas não valem nada. Qual é a solução? Viver pelas dos demais — pois eles, pelo motivo que for, devem valer alguma coisa. Mas os demais pensam da mesma forma e, assim como nós, não valem nada para si mesmos. Sentem-se miseráveis, mas acreditam que nós sejamos felizes. O círculo se fecha. Se eles vivem para nós, e nós para eles, onde está a felicidade, o motivo pelo qual se vive? Está nessa miopia. A solidão é insuportável à maioria dos indivíduos exatamente porque nos revela essa verdade — revela que as mesmas ações que direcionamos aos demais, pensando que isso os torna felizes, quando direcionadas a nós mesmos, não nos trazem felicidade alguma. O círculo se rompe porque não conseguimos nos enganar sorrindo para nós mesmos — e a solidão cai sobre nossas cabeças como uma prova irrefutável de que ninguém é feliz.

A felicidade é um mito e a sociedade é um teatro, então já deveríamos sabê-lo: a peça em exibição se chama *sorria, idiota!*

REPRODUÇÃO

Diante de toda a perplexidade envolvida no fato de existirmos sem razão num mundo desgraçado e de que isso, em regra, significa ser infeliz e sofrer gratuitamente, os que fogem dessa questão como covardes dizem corajosamente aos que dela se ocupam: *por que você não se mata?* A pergunta, naturalmente, tem sua razão de ser. Todavia, façamos outra pergunta um pouco mais interessante: *por que você se reproduz?*

Primeiramente vejamos a questão do seguinte modo: aquilo que, no presente, constitui nossos corpos já esteve zanzando pelo universo há pelo menos treze bilhões de anos, e dificilmente encontraríamos alguém levantando queixas a esse período de inexistência. Por outro lado, essa mesma matéria, depois de se transformar em um homem, em poucas décadas acumula dores suficientes para encher todos os hospitais e clínicas psiquiátricas do mundo. Se o universo fosse autoconsciente, a única conclusão possível seria a de que ele se detesta, pois decidiu transformar-se numa legião de máquinas de sobrevivência que se despedaçam umas às outras como ganha-pão. Mas as únicas coisas conscientes, até onde se sabe — e até certo ponto —, somos nós, que acreditamos, por uma espécie de tradição demente, que deve haver uma gloriosa próxima geração, a qual será a feliz herdeira de nossas conquistas.

As razões para esse esquema de mau gosto se instalar com tamanha naturalidade são óbvias, e estão explicadas em qualquer livro de biologia básica. Ou seja, como toda espécie, ou quase todas, somos programados para nos reproduzir, cuidar de nossa prole e depois voltar ao pó com uma sensação impalpável, quase convencional, de dever cumprido. Pois é claro que, se dependêssemos apenas de deliberações racionais para garantir nossa perpetuação, poderíamos nutrir a benigna esperança de ver a vida caminhar à extinção com um sorriso sereno e confiante. Todavia, a questão encontra-se vinculada não à racionalidade, mas ao nosso maior referencial de prazer: sexo. Um engodo criado pela natureza com tamanha perfídia que deixaria o próprio Diabo parecendo um amador quando o assunto é levar indivíduos a fazer maus negócios. Essa isca, por si só, é tão eficiente que não precisa de qualquer de incentivo, de qualquer justificação, pois apela ao que há de mais básico e enérgico em nossa natureza.

A animalidade humana, portanto, é o que responde por quase todos os motivos tortuosos da procriação, e isso sem qualquer intermédio da razão, já que seu poder de persuasão ou dissuasão sobre um macaco excitado é mais nulo que o horário político. Quando, por uma sensatez milagrosa, a razão tem a oportunidade de proferir algumas palavras prudentes nesse particular, quase nunca são em favor, mas explicitamente contra, sugerindo métodos contraceptivos e narrando histórias horripilantes sobre noites insones regadas a berros e excrementos, cujos protagonistas posteriormente evoluem ao estágio de parasitismo e aí ficam até que o cordão monetário seja cortado.

É compreensível que a maioria dos indivíduos deixe-se guiar pelos seus instintos básicos. Sexo é bom, nos dá um prazer gratuito sem consequências negativas, desde que tomemos precauções básicas. Muitos se tornam pais acidentalmente, seja por inconsequência ou por falha dos métodos contraceptivos. Acontece. Sabemos dos riscos. Lamentavelmente, a moral da maioria das sociedades impede que possamos escolher ou não levar adiante uma gravidez indesejada sem que isso nos torne criminosos. Claro que, do ponto de vista racional, é estranho que sintamos tamanha fixação pela cópula, que basicamente consiste em penetrar repetidamente um orifício de carne autolubrificante com um tubo que arremessa líquidos cheios de células natatórias. Entretanto, se quisermos prazer gratuito, é assim que o encontramos na natureza. Somos programados para achar corpos saudáveis excitantes, e isso nos faz querer copular; não conseguimos evitar. Muito fácil compreender por que tal sistema funciona na natureza, e que filhos nasçam por tal motivo. Por outro lado, caso não houvesse prazer na cópula, o futuro de nossa espécie seria algo duvidoso, visto que não parece haver motivos racionais para justificar a propagação da vida, mas apenas instintos programados geneticamente. Caso duvidemos disso, perguntemos a uma cadeira que vantagem encontra na perpetuação humana.

* * *

Porém, contrariando tudo o que toca o bom senso, vejamos os motivos que normalmente se apresentam em favor da procriação intencional. Certo indivíduo, depois de ter sido amaldiçoado pela geração anterior com a condição de ser vivo, começa a sentir certo vazio em sua existência. Supondo as circunstâncias mais favoráveis, nasceu em uma boa família, teve educação, formou-se na área de conhecimento de que mais gosta, conquistou respeito profissional e independência financeira, casou-se com sua amada, comprou a maioria das coisas que desejou, visitou os lugares mais curiosos da terra. Em suma, já buscou no mundo toda espécie de realização. Não obstante, continua insatisfeito com sua condição; sente-se um desgraçado. Começa a desconfiar que a marcha do mundo é uma piada de mau gosto, mas nega-se a confessá-lo para si mesmo. Continua a buscar alguma solução exterior para sua infelicidade. Procura alívio em amizades, jogos, esportes, apostas, extravagâncias, festas, sexo, drogas. Porém, na manhã seguinte, a realidade sussurra-lhe ao ouvido seu fracasso.

Continua apertando seu peito a sensação de que falta algo e, depois de muito pouco pensar, lembra-se do dito: *escrever um livro, plantar uma árvore e ter um filho*. Como os dois primeiros feitos são mentiras palpáveis, ignora-os com a mesma lógica que deveria fazê-lo rir ainda mais do último. Mas, por meio de algum raciocínio coxo, como, por exemplo, "se não for isso, o que será?", convence-se rapidamente de que a solução para suas misérias está na procriação. Daí em diante, limita-se a devanear sobre quantos deleites resultarão da fórmula *ejaculação + nove meses = felicidade*. Pois bem, tem um filho e, inocentemente, lança suas pragas sobre o pobre-diabo. Obviamente, o faz com a melhor intenção, sonhando com um futuro brilhante e cheio de alegria para sua prole. Não imagina que o mesmo impulso cego que o levou a lutar pela conquista de uma vida que, mesmo estável, continua insípida, agora o leva, como o desfecho de sua comédia, a perpetuá-la simplesmente porque não consegue suportar a frustração de tudo isso que conquistou na vida não haver servido para absolutamente nada.

Desde sempre, o tempo todo, seu desejo foi apenas fugir de si mesmo. Porém, agora, o faz projetando no horizonte da geração seguinte o cumprimento de seu projeto de vida. Com isso se resigna de sua tão sonhada, profunda e estupenda felicidade pessoal — que, claro, haveria de vir — e passa o bastão adiante, pensando que com isso está fazendo o que há de mais "nobre" sobre a terra. Diante de um raciocínio tão lamentável, é justo que a natureza tenha colocado o amor paterno como uma espécie de indenização para com o inocente que acaba de surgir no mundo sem ter feito nada para merecê-lo.

Se pudermos descrever a existência humana pela máxima: *a vida é um tédio, e então você morre*, reproduzir-se significa: *a vida é um tédio, você tem filhos para esquecer-se disso, e depois morre*. Alguém consegue enxergar qualquer traço de bondade nisso? Quando solucionamos problemas pessoais através de um filho, esquecemo-nos de que este, quando chegar à mesma situação de seus pais, se verá diante dos mesmos problemas para os quais ele foi uma solução que, entretanto, *não funciona*. Como herdará a mesma inteligência destes, o ciclo se fechará numa demência galopante.

* * *

Vejamos a questão na perspectiva da matéria inanimada que está prestes a converter-se numa máquina humana movida a moléstias e carências. O que um punhado de átomos tem a ganhar ao se tornar um ser vivo? O mesmo que levou os vivos a *fugir* de si mesmos, ou seja, angústia, tédio e dor, todos mascarados por detrás de sonhos magníficos que, inevitavelmente, culminam em desilusões. O trabalho de buscar uma felicidade irrealizável pelo custo de mil penas e mil perigos para, no fim, nada. Considerando que o centro do universo é o umbigo de cada qual, abdicar da própria vida para criar outra equivale à admissão da própria incompletude do viver, da impossibilidade de realizar-se plenamente por si só, de que mais valeria nunca ter existido.

Mas esse doloroso silêncio que ruma à extinção é algo que o orgulhoso progenitor não pode admitir. O indivíduo sente-se consciente de seu elevadíssimo valor, embora seja o único que acredita nisso. Sente que não pode privar o mundo de seu legado, de alguém que continue em seu empreendimento tão decadente, tão falido, exigindo a manutenção de sua condição insustentável. Lança assim no porvir uma esperança tão capenga e vesga que mais parece uma vingança — mas isso é algo que há de ecoar por toda a eternidade como testemunho de sua imbecilidade. Cada broto que surge na árvore genealógica da espécie humana atesta que nossa inteligência não nos tornou menos irracionais que qualquer outro animal.

Como se pode verificar cotidianamente, a maioria dos indivíduos é dotada de uma visão tão curta e de um egoísmo tão irrefreável que sequer pensa na possibilidade de que o outro indivíduo, criado a partir do nada, a despeito das melhores intenções, será tão desgraçado quanto ele próprio. Assim, ignorando tudo o que aprendeu com a própria vida e com todas as gerações passadas, aposta que, no seu caso, pela primeira vez na história da humanidade, o amor fará com que as coisas sejam diferentes. Seu filho já nasce amaldiçoado pelo fardo de realizar uma felicidade que se mostrou impossível a todos os que existiram antes dele.

O orgulhoso progenitor não enxerga, sequer desconfia que grau de crueldade esteja envolvido no ato de transformar uma poeira que esteve morta por bilhões de anos em um ser vivo simplesmente porque se encontra insatisfeito com sua própria vida. Portanto, em vez de sentir orgulho, com justiça deveria ser acometido de um profundo e pungente remorso pela perversidade, pela covardia que acabou de cometer contra aquilo que, no fundo, ele próprio gostaria de ser: nada.

Talvez, depois de algum tempo, quando seus filhos deixarem de ser apêndices dele próprio, chegue a compreender que não fez senão multiplicar a dor que há sobre a terra. É verdade que, por vezes, se amargura sinceramente quando vê sua prole sofrendo no turbilhão do mundo, mas esconde no fundo de seu coração a culpa, a consciência de ser ele o único responsável por isso. Culpa o mundo, inventa mil explicações sobre a necessidade de aprender com os próprios erros para se tornar um homem feito, mas nunca se põe honestamente a questão de que o verdadeiro erro foi a multiplicação da dor que causou.

Compreender que ninguém merece a punição de nascer neste mundo miserável constitui a verdadeira lição a ser aprendida com uma vivência miserável. Assim, sua própria experiência de vida — da qual paradoxalmente se orgulha tanto — deveria tê-lo levado a concluir que ele próprio não é mais que outro erro causado pela incompreensão da patética condição humana — um erro que, ao menos por uma mínima compaixão, deveria ter feito com que parasse *nele*.

Contudo, esse tipo de consideração jamais passa pela cabeça desses reprodutores bem-sucedidos — nem mesmo quando recebem à cara um indefensável *não pedi para nascer*, algo que deveria fazer com que se cobrissem de vergonha por um ato tão mesquinho, tão ridículo quanto tirar da matéria inanimada a paz que eles próprios almejavam ao cultivar o sonho de ter um filho, ignorando que isso só pode ser alcançado com a morte, com o fim dessa lamentável sucessão de eventos tragicômicos.

✳ ✳ ✳

Mesmo diante de fatos tão evidentes, costumamos apenas encolher os ombros, dando a entender que se trata de uma escolha puramente pessoal, que devemos entender ambas as posturas como aceitáveis e justificadas, pois uma tem sólida fundamentação biológica e a outra, intelectual. Isso, entretanto, é um equívoco: um mero apelo à natureza não subtrai da reprodução seu caráter funesto e imoral.

Enquanto indivíduos racionais e lúcidos, não podemos deixar de simpatizar com o bom gosto daquele que faz questão de ser o último capítulo, o ponto final desta patetice. Enquanto seres humanos minimamente decentes, não conseguimos esconder nossa repulsa pela crueldade dos que optam pela reprodução, como que enxergando nisso um direito indiscutível, independentemente de quanta dor esteja envolvida.

Assim, para que não reste qualquer sombra de dúvida justificável sobre a perspectiva que apresentamos até aqui em defesa da extinção voluntária como a única postura sensata e moral frente à vida, deixemos de lado o tom subjetivo da discussão e vejamos sua face puramente concreta.

Partamos do pressuposto de que viver é sofrer. Aquilo que denominamos felicidade, na verdade, é a suspensão temporária da dor: satisfeitos por muito tempo, voltamos a sofrer, dessa vez com o tédio. Trata-se de uma constatação objetiva a respeito da natureza de nossa subjetividade: ninguém escapa disso. O fato de que tal indivíduo sofrerá é algo tão verdadeiro quanto que terá dois olhos e uma boca. Falamos de algo que é uma realidade física incontornável. A única escolha pessoal envolvida, no caso, é ter ou não filhos. Não temos opções quanto às realidades envolvidas nisso. As implicações seguem-se inexoravelmente, gostemos ou não. Portanto, independentemente da opinião que tivermos nesse respeito, elas não farão diferença alguma quanto àquilo que, de fato, ocorre quando surge uma nova consciência a caminhar sobre este mundo.

Quando entendido num contexto que leve em consideração a lógica da vida, o sofrimento não é necessariamente indesejável. Ele existe porque cumpre uma função biológica, assim como o prazer. Apesar de ser um componente de natureza subjetiva, está determinado em função de uma tarefa objetiva, ou seja, a manutenção dos organismos. A dor, assim como o prazer, não existe por si mesma, mas apenas subjetivamente. Do ponto de vista objetivo, o sofrimento é um fenômeno como qualquer outro, assim como o prazer.

A matéria não-viva, sendo puramente objetiva, encontra-se alheia aos fenômenos subjetivos que atormentam as criaturas viventes, ou seja, livre de todo e qualquer sofrimento, num estado de serenidade perfeita. Não faz sentido tentar ser "maldoso" com a matéria inanimada. Não há como torturar pedras, jogando-as de penhascos, martelando-as etc. Há apenas um modo de fazer com que a matéria passe a sofrer: transformá-la num ser vivo. Segue-se que, mesmo do ponto de vista objetivo, podemos encontrar implicações morais na reprodução, pois condena a matéria a sofrer inutilmente na forma de um ser vivo movido por moléstias e carências, somente para depois retornar à mesma situação em que se encontrava, sem que haja nisso qualquer sentido ou proveito.

Nessa ótica, não afirmamos que a reprodução é errada, apenas que é cruel. Afirmamos que, objetivamente, viver é uma pena. Contudo, não tiramos conclusões subjetivas a partir disso. Se viver vale ou não essa pena, trata-se de uma questão distinta e, esta sim, subjetiva, que se refere ao valor que atribuímos à vida. A imoralidade está no fato de que o valor da vida é uma questão que só pode ser considerada por aqueles que já estão vivos. Quando nos reproduzimos, impomos nossas conclusões pessoais a alguém que não pode sequer defender-se.

Naturalmente, não se trata de uma moral transcendental e absoluta, mas relativa à vida. Pode ser entendida como objetiva no sentido de referir-se a algo

289

que ocorre necessariamente, pela própria natureza da vida, pelas condições impostas à existência subjetiva quando inserida nas determinações do mundo objetivo. Portanto, não confundamos tal observação com pregações morais sobre certo e errado, direito e dever etc. Estamos nos ocupando apenas em descrever objetivamente as consequências físicas do fenômeno igualmente físico de trazer à existência uma nova consciência a ser assombrada pelo desassossego que move a vida.

Nessa perspectiva, a reprodução nos torna os únicos responsáveis pela criação do sofrimento no mundo. Sem nós, não haveria dor. Mas há, e a culpa é nossa. Objetivamente, a dor não é algo mau, porém o é subjetivamente. Nós, enquanto seres vivos, temos a dor como o referencial supremo de tudo o que é indesejável. Nossa natureza objetiva, biológica, nos impõe essa condição. Assim como o prazer é bom, a dor é ruim — seja física, afetiva ou psicológica. Que se levantem, pois não, os relativistas, com suas teorias malucas sobre a "arbitrariedade" da questão: gostaríamos de vê-los acreditar nisso enquanto inserimos pregos sob suas unhas. A presença da dor como algo positivamente indesejável é uma exigência imprescindível para que a vida seja sustentável, é uma condição imposta objetivamente às máquinas de sobrevivência que somos. A dor nos torna organismos eficientes, e sem ela não funcionaríamos adequadamente, apenas morreríamos de forma indolor por ignorar os perigos que nos rodeiam.

Isso significa que, quando fazemos surgir do nada toda a dor que existe sobre a terra, quando colocamos a matéria na única condição em que poderá sofrer, ou seja, quando a transformamos num ser vivo, tornamo-nos positivamente maus, responsáveis pela disseminação do sofrimento. Assim, a reprodução intencional nos torna seres perversos e imorais, e isso num sentido puramente objetivo, pois se trata de um juízo válido universalmente, sejam quais forem as circunstâncias em que nos encontremos. Enquanto houver dor na existência, enquanto a vida envolver sofrimento, o ato de reproduzir-se significa colaborar com seu crescimento, perpetuar essa desgraça, empenhar-se ativamente em tornar o mundo um lugar mais penoso e lastimável.

Obviamente, temos a liberdade de ser tão maus e egoístas quanto quisermos, mas não podemos negar que sejamos culpados disso, não há como nos inocentarmos dessa acusação. Originalmente, aquela vida não existia, nunca existiu, e assim teria sido, senão porque tivemos a admirável ideia de ejacular num útero e fazê-la surgir do nada para, depois, afirmar que seu sofrimento "não é problema nosso", que não somos responsáveis porque se trata de algo "natural". Ora, nem um teólogo conseguiria levar a sério uma desculpa tão esfarrapada.

A objeção de que isso não nos torna necessariamente maus porque o sofrimento ocorre na vida de forma natural e inevitável não se justifica porque, apesar de não podermos alterar sua constituição íntima, temos a escolha de nos reproduzirmos ou não. Aquele que nasce, pelo contrário, não tem escolha alguma, assim como nós não tivemos. Podemos ou não ter filhos. Porém, quando decidimos tê-los, a escolha nos torna positivamente maus, gratuitamente cruéis. Nós, como uma insônia da matéria, agredimos aquilo que dorme profundamente apenas para compartilhar nossa falta de sono, para nos sentirmos menos entediados com nossas existências embaraçosamente fúteis.

Sem dúvida, o impulso reprodutivo possui profundas raízes biológicas, mas isso tampouco nos livra da culpa. Claro, não fomos nós que inventamos a vida e suas regras, mas fomos nós que a propagamos. Criamos uma vida intencionalmente, em circunstâncias nas quais *sabíamos* que o sofrimento seria inevitável. Muitas vezes o impulso de agressividade nos leva a cometer crimes, mas nem por isso deixamos de considerá-lo condenável. Trata-se de algo igualmente instintivo e natural, arraigado em nós de modo tão profundo quanto o impulso sexual. A diferença é que nossa agressão se concretizará nove meses depois, como quem planta uma bomba-relógio no coração do nada.

✳ ✳ ✳

A situação que temos é basicamente a seguinte: um indivíduo, de modo deliberado, inflige grande sofrimento físico, emocional e psicológico a outrem na esperança de diminuir o seu próprio, sendo que a vítima não poderá jamais defender-se de tal agressão, senão através do suicídio. Logicamente, a dor não será causada diretamente por nós, mas pelas circunstâncias em que colocamos o indivíduo. Todavia, isso poderia ter sido evitado com qualquer preservativo barato. Causar grandes dores a uma pessoa inocente, apenas para alcançarmos uma pequena redução da nossa própria, é uma atitude vil e revoltante. Poderíamos, sem dúvida, nos sentir no direito de exigir ressarcimento por tal injustiça, por termos sido colocados nessa situação indigna e degradante. Faria sentido receber compensações pelo transtorno de termos nascido, mas isso é algo que, como dito, a natureza sabiamente já providenciou na forma de um instinto de proteção da prole. O amor paterno é a indenização que os filhos recebem dos pais por tê-los colocado no mundo.

Vejamos mais algumas ilustrações. Suponha-se que, por algum milagre, tivéssemos atingido um estado de paz e serenidade perfeitas. Vivemos felizes e satisfeitos pelo simples fato de existirmos. Nenhuma dor nos molesta, nenhum desejo nos atormenta; tudo está muito bem. Chega então um indivíduo cheio de desgostos, entediado por existir, e nos força a sair desse estado de plenitude, colocando-nos na mesma situação deplorável apenas para não se sentir sozinho. O que pensaríamos do caráter de tal indivíduo? Pelo preço de não sentirmos tédio, ou ao menos não tanto, o outro deve pagar com todas as dores que haverá de suportar ao longo de sua vida, do nascimento até a morte. É certo que somos todos movidos pelo egoísmo. Entretanto, quando há uma grande desproporção entre os interesses e os benefícios que cada qual recebe na relação, deixamos de ser simplesmente egoístas e nos tornamos canalhas.

Noutro caso, temos um indivíduo sossegado em sua residência, relaxando no nirvana da inanidade. Está cercado de perigos possíveis, mas a porta está firmemente trancada pela improbabilidade de que venham a acometê-lo por acaso. Tais perigos podem ser ilustrados por hordas de animais selvagens e perversos, como homens, por exemplo. Nós, na melhor das intenções, vamos até sua residência. Não pedimos permissão para entrar. Não ponderamos se, na mesma situação, gostaríamos de ser visitados. Pelo contrário, com uma insolência desmedida, derrubamos a porta a machadadas e o arrancamos da casa pelos cabelos para que compartilhe conosco sua existência, para que viva conforme nossas expectativas, para que se deleite em ser exatamente aquilo que detestamos. Quais são nossos motivos para isso? Em regra, medo da solidão, tédio, ou mera falta de criatividade. Agora o indivíduo está exposto a todos os perigos e dores da vida simplesmente porque nós, como imbecis prepotentes, julgamos ter o direito de falar por todo aquele que não pode defender-se.

Acrescente-se ainda que não há qualquer remorso pela dor que causa. Simplesmente nos desculpamos com a ideia de que tal sofrimento é "natural". Contudo, natural para nós, que não temos escolha. Já estamos vivos, e todo o sofrimento que temos de suportar não serve para absolutamente nada. Esforçamo-nos dia após dia, enfrentamos mil penas, somente para fracassar repetidamente em alcançar alguma paz, sendo que o nada goza de serenidade perfeita, não por alguns segundos, mas por toda a eternidade. Então, cheios de inveja, vingamo-nos, transformando-o num semelhante, num sofredor que será alcunhado com nosso sobrenome.

* * *

Quando, guiados por tal entendimento, simpatizamos com a ideia de extinção voluntária, estamos diante da única perspectiva moral em favor da compaixão que pode sustentar-se objetivamente. Pois sabemos que, se tivermos filhos, eles sofrerão. Se deixarmos de tê-los, haverá uma dor a menos sobre a terra. Isso, obviamente, não é um apelo heroico à bondade gratuita, à caridade acéfala ou à compaixão paranoica. Quem está vivo sofre, e continuará sofrendo até o fim de seus dias. Não podemos mudar isso, ao menos não sem frotas de caminhões-pipa cheios de morfina. Porém, caso tenhamos uma mínima aversão à crueldade gratuita dirigida a inocentes, saberemos admitir quanto há de repulsivo em nos reproduzirmos. É tão atroz, tão degradante quanto a tortura física. Como um psicopata que se regozija ao sequestrar um inocente, trancá-lo em seu porão e torturá-lo por anos, décadas, até que morra por causas naturais.

Ademais, a quantidade de sofrimento que deixamos de sentir quando realizamos nosso desejo de procriar nunca é superior, nem mesmo remotamente igual à grandeza do sofrimento que será infligido àquele que nasce. O resultado final sempre será uma proporção maior de dor que de alívio, uma inflação do sofrimento. Portanto, mesmo que a ideia de ter filhos represente para nós um grande sonho de realização pessoal, devemos entender que, por melhores que sejam nossas intenções, nós não temos condições, não temos recursos para garantir a felicidade daquele que colocamos neste fim de mundo, por mais ricos, dedicados ou afetuosos que sejamos, por melhores que sejam as condições de vida que lhes proporcionemos. Simplesmente não temos poderes para tanto.

Enquanto pais que desejam constituir uma família feliz e próspera, suponham-se as melhores circunstâncias possíveis, ou seja, que, com nossa intenção de ter um filho, sejamos realmente sinceros em nosso desejo de criá-lo da melhor forma possível, fazendo tudo o que estiver ao nosso alcance para vê-lo feliz. Se realmente tivermos em nossos corações essa bondade, esse querer-bem tão pródigo, o raciocínio seguinte será suficiente para nos convencermos de que a maior bondade estará em não levar nosso sonho adiante.

Quando abdicamos de ter filhos, abrimos mão de uma pequena e duvidosa satisfação pessoal para prevenir o surgimento de um grande sofrimento. Se conseguirmos exercitar um mínimo de compaixão em relação àquilo que, segundo nós mesmos, será o único objeto de nosso amor e dedicação, veremos que, ao não nos reproduzirmos, estaremos colocando em prática a única bondade possível em relação aos nossos filhos. Consolemo-nos com saber que, por não terem nascido, em nossos sonhos eles estarão sempre dormindo em seus quartos, sob cobertores tão macios quanto o abraço daquele cujo amor nunca lhes permitiria sofrer e, por isso mesmo, protegeu-lhes da existência. Permanecem confortáveis, serenos, em paz, com um meio-sorriso nos lábios por nunca terem provado o amargor e a desilusão da vida. Continuarão sempre puros, eternamente livres dos perigos do mundo. Esse é o verdadeiro significado de abdicar da própria vida em favor da dos filhos.

Nessa situação, não nos envolvemos com crueldades reais numa tentativa infrutífera de anular a dor com boas intenções e felicidades imaginárias. Na suposição de que nosso interesse fosse realmente o bem-estar de nossos filhos, isso não seria mais que bom senso, a aplicação do princípio mais elementar de decência, isto é, não fazer aos demais aquilo que não gostaríamos que fizessem a nós. Reconhecendo nossas limitações, nossa bondade nos levou à única saída possível: poupá-los do sofrimento de existir.

Já demonstramos que o melhor para os filhos é não nascer. Por outro lado, para os pais, também é mais vantajoso não tê-los, visto que os benefícios pessoais da paternidade são praticamente nulos. Considerando que nossos filhos não nos tornarão felizes, já que a felicidade é apenas o sonho dos que esqueceram o cérebro no coração, deixar de lado a procriação revela somente sensatez. Do contrário, enchemo-nos de expectativas fantasiosas que serão inevitavelmente frustradas pela realidade. Veremos, cedo ou tarde, que filhos não são nada daquilo que imaginávamos. Porém, depois de nascidos, teremos de mentir quanto a isso para não magoá-los, para não fazer com que se sintam um fardo. Assim, com a paternidade, enganamo-nos quanto aos nossos filhos e, depois, temos de enganá-los também.

* * *

Como vemos, mesmo a perspectiva mais otimista revela-se insustentável, ainda que sejamos bastante generosos em aceitar mentiras palpáveis como motivos em favor da reprodução. Para demonstrar como tais posturas são infundadas e frágeis, não houve sequer necessidade de refutar as ideias de "altruísmo desinteressado" ou de "bondade irrestrita", expondo-as como as impossibilidades óbvias que são. Sendo que nem mesmo ideais poéticos conseguem emprestar coerência suficiente a tal postura, a honestidade servirá apenas para reduzi-la a uma piada, como quem chuta um cão morto. Contudo, chutemo-lo para que possamos, por fim, enterrá-lo.

Quando investigamos aquilo que são nossos verdadeiros motivos — isto é, os motivos egoístas — para a reprodução, as implicações são ainda mais revoltantes. Vemo-nos agindo apenas em função de nosso próprio interesse, em grande detrimento dos demais. Motivados por uma ilusão que, além de tola, também é impraticável. Muitas vezes empregamos o discurso do altruísmo para justificar a reprodução, mas isso é simplesmente um automatismo social. Sendo minimamente honestos, temos de admitir que, com a reprodução, apenas conseguiríamos nos distrair de nosso próprio sofrimento ao aliviar o alheio, numa espécie de crueldade ocupacional. Ou seja, colocamos sobre o mundo um indivíduo que sofre apenas para nos sentirmos virtuosos e úteis ao tentar reduzir suas dores. Tornamo-nos efetivamente maus apenas para nos sentirmos reconfortados ao amenizar as consequências disso — seria preciso dizer algo mais?

Fica claro que, quando temos filhos e nos justificamos com o discurso da bondade, isso nos torna tão absurdos e perversos quanto o deus cristão, ou seja, um ente que, assim como nós, veio do nada e, por falta de algo melhor para fazer, cria seres vivos e os tortura, pois os ama.

✶ ✶ ✶

Tudo o que foi discutido acima poderia ter sido explicado cientificamente em termos de *DNAs*, seleção natural, perpetuação, competição, instintos etc. Contudo, isso todos já sabem, ou ao menos deveriam. Seria repetir desnecessariamente aquilo que já foi exposto por inúmeros especialistas. Desde que tenhamos uma educação científica mínima, entendemos por que nos reproduzimos. Qualquer criança sabe que o sentido da vida é nascer, crescer, reproduzir-se e morrer, *ad nauseam*.

Nós, pelo contrário, estivemos mais interessados em investigar as razões humanas que nos levam do ponto *a* ao ponto *b*, da incoerência à atrocidade, e com isso chegamos a conclusões muito mais curiosas e instigantes, que quase nos fazem vomitar. Agora, apenas para finalizar, vejamos como seria contada nossa história à luz dos motivos que nos movem.

O início foi simples: um amontoado de matéria explodiu, como que tossido pelo nada. Vagou no vazio do espaço por bilhões e bilhões de anos, sem nenhum tédio ou trauma. Num dado momento, parte dessa matéria acabou constituindo um planeta perdido nos confins de uma galáxia também perdida entre bilhões de outras. Nesse planeta formaram-se grandes mares cheios de compostos orgânicos, e neles as moléculas flutuavam felizes na inconsciência do ser — mas algo terrível estava prestes a acontecer. Surgiu nessa sopa química um vírus, e a matéria tornou-se doente, passou a sofrer por existir. Escravizada por espirais egoístas, foi levada a organizar-se, tomando a forma de máquinas de sobrevivência, todas condenadas a sofrer inutilmente em nome de uma perpetuação também inútil.

Logo depois de seu surgimento, toda a superfície do planeta inundou-se de sangue e lágrimas, e agoniza em dores excruciantes e intermináveis. Nós, na crista dessa onda, representamos uma grande inovação tecnológica ou, melhor dizendo, patológica. Construindo máquinas com cérebros racionais [sic], tais vírus tornaram-se mais contagiosos que nunca. Agora, organizadas em grandes sociedades, as máquinas ocupam-se de tarefas que, inconscientemente, estão a serviço de sua própria perpetuação.

Uma dessas máquinas humanas, em seu sentimento penoso de experimentar sozinha uma existência efêmera, miserável e despropositada, procura meios de aliviar suas mazelas. Vive constantemente coagida pela dor e pela necessidade, sempre infeliz com sua condição, mas permanece convicta de que existe uma solução para seus dissabores, restando apenas descobrir qual. Essa máquina não sabe realmente o que esperar de sua própria existência. Porém, desesperada, frustrada dos pés à cabeça, incapaz de discernir uma solução, acaba seduzida pela miragem de uma felicidade impossível, que acredita estar na criação de outra máquina igual a ela própria. Ela não acredita realmente nisso, mas seus instintos dizem-lhe o contrário, pois o vírus fez sua lição de casa, e domina a arte de manipular os corpos que habita. Assim, acuada pelas circunstâncias, incapaz de pensar com clareza, sedenta por um minuto de paz, inocula o germe de sua desgraça em outra máquina equipada com uma incubadora. Por nove meses, esse sintoma se alimenta da matéria saudável e, quando expelida do ventre, já se encontra completa e solidamente enferma. Está lançada a maldição da vida.

O agente infeccioso paternal acredita que, com isso, se verá livre de sua própria maldição, embora não saiba explicar por que nem como isso ocorrerá, visto que, em troca da reprodução, o vírus não lhe prometeu nada além de um orgasmo. Apenas se agarrou a essa esperança capenga como um náufrago desajeitado que, tentando abraçar uma canoa, derrubou no mar negro e lodoso da vida também aquele que estava nela, alheio à situação. Sua vida, então, ganha um propósito: ensinar sua vítima a nadar. Mesmo que não tenha encontrado a paz que desejava, agora ao menos tem com quem conversar no oceano de seu desamparo; tem um companheiro de infortúnio com o qual compartilha sua desolação. Ensinará a ele tudo o que sabe, ou seja, que, nos mares revoltos da existência, devemos encontrar consolo até em gravetos que nos ajudem a boiar; que, se formos sábios e prudentes, se trabalharmos duro, um dia talvez até consigamos conquistar um pedaço de tábua sobre o qual repousar a cabeça por alguns instantes; e que noutra vida, quem sabe, talvez exista um lugar em que todos terão suas próprias canoas.

A vítima deve ser eterna e cegamente grata aos seus agressores, honrada por representar mais um elo que conduz à perpetuação dessa sandice. Depois de educada na arte mórbida de existir, seguirá o exemplo das moléstias mais graves, inspirada pelo sonho de um dia tornar-se incurável. Entrega-se de corpo e alma à missão de proliferar-se exponencialmente, até que o universo todo se transforme numa massa tumoral inoperável.

* * *

A vida é uma prova irrefutável de que nem mesmo a matéria inanimada está a salvo da burrice. A qualquer momento, pode ver-se condenada aos tormentos de uma existência sórdida e inútil por qualquer mentecapto que decida dar sentido à sua vida através de uma ejaculação. Convocada como mais um membro da infantaria do exército do desassossego, a matéria recebe a missão eterna de sofrer para existir e existir para sofrer. Seu grito de guerra é *crescei e multiplicai-vos*.

Quando enxertamos o vazio de nossas vidas no nada da existência, surge no mundo mais um desgraçado. Pelas nossas próprias mãos, o vazio e o nada se encontram — *ad majorem doloris gloriam*. Enquanto o recém-nascido chora de modo quase profético, os demais celebram esta insustentável demência do ser, a chegada de mais um náufrago neste paraíso niilista.

Deus, religião, moral, origem e sentido da vida, livre-arbítrio: em *Ateísmo &
Liberdade*, assuntos fundamentais são postos à luz da razão, em uma tentativa
de esclarecer algumas das mentiras e verdades que nos cercam. Polêmico,
franco, revelador e ousado, *Ateísmo & Liberdade* é um convite à reflexão, ao
livre-pensar e à busca por uma explicação racional e coerente sobre o homem e
o mundo.

A exploração do subterrâneo, do tabu, da humanidade que preferimos
esconder de nós mesmos: *O Vazio da Máquina* investiga alguns dos tópicos
mais incômodos trazidos à luz pelo vazio da existência. O nada, o absurdo, a
solidão, o sofrimento, o suicídio, a hipocrisia são alguns dos assuntos principais
abordados ao longo da obra. Sabemos até onde podemos chegar com nosso
conhecimento moderno — resta finalmente empregá-lo.

Ateísmo & Niilismo é uma tentativa de justificar a transição do ateísmo ao
niilismo com base na ciência moderna. Nele é apresentada uma interpretação
do niilismo (niilismo existencial) segundo a qual ele se segue de considerarmos
as implicações de nossas principais descobertas científicas, bastando revisitar as
questões existenciais clássicas à luz do conhecimento atual. Assim, a ideia é
que, uma vez nos tornemos ateus, o niilismo segue-se.

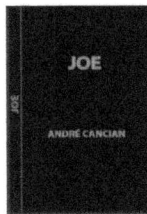

Joe é um romance essencialmente introspectivo, no qual se tenta construir uma
visão de mundo a partir dos olhos do personagem. A ideia que animou a
produção desta obra foi ilustrar, não em teoria, mas no contexto da vida
prática, toda aquela perplexidade que se apodera de nós quando voltamos
nossos olhares ao mundo numa perspectiva, por assim dizer, "existencialista", e
nos vemos tomados pela sensação do absurdo que é existir.

Insônia da Matéria é uma coleção de poemas escritos entre 2002 e 2007,
correspondendo ao intervalo entre a redação de *Ateísmo & Liberdade* e *O Vazio
da Máquina*. A atmosfera de perplexidade e de mal-estar que perpassa quase
todos os poemas pode ser vista como um reflexo da angústia que se sente
quando tentamos lidar com um problema que ainda nos escapa — como um
fantasma que nos persegue, até que consigamos colocá-lo no papel.

ISBN 978-85-905558-2-7

9 788590 555827

www.ingramcontent.com/pod-product-compliance
Lightning Source LLC
LaVergne TN
LVHW091213080426
835509LV00009B/981